문재인 정부 비판

공감개론신서 19

문재인 정부 비판

윤소영 외 지음

공감

공감개론신서 19

문재인 정부 비판

윤소영 외 지음

인쇄일 2020년 12월 24일
발행일 2020년 12월 31일

도서출판 공감
발행인 이범수
출판등록 22-1006 (1996. 5. 14.)
서울시 마포구 성산로2길 21-8 B1호
전화 323-8124 / 팩스 323-8126
전자우편 alba21@naver.com

ISBN 978-89-86939-87-3 03300
값 15,000원

서문

한국의 폐허에서 건전한 민주주의가 건설되느니
차라리 쓰레기 더미에서 장미꽃이 피어나기를
바라는 것이 더 양식 있는 일일 것이다.

문재인 정부 4년차를 앞두고 치러진 4·15총선 전후의 세태를 보고
위에 인용한 제사(題詞)가 떠올랐다. 『뉴욕 타임즈』이전에 최고의
정론지였던 [런던] 『타임즈』의 사설에 나온 문장이었다. 1951년 10
월 1일자의 이 사설은 그해 여름 휴전협상과 동시에 고지전이 개시
되던 와중에 탈선하기 시작한 남한의 자유민주정에 대한 개탄이었
는데, 그 타당성은 이듬해 여름 이른바 '부산정치파동'과 '발췌개헌'
(대통령 직선제를 도입한 1차 개헌)으로 여실히 증명되었다. 그 후
국내 정론지도 예를 들어 유신이나 5공을 비판할 때마다 이 문장을
인용하곤 했다. 문장의 원문과 함께 사설의 요지·맥락에 대해서는
『한국일보』논설위원과 한국기자협회장을 역임했던 이성춘 교수가
해방 70주년에 즈음하여 『관훈저널』 2015년 가을호에 기고한 글을
참고할 수 있다. 4·15총선 전후로 이 제사를 떠올린 과천연구실이
옳은지 그른지도 물론 역사가 심판해줄 것이다.

2020년 12월
윤 소 영

차례

서문 · 5

문재인 정부 비판의 개요

안 종 석

서론

이 글은 『한국사회성격 논쟁 세미나』(2020)로 합본된 2010년대 후반 과천연구실의 작업, 즉 『한국자본주의의 역사: 한국사회성격 논쟁 30주년』(2015), 『'한국의 불행': 한국현대지식인의 역사』(2016), 『위기와 비판』(2017), 『재론 위기와 비판』(2018), 『종합토론』(2018), 『후기: '인민의 벗이란 무엇인가'』(2020)를 중심으로 문재인 정부에 대한 비판의 개요를 제시한다.

우선 전반부에서는 문재인 정부 출현의 배경으로 1987년 이후 한국에서 문민화가 실패하면서 인민주의가 부상해온 과정에 대한 이론적·역사적 비판을 소개한다. 문재인 정부의 인민주의를 추동하는 주체적 요인으로서 386세대와 민주노총에 대한 비판 역시 이러한 이론적·역사적 비판의 일부로 제시될 것이다.

이어 후반부에서는 문재인 정부 3년에 대한 정세적 비판을 소개한다. 우선 『한국사회성격 논쟁 세미나』에서 제시된 내용을 바탕으로 '소득주도성장', '북한 비핵화', '검찰개혁' 등 문재인 정부 1-3년차의 대표적인 정책을 차례대로 비판하면서 2020년 2월 이전의 정세에 대해 정리한다. 이어 박상현·송인주와 유주형·이태훈의 글에서는 2020년 2월 이후, 특히 4·15 총선을 전후해서 새롭게 전개된 정세를 분석할 것이다.

문재인 정부의 실정이 분명해진 현재, 문재인 정부나 386세대, 민주노총에 대한 비판 자체는 새로울 것이 없다. 다만 과천연구실의 규정적(determined) 비판이 보수언론이나 일부 진보인사의 비규정적 비판과 구별되는 점은, 한국사회성격 논쟁의 대상과 주체로서 한국자본주의와 한국현대지식인에 대한 이론적·역사적 비판을 전제한다는 데 있다. 문재인 정부에 대한 '비판적 지지'를 극복하기 위해서라도 이론적·역사적 비판이 필요하며, 문재인 정부의 정책들에 대한 정세적 비판 역시 이러한 이론적·역사적 비판과 결합되어야 한다는 것이 과천연구실의 기본 입장이다.

문재인 정부의 성격을 이해하기 위한 핵심 개념은 물론 인민주의(populism)이다. 과천연구실이 이 개념에 처음 주목한 것은 『일반화된 마르크스주의 개론』(2006; 개정판, 2008)과 『인민주의 비판』(2005)에서였다. 이들 작업은 인민주의를 자유주의와 공산주의, 심지어 보수주의에 미달하는 반(反)정치적 정치이념으로 정의하였으며, 그러한 사이비 정치이념이 표출된 결과로서 특히 반(反)엘리트주의, '원한'(resentment)의 정치(니체), 반(反)의회주의, 정치의 미디어화 등의 현상에 주목하였다.

이러한 작업의 궁극적인 목적은 물론 김대중-노무현 정부의 성격을 해명하는 데 있었다. 그리하여 김영삼 정부가 자유주의에 가까웠던 반면 김대중 정부는 인민주의에 가까웠으며 노무현 정부는 인민주의를 본격화했다는 결론을 도출할 수 있었는데, 이러한 결론은 여전히 유효하다.

우선 김대중 정부에서는 1997-98년 경제위기 이후 신자유주의적 정책개혁의 본질을 호도하는 '국제통화기금(IMF) 조기졸업'이라는 선전·선동이 햇볕정책·남북정상회담과 함께 대표적인 인민주의적 기만으로 지적되었다. 그리고 이러한 맥락에서 1990년대 아르헨티나 메넴 정부와의 유사성이 강조되었다.

나아가 노무현 정부에서는 인민주의적 정치를 추동하는 노무현 대통령 개인과 386세대의 독특한 기질과 더불어, 정치의 이미지화·미디어화를 통한 원한의 정치가 대통령 탄핵, 수도 이전, 국가보안법 대체법안을 비롯한 4대 개혁법안 등 일련의 파행으로 귀결되었음이 지적되었다. 이러한 맥락에서는 1990-2000년대 이탈리아 베를루스코니 정부와의 유사성이 강조되었다.

김대중-노무현 정부의 인민주의는 민심 이반에 따른 정권교체로 인해 일단락된 것처럼 보였으나, 2007-09년 금융위기의 여파로 인민주의가 부상하는 국제정세가 전개되었다. 2010년 아랍의 봄과 그것을 보편화한 2011년 오큐파이운동은 이른바 '소셜미디어'를 통해 인민주의를 전세계적 규모로 확산시켰다. 그 절정은 2016년으로, 영국에서는 '브렉시트'(Brexit), 즉 유럽연합 탈퇴가 결정되고 미국 대선에서는 트럼프 대통령이 당선되는 등 신자유주의의 본거지조차 인민주의에 지배되는 지경에 이르렀다.

『일반화된 마르크스주의 개론』의 「개정판 후기」(2008)와 『금융위기와 사회운동노조』(2008)에서 설명한 것처럼, 한국에서도 2007년 12월 대선 및 2008년 4월 총선에서 이명박 정부의 압승을 가져다준 '민심'이 5-6월 촛불집회의 '넷심'으로 급반전된 바 있었다. 나아가 2009년 노무현 대통령의 자살은 원한의 정치를 증폭시키는 결정적 계기가 되었다.

다만 2012년 대선에서 문재인 후보의 패배가 방증한 것처럼, 인민주의의 부활이 실현된 것은 박근혜 정부가 출범한 이후였다고 할 수밖에 없다. 우선 『일반화된 마르크스주의 세미나』(2014)에서 '프랑스 이데올로기'로 규정한 2013년 '위고 열풍'과 2014년 '피케티 현상'이 있었다. 그리고 2014년 4월 세월호 침몰을 계기로 박근혜 대통령에 대한 근거 없는 분노와 복수의 증오심이 확산되는 가운데, 삼성 이재용 부회장의 3대세습이 2016년 말 최순실 씨 국정농단을 야기하여 '촛불혁명'을 거쳐 박근혜 대통령 탄핵과 문재인 정부 출범으로 귀결되었던 것이다.

이러한 정세 속에서 집필된 『한국사회성격 논쟁 세미나』는 문재인 정부의 성격을 해명하기 위해 인민주의에 대한 설명을 보완했다. 특히 접미사 '-ism'의 용법에 유의하면서 인민주의의 두 가지 의미를 강조했던 것이다. 즉 인민주의는 문맥에 따라 정치이념을 지칭하기도 하고 또는 그러한 정치이념이 지향하는 정치체제(정체)를 지칭하기도 하는데, 후자의 의미일 경우에는 폴리비오스가 주장한 것처럼 '타락한 민주정'으로서 인민정(ochlocracy/mobocracy)이라고 할 수 있다는 것이다.

따라서 김대중-노무현 정부의 인민주의가 문재인 정부의 인민정으로 완성되었다는 것이 『한국사회성격 논쟁 세미나』의 결론이었다. 실제로 문재인 정부는 '2기 노무현 정부'를 표방하지만, 노무현 정부가 실패한 원인이 엘리트와의 타협에 있었다고 판단한 듯 인민주의를 더욱 철저하게 실천해왔다. 앞으로 볼 것처럼, 소득주도성장, 북한 비핵화, 검찰개혁 등 모든 정책이 그런 인민주의의 산물이다. 『일반화된 마르크스주의 개론』에서 설명한 것처럼 김대중-노무현 정부의 인민주의가 신자유주의적 통치성의 일부였다면, 문재인 정부의 인민정은 신자유주의를 포함하는 일체의 자유주의와 무관한 더욱 순수한 형태의 인민주의인 것이다.

사태가 이렇게 극단화된 데는 386세대와 민주노총의 작용이 있었다. 노무현 대통령이 386세대와 갈등하면서 그들의 인민주의를 통제한 반면 문재인 대통령은 오히려 386세대에 의해 통제되고 있다. 또 집권 이후 민주노총을 견제한 노무현 정부와 달리 문재인 정부는 민주노총의 위세에 굴복하고 있다. 문 대통령 지지자들은 '깨시민'(깨어있는 시민)을 자처하며 그를 제왕처럼 숭배하지만 현실은 이러한 것이다. 따라서 문재인 정부의 인민주의에 대한 비판은 386세대와 민주노총에 대한 비판과 결합되어야 한다.

그리하여 적어도 문재인 정부 2년차인 2018년에 들어와 변혁의 전망이 소멸했다는 것이 『한국사회성격 논쟁 세미나』의 암울한 결론이었다. 노동자운동을 포함한 모든 사회운동을 인민주의가 지배하게 되었으며, 연방제통일의 구상에 따라 남한 인민정과 북한 절대군주정(autocracy)의 공존도 추구되고 있다. 게다가 더 큰 문제는 작금의 정세가 남한에서 노자의 공멸과 남북한에서 민족의 집단자살로 귀결되지 않는다는 보장이 전혀 없다는 사실이다.

'한국망국사'와 '한국의 불행'

'한국망국사'

1987년 이후 한국에서 문민화가 실패한 데는 1997-98년 경제위기를 비롯하여 일련의 경제적 실패가 결정적이었다고 할 수밖에 없다. 따라서 문민화의 실패와 인민주의의 부상을 비판하기 위해서는 우선 한국사회성격 논쟁의 대상이었던 한국자본주의의 역사를 이해할 필요가 있다.

일제강점기와 해방정국 이후를 포괄한 한국사의 '장기20세기'에 대해서는 『한국자본주의의 역사』를 참조할 수 있다. 특히 관건은 1970년대 이후로, 『'한국의 불행'』에서는 이를 '한국망국사(亡國史)'라고 표현한 바 있다. 『위기와 비판』에서 제시한 그 주요한 계기는 다음과 같다.

    1972-73년 10월유신과 중화학공업화
    1979-80년 첫 번째 구조적 위기
    1986-88년 '3저호황'
    1991-92년 '총체적 난국'
    1997-98년 두 번째 구조적 위기
    2007년   한미자유무역협정 타결

아울러『한국자본주의의 역사』에서 제시한 이윤율 운동의 그래프를 보면, 한국경제의 이윤율은 1970년대 중화학공업화로 인해 하락을 지속하여 1980년에 저점에 도달한다. 그 후 전두환 정부의 신자유주의적 정책개혁으로 일시 반등하지만, 1986-88년 '3저호황'을 계기로 하락세로 다시 반전해 1991-92년에 1980년 수준으로 복귀하고, 1997-98년에 새로운 저점에 도달하여, 그 후에는 낮은 수준의 보합세를 유지한다. 참고로 이와 비교할 수 있는 미국경제의 이윤율은 1981-82년에 저점에 도달한 후 1997년에 새로운 고점에 도달해, 그 후 높은 수준의 보합세를 유지한다.

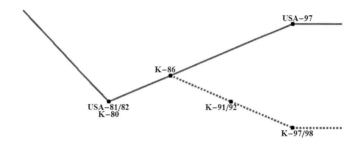

두 차례의 구조적 위기 사이에서 전두환-김영삼 정부의 신자유주의적 정책개혁이 실패했다는 사실이 중요하다. 우선 박정희 정부의 1970년대 중화학공업화는 1960년대 수출지향공업화와 모순되는 동시에 재벌의 강화로 귀결되었다. 그 결과 한국경제의 '징후적 위기' (signal crisis)로서 1979-80년 경제위기가 발생했는데, 전두환 정부의 신자유주의적 정책개혁은 이에 대응한 것이었다. 그러나 1986-88년 '3저호황'의 미혹과 재벌의 저항으로 인해 전두환 정부의 정책개혁은 중도반단되었다.

한국사회성격 논쟁도 당시 정세와 밀접한 관련이 있었다. 1985년에 박현채 선생이 신식민지국가독점자본주의론을 제기하신 직후인 1986-88년에 '3저호황'이 출현하면서 신식국독자론 내부에서 자립화-개량화론이 제기되었고, 그 후 1989-91년에 소련에서 사회주의가 붕괴되기까지 독점강화-종속심화론과 독점강화-종속완화론 사이에서 논쟁이 전개되었다. 물론 후자가 아닌 전자가 타당한데, 1986-88년 '3저호황'은 1979-80년 '3고불황'의 반전이었고, 1991-92년의 '총체적 난국'을 거쳐 1997-98년의 경제위기로 귀결되었기 때문이다.

전두환 정부의 정책개혁이 실패한 데는 정치적 정당성의 결여 탓도 있었다. 이 때문에 1991-92년 '총체적 난국'이 발발하기 직전인 1990년에 노태우 대통령이 김영삼 의원과 김종필 의원을 영입하여 3당합당을 추진했고, 이렇게 출범한 김영삼 정부는 전두환 정부의 신자유주의적 정책개혁을 재개했던 것이다. 그러나 김대중 의원 중심의 재야운동권과 새로이 출범한 민주노총의 저항으로 김영삼 정부의 정책개혁이 좌절하고 한국경제의 '최종적 위기'(terminal crisis)인 1997-98년 경제위기가 발생했던 것이다.

1997-98년 경제위기 이후 김대중-노무현 정부의 신자유주의적 정책개혁은 1979-80년 경제위기 이후 전두환-김영삼 정부의 신자유주의적 정책개혁과 본질적으로 동일했으나, 한국경제가 이미 '복원력'을 잃고 침몰하던 상황에서 추진된 실기한 정책개혁이어서 '매국'으로 귀결될 수밖에 없었다. 김대중 정부의 4대 개혁, 즉 금융·재벌·노동·공공개혁과 이를 계승한 노무현 정부의 한미자유무역협정 타결을 거치면서 경제주권을 상실하고 '노동자민족'(worker nation, 로빈슨)으로 전락했기 때문이다. 특히 우리은행을 제외한 모든 시중은행과 실물경제를 대표하는 삼성전자와 현대자동차를 외국인이 지배하게 되었다. 이러한 상황에서는 이윤율과 자본성장률, 나아가 경제성장률의 변동조차 더 이상 별 의미가 없게 된다.

한국경제와 대만경제의 비교

'한국망국사'의 주요 계기를 일별하기 위해서는 한국과 유사한 조건이었으나 생산성에서 우위를 차지했던 대만과 비교할 필요가 있다. 이러한 작업은 『일반화된 마르크스주의 개론』에서 제안되었으나, 본격적인 분석은 『한국자본주의의 역사』에서 제시되었다.

『한국자본주의의 역사』에서 생산함수의 그래프를 이용하여 설명한 것처럼, 양국의 성장경로가 분기하면서 한국은 추격(catch-up)에 실패한 반면 대만은 추격을 지속한 원인을 규명하는 것이 핵심이다. 양국 모두 일본의 식민지에서 해방된 다음 미국의 '역(逆)개방정책'에 힘입은 수출지향공업화를 통해 본격적인 자본주의화를 추진했다. 그러나 한국은 적산의 민유화를 통해 재벌을 육성한 반면 대만은 적산의 국유화를 통해 중소기업을 육성한 것이 가장 큰 차이였다.

다만 1960년대까지는 양국의 차이가 크지 않았다. 양국의 성장경로가 분기한 것은 1970년대부터였는데, 중소기업 중심의 수출지향공업화를 견지한 대만과 달리 한국에서는 재벌 중심의 중화학공업화가 수출지향공업화를 압도하면서 수익성과 생산성을 무시한 재벌의 '대마불사'(too big to fail) 관행이 시작되었기 때문이다.

물론 대만도 중화학공업화를 추진했다. 하지만 자동차·조선산업 같은 한국의 중화학공업이 완성품 중심의 중후장대(重厚長大)한 장비산업이었던 반면 전자·기계산업 같은 대만의 중화학공업은 부품·소재 중심의 경박단소(輕薄短小)한 기술집약산업이었다. 『한국자본주의의 역사』와 『종합토론』에서 설명한 것처럼, 대만과 비교할 때 한국의 성장경로가 갖는 결함에 주목한 것이 바로 한국사회성격 논쟁에서 신식국독자론이 주장한 독점강화-종속심화론이었다.

한국에 비해 대만이 우월하다는 결정적 증거는 1979-80년 경제위기 및 1997-98년 경제위기에 비견되는 구조적 위기가 없었다는 것이다. 비록 2001년에 경제위기가 발생하면서 최초로 −2.2%의 경제성장을 기록하기는 하였으나, 이는 1999년 대지진, 2001년 미국발 신경제거품 붕괴와 관련되었으며 대만경제 자체의 결함 때문은 아니었다. 또 2000년대 들어와 중소기업의 중국 진출로 인해 경제성장률이 9% 수준에서 4% 수준으로 반토막났지만, 대만이 한국처럼 노동자민족으로 전락한 것은 아니었다. 대만이 코로나19로 인한 보건의료위기를 회피하기 위해 경제위기를 감수할 수 있는 것은 이렇게 한국에 비해 경제의 체질이 우수하기 때문이다.

한국에 비해 순조로웠던 문민화 또한 대만의 우월성이 일정 부분 반영된 결과였다. 대륙을 상실하고 대만으로 도주한 장개석 총통의 국민당 정부는 중국사회성격 논쟁에서 비판의 대상이었던 전전의 관료자본주의를 청산하여 재벌을 육성하지 않았을 뿐만 아니라, 손문의 유훈에 따라 군정(軍政)이 훈정(訓政)을 거쳐 헌정(憲政)으로 이행하는 문민화를 착실히 진행했다. 이 점에서 장개석 총통은 이승만 대통령이나 박정희 대통령과 달리 '선의의 독재자'(benevolent dictator)였다고 할 수 있을 것이다.

한국에서 문민화의 실패

386세대가 한국사회의 새로운 주류로 대두하기 시작한 것은 노무현 정부 시절이었는데, 그것을 상징한 것이 2002년 대선에서 노무현 후보 지지자들이 제기한 이른바 '주류교체론'이었다. 이는 군사독재의 보수주의를 재야운동의 인민주의로 대체하겠다는 선언으로, 노태우-김영삼 정부의 3당합당을 통한 문민화에 대한 대안을 모색하는 것이기도 했다.

『종합토론』에서 설명한 것처럼, 노태우 대통령의 민주정의당, 김영삼 의원의 통일민주당, 김종필 의원의 신민주공화당을 합당한 민주자유당(민자당)은 '포괄정당'(catch-all party/big tent)의 사례였다. 영국이나 미국처럼 자유주의와 보수주의의 이념적·정책적 분화가 확실하면 자유주의적 정당과 보수주의적 정당이 교대로 정부를 구성하는 양당제를 운영할 수 있다. 하지만 이러한 분화가 뚜렷하지 않은 대다수 국가에서는 포괄정당제가 대안이 될 수 있다. 전후의 일본처럼 단일 정당 내부에서 자유주의적 분파와 보수주의적 분파가 교대로 다수파가 되어 정부를 구성할 수 있다는 것이다. 김영삼 의원이 3당합당을 수락한 데는 민자당 내부에서 자신이 자유주의적 분파를 지도하고 민정당의 노태우 대통령, 공화당의 김종필 의원이 보수주의적 분파를 지도한다는 구상이었을 것이다.

포괄정당제를 통해 문민화를 시도한 선례로는 칠레가 있었다. 양국의 유사성은 『일반화된 마르크스주의 개론』에서 이미 지적된 바 있는데, 전두환 정부를 피노체트 군사정부와 유비하고, 3당합당을 통해 출범한 김영삼 정부를 피노체트 군사정부와의 협상을 통해 출범한 자유주의적 사민당과 보수주의적 기민당 중심의 민주주의를위한정당연합(Concertación)과 유비할 수 있기 때문이다.

다만 『'한국의 불행'』에서 보완한 것처럼, 칠레의 문민화가 성공한 반면 한국의 문민화는 실패했다는 차이가 있다. 김영삼 대통령의 신자유주의적 정책개혁이 김대중 의원의 방해 내지 비협조로 인해 좌절되면서 1997-98년 경제위기가 발생한 가운데, 민자당 내 자유주의적 분파로서 김영삼 대통령의 민주계는 보수주의적 분파로서 민정계와의 갈등을 극복하지 못하고 민자당이 신한국당, 한나라당, 새누리당 등으로 변모하는 과정에서 거세되었다. 2020년 4·15총선에서 여당이 압승한 데는 민주계의 마지막 후예인 김무성 의원 등 자유주의자가 거세된 야당의 수권능력에 대한 회의도 작용했을 것이다.

문민화가 실패한 직접적 원인은 1987년 대통령직선제 개헌과 양김의 분열이었다. 『일반화된 마르크스주의 세미나』에서 지적한 것처럼, 1980년대 운동권에서도 양김에 대한 논쟁이 많았다. 김영삼 대통령이 의회주의자였던 반면 김대중 대통령은 반(反)의회주의자였다는 평가였다. 이로 인해 당시에는 김대중 대통령이 상대적으로 재야운동권과 친화성을 가졌으나, 돌이켜보면 오히려 김영삼 대통령이 자유주의자였던 반면 김대중 대통령은 인민주의자였다고 평가하는 것이 타당할 것이다.

그리하여 『한국사회성격 논쟁 세미나』에서는 양김의 분열을 낳은 역사적 배경으로 민주당 구파와 신파의 대립에 주목했는데, 양파의 차이 역시 자유주의 대 인민주의라는 틀로 설명된다. 한국민주당(한민당)을 이끌던 김성수 선생이 한국전쟁 직후 이승만 정부에 대항하기 위해 친야 세력 규합을 시도했고, 흥사단과 자유당탈당파를 포섭해 민주당이 창당되었다. 이것이 한국정치에서 포괄정당의 효시였다. 한민당으로 소급하는 분파는 민주당 구파, 홍사단과 자유당탈당파로 소급하는 분파는 민주당 신파로 불렸다. 또 4·19 전후로 윤보선 대통령이 대표한 구파의 후예가 김영삼 대통령이었다면 장면 총리가 대표한 신파의 후예가 김대중 대통령이었다.

양파 사이의 최대 쟁점은 의원내각제 개헌이었다. 구파는 이승만 정부와 박정희 정부의 지론이었던 대통령제에 반대하여 의원내각제 개헌을 지향한 반면 신파는 의원내각제 개헌에 소극적이었다. 이러한 입장은 양김에게도 계승되었다. 그러나 김영삼 대통령은 김대중 대통령과의 대권 경쟁에 몰두하면서 대통령제로 전향했고, 결국 1987년에 대통령직선제 개헌을 수용했다. 이로써 양파의 쟁점은 소멸했고, 유신체제에서 시작된 제왕적 대통령제(imperial presidency)의 개혁도 좌절되었던 것이다.

'한국의 불행'

그런데 문민화가 실패한 더욱 근본적인 원인으로, 한국에서 자유주의의 취약성을 초래한 한국현대지식인사의 결함을 인식할 필요가 있다. 프랑스혁명 이래 유럽에서는 정치이념을 우파와 좌파로 구별하는데, 이런 관행은 영국이나 미국과 달리 자유주의가 취약한 사정 때문이었다고 할 수 있다. 그런데 유럽보다 자유주의가 훨씬 더 취약한 한국에서는 특히 자유주의에 미달하는 보수주의와 인민주의가 우파와 좌파를 대변하게 되었던 것이다.

『'한국의 불행'』에서는 한국현대지식인사의 결함을 '한국의 불행'이라는 용어로 표현했는데, 하이네와 청년 엥겔스가 말한 '독일의 불행'과 비교하면서 '프랑스의 불행'을 언급했던 알튀세르를 모방한 것이다. 『한국자본주의의 역사』에서 소개한 것처럼, 하이네와 청년 엥겔스가 말한 '독일의 불행'은 부르주아 혁명에 실패했다는 의미였는데, 나중에 마르크스는 산업혁명의 실패를 추가했다. 그리고 알튀세르가 말한 '프랑스의 불행'은 부르주아 혁명에는 성공한 반면 마르크스주의의 토착화에는 실패했다는 의미였다.

그리하여 한국현대지식인사의 결함을 양무운동에서 5·4운동까지 중국현대지식인사와의 비교를 통해 개념화하였다. 개항의 외압에 대한 주체적 대응에서 중국의 현대지식인은 양무운동 → 변법운동 → 신해혁명 → 5·4운동의 순서로 급진화하면서 마르크스주의의 토착화를 이루었다. 반면 한국에서는 양무운동과 변법운동이 실패한 후 신해혁명과 5·4운동이 출현하지 못하면서 현대지식인이 기형적·불구적 성격을 갖게 되었던 것이다.

구체적으로, 한국에서는 신해혁명 대신 애국계몽운동과 실력양성운동이 추진되었다. 이 과정에서 한국의 문명개화파는 개신교를 수용하는 특수성을 보였는데, 개신교 감리교파를 중심으로 결성된 신민회가 애국계몽운동과 실력양성운동의 중심이 되었던 것이다.

그리고 5·4운동 대신 애국계몽운동과 실력양성운동의 분화가 발생하였다. 윤치호 선생이 애국계몽운동과 실력양성운동을 견지한 반면 이회영·시영 형제분과 이동녕 선생은 대종교(단군교)로 전향하여 만주에서 무장투쟁을 시도했고, 이동휘 선생은 공산주의로 전향하여 동아시아 최초의 공산당을 건설했다. 특히 현대지식인사라는 관점에서는 윤치호 선생의 자유주의와 이동휘 선생의 공산주의의 대립이 중요했다. 물론 양자 모두 한국에서 주류가 되는 데 실패했는데, 양자의 의의와 한계가 『한국의 불행』의 주제였다.

한편 『한국의 불행』에서 설명하고 『종합토론』과 『후기』에서 정리한 것처럼, 윤치호 선생과 함께 국내에서 애국계몽운동과 실력양성운동을 이끈 김성수 선생의 역할도 중요했다. 김성수 선생은 윤치호 선생과 함께 일제강점기의 대표적인 자유주의자로서 민족부르주아였다. 또 윤치호 선생과 달리 개신교를 수용하지 않으면서 경세학에 큰 관심을 갖기도 했다.

중일전쟁 이후 두 선생이 일제와 타협한 것을 구실로 매판부르주아로 매도하는 것은 민족부르주아의 타협성을 매판성으로 오해한 탓이다. 마찬가지로 두 선생을 친일파로 매도하는 것은 자유주의에 대한 인민주의적 무고(誣告)일 따름이다.『후기』에서 설명한 것처럼, 매판부르주아지나 독점부르주아지 같은 반동부르주아지와 민족부르주아지나 경쟁부르주아지 같은 자유부르주아지의 구별은 한국사회성격 논쟁의 가장 중요한 쟁점 중 하나였는데, 1905년 혁명론에서 레닌이 제기한 주요타격방향(direction of the main blow, 주타방)으로서 자유부르주아지라는 개념의 결함이 문제였다. 코민테른 6차대회와 7차대회의 좌우편향도 역시 이런 결함에서 비롯되었다.

따라서 식민지반봉건사회에서는 주타방 개념을 폐기하고, 신식국독자에서는 주타방 개념을 유지하되 중국사회성격 논쟁을 참고하여 자유부르주아지의 완고파와 투항파를 구별하자고 제안되었던 것이다. 그러나 한국사회성격 논쟁이 소멸하면서 민족부르주아지와 매판부르주아지의 차이를 부정하는 것이 대세가 되고 말았다.

참고로『봉건제론: 역사학 비판』(2013)에서 설명한 것처럼, 한국현대지식인의 기형적·불구적 성격은 전현대지식인사의 결함에도 일부 기인한다. 신라주의와 고구려주의의 논쟁으로 인해 경세사학이 발전할 수 없었을 뿐만 아니라, 숙종의 환국정치와 영·정조의 탕평정치를 외척의 세도정치가 계승하면서 유가사상 자체가 소멸하고 반(反)지식인주의가 팽배해졌기 때문이다.

'프랑스의 불행'

하이네, 청년 엥겔스, 마르크스가 말한 '독일의 불행'은 여전히 유효한 해석이다. 반면 알튀세르가 말한 '프랑스의 불행'은 재검토가 필요하다. 혁명 이후 19세기 내내 좌우대립이 극심해 산업자본주의와 부르주아 헌정질서를 발전시키지 못한 사실을 고려한다면, 프랑스가 부르주아 혁명에 성공했다고 볼 수는 없기 때문이다.

따라서 영국은 부르주아 혁명에 성공했으므로 산업혁명에도 성공했으며, 반면 프랑스는 독일과 마찬가지로 부르주아 혁명에 실패했기 때문에 산업혁명에도 실패했다고 정정해야 할 것이다. 요컨대 현대화에 성공한 '영국의 행복'과 현대화에 실패한 '독일의 불행', '프랑스의 불행'이 있다는 것이다. 게다가 현대화에 실패한 정도에서 '프랑스의 불행'은 '독일의 불행'보다 더욱 컸다고 할 수 있다.

영국은 산업혁명에 성공해 경제적 현대를 대표하고 프랑스는 부르주아 혁명에 성공해 정치적 현대를 대표한다는 것이 마르크스 이래 통설이었다. 따라서『한국사회성격 논쟁 세미나』는 19세기 자본주의의 표준(standard)인 영국과 비교하여 혁명 이후 프랑스의 경제·정치·법·문화·문학적 후진성을 곳곳에서 해명하고자 했다.

마르크스주의의 토착화는 물론이고 부르주아 혁명에도 실패했다는 것이 '프랑스의 불행'이라면, '한국의 불행'과 유사하다고 할 수 있다. 물론『종합토론』에서 부연한 것처럼 양자가 동일한 것은 아니었는데, 그럼에도 '프랑스의 불행'은 '한국의 불행'을 반성하기 위한 준거를 제공한다. 예를 들어 386세대의 인민주의의 주요한 구성요소로서 '프랑스 이데올로기'를 해명할 수 있기 때문이다.

실패한 부르주아 혁명으로서 프랑스혁명을 비판하는 것이 핵심 과제이다. 자유주의적 비판을 우선 복원할 필요가 있는데,『재론 위기와 비판』과『종합토론』에서 소개한 버크의 프랑스혁명 비판에서 출발할 수 있다. 유럽이나 한국에서 그를 보수주의자로 오해하는 것과 달리, 버크는 자유주의자로서 스미스의 경제학에 근거한 정치철학을 추구했다. 따라서 프랑스혁명과 거의 동시에 사망한 스미스를 대신하여 프랑스혁명을 비판했다고 할 수 있을 것이다.

『재론 위기와 비판』에서 설명한 것처럼, 스미스 이후 영국에서 경제학의 역사가 순조롭지 않았던 것도 프랑스혁명 때문이었다. 벤섬과 밀(제임스)-리카도의 공리주의가 프랑스혁명과 공명하는 '급진적' 요구를 제시함에 따라 고전경제학 대신 '휘그사관'이 자유주의를 대변하게 되었던 것이다. 물론 이러한 상황은 곧 변화했는데, 제임스 밀의 아들인 존 스튜어트 밀이 공리주의에 대해 (자기)비판한 다음 마셜이 스미스의 '이론적 역사'를 부활시켰기 때문이다.

'일본의 행복'

한국현대지식인사 작업은 『'한국의 불행'』 이후에도 계속되었다. 우선 『위기와 비판』에서는 중국현대지식인사와의 비교가 문화혁명, 개혁·개방 등 중국혁명 이후의 시기로 연장되었다. 이어 『재론 위기와 비판』에서는 메이지유신에서 현재까지 일본현대지식인사와의 비교가 추가되었다.

중국이나 한국과 달리 일본에서는 양무운동과 변법운동이 성공했으므로 신해혁명과 5·4운동은 발생하지 않았다. 그 결과 한국은 물론이고 중국과도 달리 일본에서는 영국과 미국처럼 자유주의자가 주류가 되었던 것이다. 중국에 대한 평가를 논외로 한다면, 이 대목에서 '한국의 불행'과 비교되는 '일본의 행복'에 주목할 수 있다.

일본의 메이지유신은 양무운동에서 출발했는데, 이를 변법운동으로 완성한 것이 국부(國父) 이토 히로부미의 공적이었다. 그의 구상에 따라 세기전환기 일본에서 입헌군주정이 완성되고 산업혁명이 완료되면서 다이쇼 데모크라시가 도래하여 자유주의가 일본의 주류로 부상했던 것이다.

물론 1931-45년의 '15년전쟁'으로 인해, 이토의 경쟁자인 야마가타 아리토모의 후예를 중심으로 군국주의로의 일탈이 발생한 것은 사실이다. 하지만 패전 이후 요시다 시게루 총리의 구상('요시다 독트린') 하에 자유주의로의 복귀가 이루어졌다. 에드윈 라이샤워가 제창한 자유주의 사관, 그리고 시바 료타로가 문학적으로 형상화한 시바 사관은 이런 역사적 사실에 주목한 것이다.

전후 일본정치를 특징짓는 '55년 체제', 즉 자민당 일당우위제는 자민당이라는 포괄정당 내부에서 자유주의 분파와 보수주의 분파의 정권교체를 통해 운영되었다. 이는 양당제에 대한 대안인 포괄정당제의 모범적 사례였다. 게다가 자유주의 분파가 주로 관료 출신이었다면 보수주의 분파는 주로 정치인 출신이었으므로, 관료와 정치인의 결합이라는 점에서 이토의 입헌정우회를 계승하는 동시에 관료에 의한 정치인의 지배라는 점에서 그것을 개선하기도 했다.

세계 2위라는 국력에 비해 경제학계가 그리 대단치 않았다는 역설은 '관청경제학자'(bureaucrat/government economist, 행정고시에 합격한 경제관료) 개념으로 설명될 수 있었다. 일본의 경제학은 학계가 아니라 관계가 주도했는데, 법학 전공자로 충원했던 행정관료와 달리 경제나 외교·안보와 관련된 관료는 가능하면 그 전공자를 선발했던 것이다. 이들이 전후 일본의 재건에 기여한 주역이었다.

55년 체제의 확립으로 고도성장을 구가하던 일본경제는 1985년 플라자합의 이후 거품화되었고, 1991년에 거품이 붕괴되면서 장기불황에 진입했다. 이로써 55년 체제 역시 위기에 봉착했다. 그러나 우여곡절 끝에 2000년대 들어와 기시 파벌이 부활하여 고이즈미 총리와 아베 총리가 집권에 성공했고, 자민당 일당우위제는 유지되었다. 특히 고이즈미 총리가 발탁한 아베 총리는 전후세대 최초의 총리로서 첫 번째 집권에 실패했다가 요시다 총리에 이어 두 번째로 재집권에 성공했을 뿐만 아니라, 아베노믹스(Abenomics)로 장기불황에 대처한 일본사상 최장수 총리가 되었다.

아베노믹스는 『2010-12년 정세분석』(2013)에서 설명한 바 있는 '2차 대불황'을 예방하려던 버냉키의 경제정책과 거의 동일한 것이었다. 게다가 후술할 것처럼, 아베 총리는 오바마 대통령에 이어 전세계 자유주의 진영을 대표하며 트럼프 대통령의 인민주의를 견제하는 중차대한 역할을 수행해왔다.

반면 386세대를 비롯한 한국의 인민주의자는 아베 정부의 자유주의적 성격을 무시한 채, 군사주권의 회복을 의미하는 '보통국가화'를 위한 개헌 시도를 군국주의의 부활이라고 무고하고 있다. 물론 보수주의자 역시 인민주의자와의 '반일애국주의 경쟁'에 몰두하고 있는데, 한국에서 자유주의의 취약성을 보여주는 주요한 사례라고 할 수 있다. 『한국자본주의의 역사』 등에서 지적한 것처럼, 아시아에서는 물론이고 세계적으로도 일본과 아베 정부에 대해 적대적인 나라는 중국과 한국이 유일하다.

386세대와 민주노총

한국에서 인민주의의 기원으로서 재야운동

『'한국의 불행'』에서 설명한 것처럼, 해방 이후에도 개신교 반공주의는 친일을 친미로 대체한 채 지속되었다. 다만 박정희 정부 이후 친미반공주의가 분화됨에 따라 '재야'(在野)라는 비주류가 출현했다. 이들은 야당(opposition)과 준별되어야 하는 반체제인사(dissident)였다. 『인민주의 비판』에서 설명한 것처럼, 재야는 박정희 정부에 반대하기 위해 민족주의 이데올로기를 활용했고, 호남지방을 중심으로 원한의 정치를 동원했으며, 경제개발로부터 소외된 대중이라는 모호한 의미로서 '민중'에 호소했다. 이러한 점들을 고려하여 재야운동을 한국 인민주의의 기원으로 간주할 수 있다.

한편 김대중 대통령은 1971년 대선에서 패배한 후 재야운동권과의 연대를 강화함으로써 정당정치를 약화시키는 데 기여했다. 나아가 김대중 대통령의 반(反)의회주의는 김영삼 대통령의 의회주의와 대비되었다. 양김의 대권 경쟁이 재야운동의 분열의 계기였다.

재야운동을 개시한 것은 장준하 선생과 『사상계』였다. 본래 『사상계』는 이승만 정부에서 자유주의 내지 진보주의를 표방했는데, 그 후원자는 안창호 선생과 윤치호 선생의 제자였던 백낙준 총장이었다. 그러나 박정희 정부가 출범한 후 장준하 선생은 박 대통령과의 경쟁에 몰두하면서 인민주의자로 변모했다. 장준하 선생이 박정희 비판을 지속하면서 『사상계』 동인이 분열되었는데, 그 결과 김준엽 선생을 비롯한 대부분의 동인이 박정희 정부를 지지하고 장준하 선생을 비롯한 일부 동인이 재야를 형성하게 되었다.

『사상계』가 1970년에 폐간되면서 그 전통을 계승한 것이 백낙청 교수와 『창작과비평』이었는데, 특히 강만길 교수는 장준하 선생의 이른바 '분단체제론'을 '분단사관'으로 발전시켰다. 그러나 1985년부터 한국사회성격 논쟁이 전개되면서 분단사관은 위기에 봉착했는데,

결국 『창작과비평』은 민중민주(PD)파에 반대하면서 민족해방(NL)파에 가담했다. 다만 본래의 민족해방파와 달리 주체사상은 수용하지 않았으므로, 이른바 '비(非)주사 민족해방파'였던 것이다.

재야운동의 또 다른 축은 한신대 신학과였는데, 현실적 영향력에서는 『사상계』나 『창작과비평』보다 훨씬 더 중요했다. 『'한국의 불행'』에서 설명한 것처럼 그 기원은 함경도 장로교파였다. 송창근 목사를 중심으로 그의 후배 김재준 목사, 한경직 목사는 평안도 장로교파의 보수주의 신학에 맞서 자유주의 신학을 옹호했다. 그러나 한국전쟁의 와중에 송 목사가 납북된 직후 한 목사와 김 목사가 결별해, 김 목사와 한신대를 중심으로 한 기장(기독교장로회)이 예장(예수교장로회)에서 분리되었다. 김 목사는 장준하 선생과의 인연으로 인해 『사상계』와 재야운동에 동참하기도 했다.

유신이 시작되자마자 김재준 목사가 캐나다로 망명·도주하면서 강원룡 목사가 그를 계승했다. 그러나 5·18광주항쟁을 계기로 강 목사가 재야운동을 청산하면서, 문익환 목사와 안병무 교수가 1970-80년대 한신대 재야운동을 상징하게 되었는데, 이들 역시 '비주사 민족해방파'였다. 특히 안 교수는 이른바 '민중신학'을 제창했고, 양김의 대권 경쟁에서 김대중 대통령을 지지한 재야운동권의 핵심이었다. 반면 양김의 경쟁에서 김대중 대통령을 지지하지 않았던 문 목사는 결국 3당합당으로 집권한 김영삼 대통령을 지지했다.

386세대의 정치세력화

1987년 이후 386세대가 재야를 계승하기 시작했다. 386세대의 다수파를 이룬 것은 민족해방파였고, 민중민주파는 소수파였다. 이들은 1989-91년 사회주의 붕괴를 계기로 인민주의로 전향했는데, 물론 '외세'에 대한 반(反)엘리트주의적 원한의 정치라는 점에서 민족해방파의 민족해방론은 이미 인민주의의 변종으로 볼 수 있었다.

거의 동시에 386세대는 문민화를 기화로 정치세력화를 단행했다.

1992년 대선에서 패배한 당일 정계은퇴를 선언했던 김대중 대통령은 2년만에 정계복귀를 단행했는데, 이 과정에서 김근태계로 대표되는 재야운동권을 공식적으로 흡수·통합해 새천년민주당의 전신인 새정치국민회의를 창당한 것이 386세대 정치세력화의 발단이었다. 김근태계는 1983년에 민청련(민주화운동청년연합)을 조직한 '운동권 대부' 김근태 의원을 중심으로 한 386세대 운동권이었다.

다만 당시에는 386세대가 아직 정치세력화를 주도할 정도의 연배는 아니었는데, 386세대의 부상을 상징하는 '주류교체론'은 노무현 정부의 출범과 직결되었다. 『후기』에서 자세하게 설명한 것처럼, 김대중 대통령이 지원했던 이인제 의원이 아니라 노무현 의원이 대선 후보로 선출되고 대선에서 승리하는 과정, 나아가 당선 직후 노무현 대통령이 새천년민주당을 탈당하고 열린우리당을 창당하는 과정은 인민주의적 행태에 의해 지배되었는데, 김근태계를 중심으로 한 386세대가 새천년민주당의 신주류로서 주도적 역할을 담당했다.

다만 노무현 대통령은 자기 나름의 생각이 있었으므로 386세대가 그를 좌지우지할 수는 없었다. 386세대의 인민주의가 부상했으나 노 대통령 자신이 386세대와 갈등하면서 그들의 인민주의를 통제했다고 할 수 있다. 노 대통령과 386세대 사이의 최대 쟁점이었던 한미자유무역협정을 비롯하여 재벌개혁과 노동개혁, 남북관계 등은 모두 386세대가 아니라 노 대통령이 주도했던 것이다.

386세대는 문재인 정부에서 명실상부한 주류가 되었다. 서론에서도 지적한 것처럼, 문재인 대통령은 노무현 대통령과 달리 자기 생각이 별로 없어서 386세대에 의해 좌지우지되고 있는 것이다. 노 대통령보다 문 대통령이 당면한 과제가 훨씬 더 곤란하다는 사실을 고려한다면 이는 역설일 수밖에 없다.

게다가 386세대 운동권은 이미 김근태계를 지양한 것 같은데, 김근태계 의원들은 당내에서 존재감을 보이지 못하고 있다. 2011년에 김근태 의원이 지병으로 작고한 데다가, 노무현 정부의 실패를 반면교사로 삼아 청와대가 여당을 철저하게 통제하고 있기 때문이다.

386세대의 '프랑스 이데올로기'

386세대의 인민주의는 재야의 인민주의를 계승하면서도 일부 독자성을 지닌다. 앞서 언급한 '프랑스 이데올로기'가 그 중 하나였다. 2013년 '위고 열풍', 2014년 '피케티 현상' 등이 일찍이 그 일면을 보여주었지만, 그 실체가 표면화된 최근의 가장 중요한 계기는 역시 2019년 '조국 사태'다.

'프랑스의 불행'을 초래한 것이 프랑스혁명의 실패였다면, 그 이면에는 프랑스지식인사의 결함이 있었다. 이 문제는 『한국자본주의의 역사』와 『위기와 비판』에서 다루어진 후 '조국 사태'와 검찰개혁 논쟁을 거쳐 『후기』에서 보강되었다. 즉 볼테르-케네-튀르고의 경제학적 계몽주의(economic enlightenment)가 몽테스키외-루소의 철학적 계몽주의(philosophical enlightenment)로 대체되고, 나아가 베카리아-마라의 사법적 계몽주의(juridical/legal enlightenment)로 대체됨에 따라 프랑스혁명이 공포정치로 타락했다는 설명이 제시되었다.

『후기』에서 설명한 것처럼, 범죄와 형벌에 대한 경제적 계몽주의와 사법적 계몽주의의 차이는 유가와 법가의 차이와 거의 동일하다. 스미스와 유가에게 형벌은 범죄에 대한 배상, 즉 사적 원한에 대한 분노와 복수를 대신하는 공적 배상이었다. 반면 베카리아-벤섬에게 형벌은 범죄의 억지(抑止, deterrence)였는데, 프랑스혁명에서 산악파가 공포정치를 자행한 근거가 이것이었다. 나아가 형벌은 사회를 방어하고 변혁하는 수단으로도 인식되었다. 심지어 공안위원회에서 공안이 'sûreté publique'(공공의 안전)이 아니라 'salut public'(공공의 구원)이었던 데서 알 수 있듯이, 산악파는 시민의 구세주, 즉 그리스도를 자임하기까지 했다.

386세대가 주축이 된 친노-친문 인민주의자는 2016-17년 촛불시위를 '촛불혁명'으로 격상시키면서 '적폐 청산'라는 데마고기를 통해 프랑스혁명기의 공포정치를 연상시키는 정적 제거에 몰두해왔다.

심지어 문재인 정부 3년차에 와서는 '한국판 공안위원회'라고 할 수 있는 공수처까지 도입했다.

게다가 '조국 사태'와 검찰개혁 논쟁을 거치면서 386세대의 기이한 법문화(legal culture)가 분명해졌다. 그들은 사법적 계몽주의와 친화적인 법가적 세계관을 견지하면서, 후술할 것처럼, '정치의 사법화'를 극단화하고 있다.

386세대의 고유한 심성

한편 노자의 공멸과 민족의 집단자살이라는 '임박한 파국'(레닌)이 예고되는 정세 속에서 386세대의 고유한 심성에도 주목하지 않을 수 없게 되었다.

우선 『위기와 비판』과 『재론 위기와 비판』에서는 중국과 일본 현대지식인사와의 비교가 이루어졌다. 그 결과, 386세대는 중국의 '문혁세대', 일본의 '68세대'와 유사하면서도 일정한 차이를 보였다. 우선 문혁세대와 다른 점은 환멸(幻滅, 환상의 소멸)이 아니라 망상(妄想, 거짓된 생각)으로 특징지어졌다는 것이다. 그리고 문혁세대, 68세대와 모두 다른 점은 대량으로 전향했다는 것이다.

하지만 이러한 역사적 비교만으로는 부족한 점이 있기에, 『재론 위기와 비판』에서는 이문열 작가나 이병주 작가의 리얼리즘 소설, 특히 1945-53년 해방정국을 소재로 하는 '6·25소설'을 함께 검토했다. 이로써 이들 작가가 6·25소설이라는 우회로를 통해 386세대의 '사이비 사상'이나 '허망한 열정', 달리 말해서 망상을 비판했다는 결론에 도달했다.

다만 이들 작가도 386세대의 대량의 전향까지는 예상치 못했다. 이문열 작가는 산문집 『시대와의 불화』(1992)에서 사이비 사상이 '변형된 출세주의'일 수 있음을 지적했으나, 『영웅시대』(1982-84)에는 그러한 인물이 나오지 않았다. 이병주 작가는 미완성 유작 『별이 차가운 밤이면』(1989-92)에서 천민적 반(反)영웅을 주인공으로 그렸음에도 그러한 기괴한 지식인의 존재 가능성을 부정했다.

한편『종합토론』과『후기』에서 보충한 것처럼, 조정래 작가의『태백산맥』(1983-89)을 리얼리즘적으로 각색한 임권택 감독의『태백산맥』(1994)은 한국전쟁기 적치하(赤治下)에서 '바닥빨갱이'(하층민 출신의 지방좌파)의 보복학살을 가감없이 그렸다. 이는 386세대의 사이비 사상이 원한과 증오의 정치로 타락할 것이라는 경고였다. 나아가『재론 위기와 비판』에서 소개한 것처럼, 촛불집회를 비판한『이 세상 만세』(2018)에서 김원우 작가는 시위꾼의 '주먹질'에서 한국전쟁기 바닥빨갱이의 '완장질'을 연상하기도 했다.

이 밖에도『한국사회성격 논쟁 세미나』는 현대와 전현대의 다양한 지식인론을 원용해 한국현대지식인사의 '이태'(異胎) 내지 '귀태'(鬼胎), 즉 '부모를 닮지 않은 귀신의 자식'인 386세대의 기괴한 행태를 비판했다.『한국자본주의의 역사』에서 소개한 후 후속작업에서 구체화한 유가적 지식인론,『한국의 불행』에서 소개한 '노블레스 오블리주'와 '천민적 상층' 개념,『위기와 비판』에서 소개한 노신의 사이비 지식인론 등이 그러한 사례였다.

하향평준화 세대의 벼락출세와 능력주의의 소멸

386세대가 대량으로 전향한 것은 사실 자연스러운 일이었다. 박정희 정부 이후 현대화의 명분으로 유가적 지식인의 전통이 단절되면서 지조나 정조라는 개념이 낯설어진 탓도 있는 데다가, 특히 386세대가 중등교육을 이수한 유신-5공 시대에 중·고교평준화 및 서울대 본고사 폐지를 핵심으로 하는 교육의 하향평준화가 대대적으로 이루어졌기 때문이다. 이로써 '노블레스 오블리주', 즉 엘리트의식이 소멸하는 동시에 이론적 역량도 쇠퇴했던 것이다.

그러므로 386세대를 하향평준화된 세대로서 '박정희 키즈' 또는 '박정희-전두환 키즈'라고 부를 수 있다.『한국자본주의의 역사』에서 설명한 것처럼, 경제정책에서 박정희 정부의 중화학공업화가 전두환 정부의 신자유주의적 정책개혁으로 역전된 것과 대조적으로, 교육정책에서는 박정희 정부의 하향평준화가 전두환 정부에서 오히려 심화되었다. 이는 서울대로 상징되는 능력주의(meritocracy) 제도와 이데올로기의 파괴를 의미했다.

서울대에 대한 공격은 미군정의 교육정책을 계승한 것이기도 했다. 미군정이 설치하려던 국립서울대학교의 모델은 연구중심의 사립엘리트대학이 아니라 교육중심의 주립대중대학이었기 때문이다. 게다가 연세대·고려대도 연구중심의 사립엘리트대학을 지향하지 않았는데, 오히려 박정희 정부에 협력하면서 하향평준화를 추동했던 것이다. 이렇게 된 것은 백낙준 총장이 시도한 기여입학제가 좌절되면서 재정적 독립에 실패한 것이 결정적 계기였다고 할 수 있다.

『위기와 비판』과 『재론 위기와 비판』에서 설명한 것처럼, 현대 이전의 능력주의는 과거제도를 중심으로 운영되었다. 그리고 현대로 이행하면서 행정고시제도로 계승되었다. 나아가 『종합토론』에서 부연한 것처럼, 사회주의 시절 소련이나 중국이 능력주의를 채택한 것도 당연했다. 『고타강령 비판』에서 마르크스는 자본주의의 능력주의는 오히려 불완전한 것이므로 사회주의의 능력주의로 완성되어야 한다는 관점을 제시한 바 있다.

이런 점을 고려한다면, 박정희 정부의 하향평준화정책은 중화학공업화정책만큼이나 한국의 현대화라는 목표에 역행하는 실책이었다. 그러한 실책이 전두환 정부를 거쳐 문민화 이후에도 지속되었다는 것은 역설이었다.

물론 『종합토론』에서 부연한 것처럼, 박정희 정부가 능력주의를 거부한 것은 아니었다. 봉건제에 유비하자면 박정희 정부는 육조(六曹)에서 이·호·예와 병·형·공의 위계를 역전시킨 것인데, 중국·조선의 문치를 로마의 무단통치로 대체한 셈이었다. 하지만 적어도 병·형·공에서는 일류를 선호해, 육사 출신을 비롯해서 서울법대나 서울공대 출신을 선호했던 것이다.

한국에서 능력주의가 사실상 소멸한 것은 김대중-노무현 정부부터였다. 인민주의가 득세하면서 엘리트를 불신하는 풍조가 팽배한 가운데, 386세대가 능력과 무관하게 중용되기 시작했던 것이다. 이는 입법부와 행정부의 무능을 강화하고 제왕적 대통령제의 모순을 증폭시켰는데, 비가역적으로 확대·강화된 대통령의 인사권이 그 방증이다. 『위기와 비판』에서 소개한 자료에 따르면, 대통령이 직간접적으로 임명할 수 있는 직책은 김대중–노무현 정부를 거치면서 대략 1만 개에서 3만 개로 급증했다.

이처럼 386세대가 권력의 핵심으로 진입하는 과정에서 능력제(merit system)가 엽관제(獵官制, spoils system)로 대체되었다. 심지어 행정·외무고시 출신의 '늘공'(늘 공무원)과 구별되는 엽관제 출신의 '어공'(어쩌다 공무원)이라는 말까지 일반화되는 지경에 이르렀다. 386세대의 이러한 '벼락출세'는 결과에 승복하지 않는 세태를 보편화하는 데 기여하기도 했다.

『후기』에서 소개한 19대 더불어민주당 의원의 구성을 보면, 128명의 의원 중 386세대 운동권은 과반수인 69명이었다. 그 중 80–87학번 67명은 직선제 개헌을 요구한 1987년 6월항쟁에 참여한 경험이 있었으며, 특히 당시 학생운동 지도부를 구성한 81–84학번 45명이 핵심이었다. 또 '인서울'(서울소재대학 졸업자)이 57명이었는데, 비(非)서울대 학생운동권이 약진한 덕분에 서울대 15명, 고려대·연세대 각각 10명 등으로 거의 평준화되었다.

민주노총의 '폭력과 지대의 교환'과 '지대공유제'

386세대와 함께 문재인 정부의 인민주의를 추동하는 주체로는 민주노총도 있다. 1987년 노동자대투쟁 이후 재벌노조·민주노총의 노동자주의(workerism)가 분출했는데, 자본가에 대한 반(反)엘리트주의적 원한의 정치라는 점에서 인민주의의 변종으로 볼 수 있다. 이들은 재벌의 독점이윤을 분배받기 위해 자신의 조직화된 힘을 이용했는데, 이를 '폭력과 지대의 교환'을 통한 재벌과 재벌노조의 '지대공유제'로 개념화할 수 있다.

『한국자본주의의 역사』에서 소개하고『후기』에서 보충한 것처럼, 더글러스 노스와 배리 와인개스트의 정치경제론(political economy)은 정치·경제적 권리에 대한 접근(access)의 수준에 따라 무정부상태, 제한접근사회, 개방접근사회를 구별한다. 각각을 후진국, 중진국, 선진국으로 해석할 수 있다.

노스-와인개스트에 따르면, 인류의 15%인 20여개의 선진국을 제외하면 나머지 85%인 170여개의 후진국과 중진국은 폭력(violence)의 위험에 항상 노출된 채 살고 있다. 단 중진국이 후진국보다 나은 점은 폭력의 잠재성을 가진 집단에게 독점적 권리, 달리 말해서 신분화된 권리로서 '지대'(rent)를 허용함으로써 잠재적으로 폭력적인 집단을 순치하여 평화를 유지한다는 것이다. 하지만 중진국이 후진국으로 전락하지 않기 위한 필요악으로서 이러한 '폭력과 지대의 교환'은 동시에 중진국이 선진국으로 진입하는 데 결정적 장애, 즉 '중진국 함정'(middle-income trap)이 되기도 한다.

『한국자본주의의 역사』에서 설명한 것처럼, 와인개스트는 모종린 교수와의 공동연구에서 1987년 이후 한국사회에서 폭력과 지대를 교환해온 주체로서 재벌과 재벌노조를 특정했다. 그 결과 금권주의(plutocracy)와 인민주의가 공존하면서 문민화가 실패했고, 재벌과 재벌노조의 지대공유제(rent sharing)가 형성되었다는 것이다.『재론 위기와 비판』에서 소개한 프랑스의 리얼리즘 작가 발자크처럼 말하자면, '천민부르주아지'의 성장과 그들에게 승복하지 않는 하층민의 '질투의 권리선언'(déclaration des droits de l'Envie)이 공존하게 되었던 것이다.

성장하는 천민부르주아지의 가장 극적인 사례는 1992년 대선에 출마한 현대의 정주영 회장이었다. 그러나 '천민성'(pariahhood)은 노블레스 오블리주, 즉 행동규범이 부재한다는 의미이므로, 삼성의 이병철 회장을 비롯해 거의 모든 재벌이 천민적이었다고 할 수 있다. 일제강점기에 거의 유일한 민족부르주아지였던 김성수 일가를 대신해 해방 이후 국유적산의 무상불하를 통해 성장한 재벌에게 행동규범이 있을 리 만무했다.

따라서 천민부르주아지에 대한 하층민의 질투와 저항도 전개되었는데, 인민주의의 변종으로서 노동자주의가 그것이었다. 대표적인 사례는 역시 현대에서 결성된 노동조합이었다. 삼성의 노동자와 달리 현대의 노동자는 총수 일가가 독식해온 독점이윤의 분배에 참여하기 위해 노동조합이라는 조직된 힘을 사용했다. 이러한 '폭력과 지대의 교환'을 통해 형성된 것이 재벌과 재벌노조의 '지대공유제'였다. 그리고 그러한 노선에 따라 조직된 것이 민주노총이었는데, 1987년에 현대엔진(-중공업) 초대 노조위원장이었던 권용목 씨가 1995년에 민주노총 초대 사무총장이었다는 사실이 이를 상징한다.

민주노총의 고임금과 고용세습 문제

과천연구실 최초의 성과인 『마르크스주의의 전화와 '인권의 정치': 알튀세르를 위하여』(1995)와 강의록인 『알튀세르를 위한 강의: '마르크스주의의 일반화'를 위하여』(1996)에서 소개한 것처럼, 프랑스의 대표적 마르크스주의 경제학자 브뤼노프는 신자유주의에 대한 노동자운동의 대안을 제시하면서 코퍼러티즘이라는 사이비 대안을 비판했다. 그녀는 코퍼러티즘적 지대를 가리켜 '상황의 지대'라고 했는데, '비옥도[생산성]에 의해 결정되는 지대'(rent of fertility)가 아니라 '위치[시장과의 거리]에 의해 결정되는 지대'(rent of situation)라는 의미였다. 이 개념은 막 출범한 민주노총의 코퍼러티즘적 편향에 대한 비판으로 원용되었다.

하지만 민주노총이 코퍼러티즘을 추구한 결과는 상황의 지대를 넘어 독점이윤을 공유하는 지대공유제에 이르렀다. 자신의 조직된 힘을 이용하여 임금투쟁에 몰두했으며, 심지어 이른바 '고용세습'을 통해 재벌과 운명공동체를 형성하기까지 했다. 현대자동차노조를 비롯한 재벌노조가 대표적인 사례였는데, 그 후 서울지하철노조를 비롯한 공공노조로도 확산되었다.

지대공유제를 비판하기 위해서는 우선 고임금에 주목해야 한다. 민주노총을 주도하는 자동차노조의 고임금은 『재론 위기와 비판』에서 지적한 바 있다. 자동차산업의 전망이 불투명한 상황에서 자동차회사의 임금은 납득할 수 없는 고수준이다. 예를 들어 2016년 현대자동차의 연평균임금은 9400만원으로 최상층임금생활자인 판·검사보다 고액이다. 심지어 1997–98년 금융위기 이후 외국자본에 인수·합병된 대우자동차나 쌍용자동차의 연평균임금도 8000만원을 넘어 거의 판·검사 수준이다.

『2007–09년 금융위기』(2009)에서 설명한 것처럼, 외국자본이 대우자동차나 쌍용자동차에 관심을 가진 것은 금융이익이나 기술이전 때문이었다. 하지만 자동차노조는 외국자본의 경영방침에 무관심한 채 임금과 노동조건에 집착했다. 심지어 외국자본과 결탁하여 정부에게 구제금융을 강요하고 고액 연봉을 고수하려는 행태는 '매판적'이기까지 하다. 하지만 2007–09년 금융위기의 와중에 쌍용자동차노조의 극한투쟁을 주도한 한상균 씨는 2014년 12월 민주노총 최초의 직선제 선거에서 위원장으로 당선되어 2015년 '민중총궐기'를 주도했다. 쌍용자동차노조 투쟁모델이 일반화된 셈이었다.

『종합토론』에서 보완한 것처럼, 고임금은 자동차노조에 국한된 현상이 아니다. 현재 한국에서 500인 이상 대기업 노동자의 평균임금은 1인당 국민소득 대비 1.91배로서 미국 1.01배, 일본 1.16배, 프랑스 1.55배를 훨씬 능가하는 세계 최고수준이다. 게다가 2015년 민중총궐기가 상징하는 쌍용자동차노조 투쟁모델의 일반화는 임금격차의 확대로 귀결되었다. 300인 이상 대기업과 여타 기업의 임금격차는 1980년대까지의 1.05배 안팎에서 1987년 노동자대투쟁을 계기로 1.25배 안팎, 1997–98년 경제위기를 계기로 1.35배로 확대된 후 결국 2007–09년 경제위기를 계기로 1.7배까지 확대되었다.

『종합토론』에서 부연한 것처럼, 자동차노조를 비롯한 재벌노조의 고임금은 생산성과 무관했다. 따라서 폭력과 지대의 교환을 통한 지대공유제로 개념화할 수 있는 것이다. 게다가 언제부터인가 지대공유제가 고용세습을 통해 재생산되었다. 재벌노조에서 시작되었으나, 문재인 정부의 공공부문 비정규직의 정규직화를 기화로 공공노조로까지 확산되고 있다.

고임금도 문제지만 특히 고용세습으로 오면 '상황의 지대'라는 개념을 적용하기가 곤란하다. 역전가능한 상황(situation)이 아니라 고정불변의 신분(position)에 의해 결정되는 지대이므로, '상황의 지대'보다는 오히려 '신분의 지대'(rent of position)라고 하는 것이 타당할 것이기 때문이다.

소득주도성장

제왕적 대통령제 완성을 위한 '노동자민족의 복지국가'

문재인 정부 1년차 정책의 초점은 소득주도성장이었고, 이것은 노동자민족의 복지국가를 건설하려는 대장정의 첫걸음이었다. 소득주도성장이든 노동자민족의 복지국가든 경제학적 근거를 결여한다는 점에서는 마찬가지였으나, 4년 중임제 개헌을 통해 제왕적 대통령제를 완성하기 위해서는 불가피한 '공약(空約)'이었다.

1년차의 문재인 정부는 2018년 5월 지방선거를 계기로 4년 중임제 개헌을 강행한다는 단기적 목표를 설정했던 것으로 보인다. 1987년 직선제 개헌 이후 제왕적 대통령제에 대한 대안으로 국회와 정치학계에서 모색해온 의원내각제 내지 이원정부제 개헌과 달리 오히려 제왕적 대통령제를 개악하려는 구상이었다. 그리고 이를 설득할 수 있는 가장 중요한 논거가 노동자민족의 복지국가 건설이었으며, 그 출발점이 1년차 정책의 초점으로서 소득주도성장이었다.

물론 노동자민족의 복지국가라는 발상은 문재인 정부 이전으로 소급하는 것이다. 한국이 1997-98년 경제위기 이후 '노동자민족'으로 전락한 과정은 앞서 설명한 바와 같다. 그런데 이런 상황에서 노동자민족의 '복지국가' 건설이라는 실행불가능한 인민주의적 주장이 '좌파 신자유주의'(노무현 대통령)의 연장선에서 대두했던 것이다.

하지만 『사회과학 비판』(2011)에서 설명한 것처럼, 성장후퇴와 저출산·고령화가 예상되는 상황에서 복지국가의 재정위기라는 모순은 김대중-노무현 정부의 연금개혁에서 이미 분명해졌다. 노무현 정부가 국민연금을 부과방식(pay-as-you-go system, PAYG/ PAYGO)에서 적립방식(funded system)으로 개혁한 것 역시 노동자민족의 현실과 모순적인데, 한미자유무역협정을 대비하여 증시를 부양하려는 복안이었을 것이다.

그럼에도 2012년 총선과 대선이 임박하자, 스웨덴 모델에 대한 왜곡에 기초한 복지국가론이 정권탈환을 위한 인민주의의 대표적인 전략이 되었다. 『사회과학 비판』에서는 이를 한국 인민주의의 '무지와 미신'을 보여주는 최신의 사례로 규정한 바 있다.

펠로폰네소스 전쟁에서 패배한 직후 아테나이에서 보편적 복지국가론이 유포되었는데, 아리스토파네스의 희극 『민회(民會)의 여성』에서 제기된 반론이 '농사는 누가 지을거야?'였다. 헤겔은 이것을 '돼지의 행복'(Sauwohl)에 대한 촌철살인의 풍자로 간주했는데, 한미자유무역협정 이후 노동자민족으로 전락한 한국에서 복지국가론이 횡행하는 세태에도 적합한 풍자일 것이다. 『2010-12년 정세분석』에서 이 내용을 처음 소개하기 직전 공교롭게도 한국방송공사(KBS)의 개그콘서트에서 '소는 누가 키울거야?'라는 유행어도 나왔다. 하지만 문재인 정부의 인민주의 내지 프로토파시즘에서는 이러한 풍자조차 허용되지 않는 것 같다.

'경제학적 문맹 내지 사기'로서 소득주도성장

문재인식 '2기 좌파 신자유주의'의 경제정책인 소득주도성장은 노동자민족 복지국가를 위한 것이면서도 한층 더 모순적이었다. 이에

『위기와 비판』에서는 '경제학적 문맹 내지 사기'라는 더욱 암울한 규정을 내릴 수밖에 없었다.

'경제학적 문맹 내지 사기'와 관련하여, 자유주의라는 정치이념의 이론적 근거가 경제학이라는 사실부터 확인해야 한다. 그런데 마르크스와 엥겔스가 『공산주의자 선언』에서 설명한 것처럼, 광의의 반(反)자유주의에는 다양한 입장이 있을 수 있다. 마르크스적 의미에서 공산주의와 경제학 비판이 자유주의와 경제학에 대한 단순한 반대와는 전혀 다른 '지양'(止揚, Aufhebung/sublation)을 추구한다면, 인민주의와 반(反)경제학은 오히려 자유주의와 경제학에 미달하는 대안을 추구하기 때문이다.

소득주도성장론은 칼레스키-로빈슨의 포스트케인즈주의를 특징짓는 임금주도성장론의 변종이다. 포스트케인즈주의의 임금주도성장론은 부르주아 경제학과 마르크스의 경제학 비판이 공유하는 경제성장론에서 이탈한 반(反)경제학으로서, 자본가 이윤의 저축과 투자가 아니라 노동자 임금의 소비가 경제성장의 원천이라고 주장한다. 즉 자본축적과 기술진보의 중요성을 부정하는 것이다.

그런데 홍장표 경제수석과 이상헌 박사가 제시한 소득주도성장론은 포스트케인즈주의의 임금주도성장론과도 다른 것이다. 임금주도성장론은 임금분배율, 즉 임금노동자의 소득분배율을 상승시킴으로써 국민소득이 증가할 수 있다는 주장인 반면 소득주도성장론은 자영업자의 소득분배율을 상승시킴으로써 국민소득이 증가할 수 있다는 주장이기 때문이다. 임금 대비 자영업자 비율이 멕시코와 함께 압도적으로 공동 1위인 한국의 사정을 고려한 주장인 것이다.

장하성 정책실장과 김상조 공정거래위원장이 문재인 정부의 1년차 경제정책을 총괄한 것도 이런 맥락에서 이해할 수 있다. 과거에 이들은 재벌로부터 외국의 기관투자자를 보호하는 소액주주운동에 주목하면서 재벌개혁을 주장했으나, 현재는 대기업으로부터 국내 자영업자를 보호하는 공정거래정책에 주목하면서 재벌개혁을 상대화하고 있다.

그런데 소득주도성장이 자영업자 보호를 중시하다보니, 민주노총이 '노동귀족'이라는 비난에 대한 면피용으로 요구한 하층노동자의 최저임금인상과 필연적으로 갈등할 수밖에 없었다. 결국 최저임금인상으로 인해 자영업자의 소득이 하락하고 자영업 관련 일자리도 감소하면서, 집권 1년만인 2018년 5월에 소득주도성장에 대한 논란이 공개적으로 제기되었고, 6월에는 홍장표 수석이 경질되었다.

7월 문재인 대통령, 8월 김동연 경제부총리가 삼성의 이재용 부회장을 잇따라 면담하여 약속받은 180조원 투자, 이른바 '투자 구걸'(장하성 실장)은 문재인 정부가 소득주도성장의 실패를 자인했다는 방증이었다. 결국 2018년 11-12월에 소득주도성장의 또 다른 책임자인 장하성 실장이 소득주도성장에 비판적이었던 김동연 부총리와 함께 경질되었다.

한편 민주노총이 소득주도성장론에 대한 대안으로 임금주도성장론을 주장한 것도 아닌데, 최저임금인상과 동시에 노동시간단축을 요구했기 때문이다. 『금융위기와 사회운동노조』에서 설명한 것처럼, 노동시간단축은 탄력근로제/변형근로제를 통한 저임금·장시간·고강도노동으로 귀결되기 마련이다. 실제로 민주노총의 요구에 따라서 2018년 7월부터 노동주가 52시간으로 단축된 다음 문재인 정부는 2018년 11월에 출범한 경사노위(경제사회노동위원회/노사정위원회)에서 단위기간을 3개월에서 6개월로 연장하는 안을 추진했다.

민주노총은 2019년 1월 대의원대회에서 경사노위 불참을 결정하면서 단위기간 연장에 계속 반대해왔지만, 판검사보다도 고임금인 자동차노조가 주도하는 민주노총이 이를 무한정 거부할 명분은 없었다. 결국 민주노총은 2020년 4월 '코로나19 위기 극복을 위한 원포인트 노사정 대화'를 제안했으나, 7월 대의원대회에서 이 역시 부결되면서 김명환 위원장이 사퇴할 수밖에 없었다.

문재인 정부의 소득주도성장이 자영업자 보호에 국한된 것은 아니었는데, 이를 보조하는 정책으로 '최종고용자로서 정부', 즉 공공부문의 일자리 창출 및 비정규직의 정규직화도 있었다. 이 정책은 전두환 정부부터 김대중 정부까지의 공공개혁을 반전시켜 공공부문을 확대한 노무현 정부의 정채을 계승한 것이기도 했다.

하지만 『사회과학 비판』에서 설명한 '렌 모델' 위기 이후의 스웨덴처럼, 이 정책은 '가계의 화폐화'를 통해 국민소득이 증가하는 통계적 착시를 유발하는 문제가 있다. 게다가 앞서 지적한 것처럼, 비정규직의 정규직화를 기화로 해서 민주노총의 공공노조가 재벌노조를 따라 고용세습을 도모하는 황당무계한 일까지 벌어졌다.

2차 반도체호황으로 인한 착시

비록 민주노총의 위세가 있었으나, 소득주도성장을 제창하면서 동시에 이와 배치되는 최저임금인상, 노동시간단축을 강행한 것은 '경제학적 문맹 내지 사기'를 여실하게 보여준다. 게다가 2007-09년 금융위기 이후 '2차 대불황'의 가능성이라는 세계경제의 위기, 나아가 노동자민족이라는 민족경제의 현실 등은 일단 차치하더라도, 문재인 정부가 집권한 직후인 2017년 하반기부터 경기순환이 하강을 시작했다는 사실조차 인식되지 못했다.

물론 문재인 정부가 무리한 경제정책을 고집한 데는 2017-18년의 2차 반도체호황으로 인한 착시도 작용했다. 문재인 정부는 2차 반도체호황이 상당 기간 지속될 것이라는 주관적 희망을 가졌던 것으로 보인다. 하지만 2019년 6월에 와서는 결국 2차 반도체호황이 2018년 하반기에 종료되었다는 사실을 인정할 수밖에 없었다.

『일반화된 마르크스주의 세미나』에서 소개한 2007-09년 금융위기부터 2012-13년까지 과천연구실의 정세분석에 따르면, 2009년 이후 금융위기가 점차 진정되면서 증시는 오히려 과열되는 조짐에도 불구하고 실물경제의 회복은 요원하다고 결론지을 수밖에 없었다. 나아가 '2차 대불황'(버냉키), 즉 자본주의의 붕괴에 대한 경고가 여전히 유효하며, 2017-18년 2차 반도체호황 정도로는 대불황의 전망을 소멸시킬 수 없다고 판단하지 않을 수 없었다.

게다가 2018년부터 트럼프 대통령이 미중무역전쟁을 도발하면서 경기침체의 가능성이 커진 가운데, 2020년 들어서는 '코로나19발 경제위기'(COVID-19 economic crisis)까지 발발하고 말았다. 이로 인해 연준(연방준비제도)의 출구전략(exit strategy), 즉 2007-09년 금융위기에 대한 정책대응이었던 제로금리정책(ZIRP)과 수량완화정책(QE) 등 비전통적 통화정책의 종료 계획도 불가피하게 중단되었다. 미중무역전쟁에 대응하여 이미 2019년부터 출구전략의 속도 조절을 모색하던 연준은 급기야 2020년 3월에는 코로나19발 경제위기에 대응하여 2007-09년 금융위기 시절을 능가하는 수준의 비전통적 통화정책으로 복귀했다.

그런데 세계경제의 가장 근본적인 문제는, 미국이든 한국이든 새로운 성장기를 개시할 산업자본이 별로 없다는 것이다. 2007-09년 금융위기를 계기로 제너럴모터스(GM)와 제너럴일렉트릭(GE) 같이 20세기 미국경제를 상징하던 산업자본이 다우존스에서 퇴출되었다. 그 결과 현재 미국경제를 대표하는 것은 정보통신기술(ICT)과 관련되는 아이비엠·인텔·마이크로프로세서·애플이지만, 이들이 지엠과 지이를 대체할 수는 없다. 미국자본주의의 역사에 대한 자세한 설명은 『일반화된 마르크스주의 개론』을 참고할 수 있다.

한국경제의 전망은 물론 더욱 어둡다. 자동차산업의 전망이 불투명한 상황에서 1993-95년 1차 반도체호황을 계기로 현대자동차를 추월한 삼성전자가 한국경제를 이끌고 있다. 하지만 텔레비전·냉장고·세탁기 같은 전통적인 가전 분야가 아니라 새로운 반도체·스마트폰 분야에 의존하는 삼성전자의 한계는 분명하다. 삼성전자가 현대자동차를 대체할 수 없는 것은 아이비엠·인텔·마이크로프로세서·애플이 지엠·지이를 대체할 수 없는 것과 마찬가지다.

더욱이 삼성전자가 1차 반도체호황을 활용할 수 있었던 것은 인텔이 시스템반도체에 특화하면서 메모리반도체에 특화한 덕분이었다. 일각에서는 2차 반도체호황으로 삼성전자가 인텔을 추월했다고 주장하지만, 매출액이 아닌 수익성을 기준으로 할 경우 삼성전자는 인텔에 여전히 뒤진다. 이러한 상황은 스마트폰에서 훨씬 더 뚜렷해, 『한국자본주의의 역사』에서는 애플과 삼성전자의 수익성 격차를 약 8배로 계산하기도 했다. 게다가 2007년부터 애플의 하청을 시작해 2010년대부터 삼성전자에 도전한 대만 폭스콘의 추격까지 우려해야 하는 이른바 '샌드위치' 신세에 처해 있기도 했다.

2018년 하반기부터 2차 반도체호황이 소멸되는 가운데, 이재용 부회장의 3대세습 문제도 여전히 해결이 난망하다. 2015년 5월 통합삼성물산 출범에서 국민연금을 동원한 것이 계기가 되어 최순실 국정농단사건에 연루된 데 더해, 통합삼성물산 출범 직후 자회사인 삼바(삼성바이오로직스)에서 분식회계사건까지 발생했다. 문재인 정부로서는 4만명을 고용할 수 있는 180조원의 투자를 약속한 이 부회장을 무시할 수 없겠으나, 잘못하다가는 차기 정부에서 문재인 정부와 삼성의 '재판거래'가 논란이 될 수도 있을 것이다.

계속되는 '경제학적 문맹 내지 사기'

2018년 11-12월에 문재인 정부는 소득주도성장론을 포용국가론으로 대체하는 동시에 장하성 실장, 김동연 부총리의 후임으로 김수현 실장, 홍남기 부총리를 발탁했다. 일견 '포용자본주의'(아제몰루)라는 경제학적 개념을 연상시키지만, 굳이 '포용국가'라 한 것은 경제적 인센티브 같은 경제적 원리를 무시하려는 의도일 것이다. 그리고 『종합토론』에서 지적한 것처럼, 그 경력에서 볼 때 김 실장과 홍 부총리의 발탁 역시 반(反)경제학적 함의를 갖는 것이었다.

2019년 5월에 문재인 대통령은 국민소득 대비 국채의 비중을 40%로 유지하려는 홍남기 부총리에게 '과학적 근거'를 추궁했다. 2017년 하반기부터 경기순환이 하강하면서 2018년 하반기에는 2차 반도체호황도 종료됨에 따라, 문재인 정부로서는 적자재정에 의존할 수밖에 없게 되었던 것이다. 하지만 다름 아닌 문 대통령 본인이 2015년에 박근혜 정부의 방만한 재정운용을 비판하면서 국채비중의 '마지

노선'으로 40%를 언급한 바 있다.

『2007-09년 금융위기 논쟁』(2010)에서 설명한 것처럼, 2007-09년 금융위기의 와중에 지속가능한 국채비중이 주목되었다. 금융위기 이전 미국과 유럽연합은 지속가능한 국채비중을 60%로 설정했다. 반면 한국에서는 1997년에 12.3%였던 국채비중이 1997-98년 경제위기 이후 김대중 정부와 노무현 정부에서 각각 19.5%와 33.3%로 상승하자 이명박-박근혜 정부가 40%라는 20%포인트 낮은 기준을 설정했는데, 원이 달러나 유로 같은 기축통화가 아니기 때문이었다.

그런데 『종합토론』에서 부연한 것처럼, 국채비중의 수치보다 더 중요한 문제는 국채 발행이 야기하는 계급간·세대간·민족간 불의(unjustice)라는 문제이다. 재무부가 발행한 국채를 중앙은행이 보유할 경우에는 화폐발행을 통한 인플레이션조세이자 역진세이므로 계급간 불의이다. 반면 민간이 보유할 경우에는 미래세대에게 원리금의 부담을 전가하는 세대간 불의이며, 나아가 미래세대 중에서도 노동자가 자본가에게 원리금을 지불할 것이므로 계급간 불의이다. 그리고 외국인이 보유할 경우에는 국부유출이므로 민족간 불의라고 할 수 있을 것이다.

한편 후술할 것처럼, 2018년부터 문재인 정부의 모든 대내외정책은 남북관계에 종속되었다. 경제정책도 연방제통일의 전망에 종속되었는데, 2019년 8·15경축사에서 문재인 대통령이 제안한 '평화경제', 즉 연방제통일의 준비단계로서 '남북간의 경제협력'이 대표적 사례였다. 연방제통일이라는 최종목표를 달성한다면, 꼭 26년 후인 2045년 8·15 100주년에는 세계경제 6위권에 진입하고 1인당국민소득도 7만달러를 상회하리라는 것이었다. 중간목표는 13년 후인 2032년 서울-평양 공동올림픽 개최였다.

그러나 이른바 '하노이 노딜' 이후 남북관계가 이미 냉각하고 있는 시점이어서 이튿날 김정은 위원장의 빈축을 샀을 뿐 아니라, 친여적인 『한겨레신문』조차 '장밋빛 전망'으로 폄하할 정도로 비현실적이었다. 연방제통일의 충격은 무시한다고 해도, 나아가 북한을 뺀 남한만의 1인당국민소득이 30년 동안 7만달러로 성장한다고 해도, 경제성장률이 거의 3%가 되어야 하기 때문이다. 그러나 2018년부터 잠재적 경제성장률이 3%를 하회하는 가운데, 인구성장률은 아직 제로나 마이너스가 아니므로 비현실적이라고 할 수밖에 없는 것이다.

노동자민족으로 전락해 경제주권을 상실한 상황에서 연방제통일은 미망(迷妄)일 따름이다. 2018년 9월 남북정상회담 직후에 미국 국무부와 재무부가 문재인 정부를 '패싱'하고 한국의 은행과 기업에 직접 연락해 '세컨더리 보이콧'을 경고한 사건은 이 사실을 극적으로 상기시킨다. 문재인 정부가 미국의 '허락'(approval, 트럼프 대통령) 없이 남북관계에서 과속한다면 미국은 한국에서 영업하는 은행과 기업에 대한 경제주권을 행사하겠다는 경고였기 때문이다.

한편 소득주도성장의 실패가 무색하게, 문재인 정부 4년차를 앞두고 차기 대선을 염두에 둔 각양각색의 기본소득론이 범여권에서 부상하고 있다. 『일반화된 마르크스주의 세미나』에서 설명한 것처럼, 자본축적률과 경제성장률이 0이 되는 정지상태(stationary state)에서 기본소득(basic income) 등을 통해 복지국가를 건설할 수 있다는 구상은 존 스튜어트 밀, 그리고 밀을 계승하는 마셜-피구-케인즈-미드의 케임브리지학파로 소급되는 것이며, 2014년에 주목을 받은 피케티도 이러한 계보의 일원이다.

따라서 『위기와 비판』에서 지적한 것처럼, 문재인 정부의 경제정책은 칼레스키-로빈슨의 포스트케인즈주의와 마셜-피구-케인즈-미드의 케임브리지학파 사이에서 일관성 없이 동요하는 셈이다. 『현대경제학 비판』(2011)에서 설명한 양자의 학설사적 갈등을 고려한다면, 이런 동요는 '경제학적 문맹 내기 사기'의 또 다른 사례이다.

게다가 한국은행에 따르면, 2010-17년간 7.5-7.8배였던 '피케티지수', 즉 국민소득 대비 국부의 비율은 문재인 정부의 '부동산투기와의 전쟁'으로 인해 오히려 2018년 8.2배, 2019년 8.7배로 상승했다. 이런 상황에서 여권 일각은 피케티를 따라 기본소득론을 기본자산론으로 급진화하고 있다. 동시에 문재인 정부는 부동산투자의 여력이 없는 이른바 '동학개미'의 주식투자를 독려하여 코로나19발 경제위기 동안 코스피를 지지하는 데 이용하고 있다.

북한 비핵화

소득주도성장에서 북한 비핵화로

문재인 정부의 1년차 정책의 초점은 소득주도성장이었으나, 2년차에서는 북한 비핵화로 초점이 변화했다. 문재인 정부는 '한반도운전자'를 자임하면서, 외교부·국방부장관을 '패싱'하고 비선실세와 국가안보실장·국가정보원장을 중심으로 북미협상의 이른바 '중재'(仲裁), 정확히 말하면 중개(仲介) 내지 중매(仲媒)에 진력했다. 그 결과가 2018년 4-5월 판문점에서 열린 1-2차 남북정상회담, 6월 싱가포르에서 열린 1차 북미정상회담, 그리고 9월 평양에서 열린 3차 남북정상회담이었다.

이러한 정책 변화에는 여러 가지 국내외적 이유가 있었다. 먼저 국외적 이유를 보면, 2016-17년간 수차의 핵·미사일실험을 강행한 김정은 위원장이 태도가 급변하여 2018년 2월 평창동계올림픽 참가를 계기로 남북정상회담과 북미정상회담에 적극적으로 호응했다. 이러한 배경에는 그로서도 더 이상 무시할 수 없는, 1996-99년 '고난의 행군' 시절과 거의 동일한 수준의 경제위기가 있었다. 그 원인은 물론 핵무력건설과 그에 따른 미국과 국제연합(UN)의 경제제재였다. 이 때문에 김 위원장이 정상회담의 대가로 경제제재 해제와 경제원조 제공을 요구했던 것이다.

문제는 미국이 주장해온 'CVID', 즉 '완전하고 검증가능하며 복구불가능한 [핵]폐기'(complete, verifiable and irreversible [nuclear] dismantlement)를 의미하는 비핵화(denuclearization) 내지 핵군축(nuclear disarmament)에 북한이 동의할 리 없다는 것이다. 북한은

핵폐기로 귀결되는 완전한 비핵화가 아니라 핵무장을 전제로 하는 불완전한 비핵화, 즉 핵동결(nuclear freeze) 내지 기껏해야 핵감축 (nuclear reduction)을 수용할 따름이다. 리비아의 가다피 원수를 반면교사로 삼는 김정은 위원장의 입장에서 핵무장이야말로 '실존적' (existential) 조건이다. 김 위원장에게 2010-12년 아랍의 봄에서 가다피 원수의 몰락의 교훈은 반체제운동에 대한 외국의 군사지원을 억지할 수 있는 유일한 수단이 핵무장이라는 것이었다.

김정은 위원장의 핵위협에 대해 2017년 내내 '분노와 복수의 화염/폭격'(Fire and Fury)으로 응수하면서 '핵전쟁게임'을 불사하던 트럼프 대통령은 2018년에 들어와 돌연 북한과의 핵협상을 개시하여 1차 북미정상회담에서 'CVID'를 거부한 김 위원장의 입장을 수용했다. 연말의 중간선거, 나아가 차기 대선에서 북한 비핵화 성과를 선전하려는 생각과 더불어 심지어 노벨평화상에 대한 욕심까지 작용했던 것이다.

트럼프 대통령의 변덕에는 전임자인 오바마 대통령에 대한 시기와 질투도 작용했던 것으로 보인다. 트럼프 대통령은 1차 북미정상회담이 있기 한 달 전에 오바마 대통령이 2015년에 체결한 이란과의 핵협정에서 탈퇴했는데, 국제원자력기구(IAEA)의 엄격한 핵사찰을 통한 비핵화에 불과하여 'CVID'에는 미달한다는 것이 명분이었다. 그러나 정작 북한에 대해서는 볼턴 국가안보보좌관이 주장하는 리비아식 해법을 기각하고 북미정상회담을 강행하는 동시에 'CVID'를 양보했다. 'CVID'라는 일관된 기준에 입각하여 이란과 핵협정을 체결하고 북한에 대해 경제제재를 발동했던 오바마 대통령과 정반대의 행보였던 것이다.

이제 국내적 이유를 보면, 첫 번째는 4년 중임제 개헌 자체가 실행불가능했다는 것이다. 일차적으로는 국회에서 개헌안을 발의할 수 있는 민주당의 의석수나 정치력이 부족했다. 그래서 마치 유신이나 5공 시절처럼 대통령이 개헌안을 발의했고, 심지어 아랍에미리트 방문 중에 전자결재라는 형식을 취했던 것이다. 그러나 정의당의

'협치'에도 불구하고, 2018년 5월에 '의결정족수 미달로 인한 투표 불성립'으로 대통령의 개헌안은 폐기되었다.

나아가 앞서 설명한 것처럼, 제왕적 대통령제의 완성을 위한 노동자민족 복지국가의 출발점으로서 소득주도성장이 2018년에 들어와 실행불가능한 것으로 확인되었다. 그 결과 역시 2018년 5월에 공개적 논란이 제기되면서 관련자들이 경질되었던 것이다.

이런 상황에서 2월 평창동계올림픽과 4-5월 1-2차 남북정상회담을 통해 북한 비핵화가 일정에 올랐던 것인데, 다만 이 때까지도 남북관계에 대한 전망이 그렇게 분명한 것은 아니었다. 하지만 9월 3차 남북정상회담에서 채택된 9·19공동선언에 '민족경제의 균형적 발전'이라는 구절이 삽입되면서 연방제통일이라는 전망이 부상했다. 동시에 이해찬 대표는 '100년 적폐를 청산하는 20년 집권'이라는 기존의 구상을 대폭 연장하여 '50년 집권'을 주장했는데, 연방제통일은 1984년생인 김정은 위원장의 치세(治世)와 민주당의 민자정(민족자주정부) 사이의 평화공존을 의미하는 셈이었다.

이처럼 2017년과 2018년 사이에 문재인 정부의 정책이 적어도 그 강조점에서 크게 변화했다는 것이 과천연구실의 입장이다. 실제로 문재인 대통령은 2012년 대선에서 연방제통일을 공약한 반면 2017년 대선에서는 별로 강조하지 않았다. 2012-13년의 3차 핵·미사일실험에 이어 2016-17년 수차의 핵·미사일실험으로 인해 북한의 핵무장이 현실화된 시점이었기 때문이었던 것 같다. 2006년의 1차 핵·미사일실험에도 불구하고 노무현 대통령이 2차 남북정상회담을 강행했던 2007년과는 상황이 많이 달랐던 것이다.

물론 일각에서는 4년 중임제 개헌이 여론동향을 알아보려는 '애드벌룬'이었고, 연방제통일이 문재인 정부의 진정한 목표였다는 악의적 주장이 제기되기도 한다. 만의 하나 이러한 주장이 사실로 밝혀진다면, 정권 교체 이후 문재인 대통령과 핵심 인사들이 '내란음모죄'로 고발·처벌될지도 모를 일이다.

친노-친문의 분화와 친북 노선의 견지

그러나 문재인 정부의 정책 변화에 대한 선의의 해석을 유지한다면, 친노-친문 인민주의자가 분화했다고 해석할 수 있을 것이다. 즉 개헌안과 노동자민족 복지국가의 건설이 실패하면서 비교적 엘리트주의적인 개혁세력이 퇴조하고 연방제통일을 주장하는 좀 더 대중적인 친북세력이 득세한 것이다.

이명박-박근혜 정부가 양산한 '진보의 탈을 쓴 사이비 진보'를 척결하자고 주장한 공지영 작가의 논리를 빌리자면, 친노-친문 안에서 사이비 인민주의자와 진정한 인민주의자가 분화했다고 평가할 수도 있을 것이다.

사이비 인민주의자는 소득주도성장 등을 통해 노동자민족의 복지국가를 건설하자는 감언이설로 대중을 현혹할 따름이었다. 북한 조평통(조국평화통일위원회)의 인터넷 신문인 『우리민족끼리』도 2018년 9월 3차 남북정상회담 직전에 소득주도성장을 '허황하다'고 비판한 바 있다. 반면 진정한 인민주의자는 그런 '돼지의 행복'을 비판하는 동시에 미제에 대항하여 핵무력을 건설하면서 인간의 행복을 누리는 북한과의 연방제통일을 추진하는 세력이다. 2018년 11월에 광화문 세종문화회관 계단에서 공개적으로 결성된 '백두[혈통]칭송위원회'가 그 대변자를 자임하기도 했다.

친노-친문 인민주의자가 분화한 데는 남북정상회담과 북미정상회담이 성사되자 남북관계가 획기적으로 진전된 것 같은 착각이 작용한 가운데, 다음과 같은 요인들도 작용한 것으로 추정된다.

첫 번째 요인은 문재인 정부의 지역적 기반이다. 2018년 8월부터 지지율이 50%대로 하락했지만, 문재인 대통령의 당선에 결정적으로 기여한 호남의 지지율은 여전히 견고하다. 그런 상황에서 언필칭 통일지상주의인 호남의 지지를 유지할 수 있는 정책이 바로 남북관계였던 것이다.

두 번째 요인은 내각 안에 저항세력이 없었다는 것이다. 소득주도성장에 대해서는 김동연 부총리가 비판적 입장을 개진한 반면 대북 정책에 대해서는 외교부와 국방부가 완전히 무력했다. 외교부에서는 '워싱턴스쿨'(미국통)이나 '재팬스쿨'(일본통) 같은 베테랑 외교관이 소외되고, 국방부에서는 육사 출신이 소외되면서, 엘리트의식과 전문지식을 결여한 무자격자가 그 자리를 차지했던 것이다.

세 번째 요인은 언론통제였는데, 여기에는 신문과 지상파방송은 물론이고 종편방송에 대한 통제까지 포함되었다. 그런데 종편방송에 출현하던 보수 논객들이 대거 유튜브로 진출하자, 문재인 대통령이 직접 유튜브를 '가짜뉴스'의 온상으로 규탄하고 『한겨레신문』 등이 부화뇌동했다. 물론 신문·방송에서는 조심스러운 풍문이 유튜브에서는 자유롭게 떠돌므로 가짜뉴스가 많을 것인데, 과거 친노-친문 인민주의자가 인터넷에서 마타도어를 양산한 것과 마찬가지이다.

어쨌든 문재인 정부는 친북 노선을 견지하고 있다. 이종석 교수와 문정인 교수는 3차 남북정상회담 직전 『한겨레신문』과의 대담에서 핵무장을 기정사실화하고 핵동결 내지 핵감축을 위한 협상을 역설했는데, 이런 입장은 9·19공동선언에서 그대로 확인되었다. 두 교수는 핵협상의 대가로 경제제재 해제는 물론이고 개성공단·금강산관광사업 재개를 넘어서 철도·도로 같은 사회간접자본 건설이 필요하다고 주장했다. 나아가 '종전선언'도 주장했는데, 한미연합군사훈련 중단, 그리고 주한미군 철수를 주장한 셈이었다.

이른바 '하노이 노딜'

그러나 2019년 2월 베트남 하노이에서 열린 2차 북미정상회담의 결렬, 이른바 '하노이 노딜'은 북한 비핵화에 대한 문재인 정부의 희망에 근거가 없었음을 극적으로 증명했다.

2차 북미정상회담에 대해서는 개최 이전부터 회의적인 예상이 많았다. 2018년 6월 1차 북미정상회담 이후 9개월 동안 진행된 실무협상의 성과가 거의 없는 상황에서, '러시아 스캔들'로 탄핵 위기에 몰린 트럼프 대통령이 졸속으로 정상회담을 추진했기 때문이다.

1차 북미정상회담에서 트럼프 대통령이 'CVID'를 포기하자 의회가 그를 견제하기 시작한 것도 중요했는데, 대표적인 시도가 북미정상회담 직후에 민주·공화 양당이 공동으로 발의한 '대북정책감독법'(North Korea Policy Oversight Act)이었다. 그리고 2018년 11월 중간선거에서 민주당이 하원을 탈환하고 상원도 선방하면서 트럼프 대통령에 대한 견제는 더욱 강화되었다. 12월에 상하원에서 만장일치로 의결한 아시아안심법(Asia Reassurance Initiative)에는 'CVID'를 위해 대북 경제제재를 유지하고 나아가 제재를 해제할 때는 의회 보고를 의무화한다는 조항이 포함되었다.

세계여론도 회의적이었다. 2018년 10월에 벨기에 브뤼셀에서 개최된 아셈(ASEM)에 참석한 문재인 대통령이 북한 비핵화에 대한 지지를 요청하자 프랑스의 마크롱 대통령, 독일의 메르켈 총리, 영국의 메이 총리는 모두 'CVID'를 강조하면서 거부했다. 동시에 아셈 의장성명에도 'CVID'의 원칙이 명기되었다. 이는 문재인 정부의 대표적인 '외교참사'였다.

하노이 노딜에 대해 문재인 정부는 사전에 미국으로부터 어떤 정보도 통보받지 못했다. 어느 시점에서 미국은 문재인 정부에게 속았다는 판단을 내린 것 같다. 하노이 노딜 직후 국내 친정부 인사들은 폼페이오 국무부장관의 온건노선에 대한 볼턴 국가안보보좌관의 강경노선의 반격으로 인해 북미정상회담이 결렬되었다는 주장을 유포했다. 하지만 실무협상을 통해 북한의 비핵화 의지를 확인할 수 없는 상황에서 미국이 먼저 경제제재를 완화할 리 없다. 이 점에 대해서는 폼페이오 장관과 볼튼 보좌관 간에 이견은 없다. 2018년 9월 3차 남북정상회담 결과에 대해 불만을 품은 폼페이오 장관이 강경화 장관에게 '쌍욕'을 하면서 격노했다는 풍문도 있었다.

김정은 위원장도 북미정상회담의 결렬을 인정하지 않을 수 없었다. 대신 국내 친정부 인사들과 달리 볼턴 보좌관이 아니라 아베 총리에게 책임을 전가했다. 아베 총리 때문에 트럼프 대통령이 인도-

태평양전략을 추진하고 있다는 판단 때문이었을 것이다.

하지만 그러면서도 트럼프 대통령에게 연말까지 '새로운 셈법'을 가져올 것을 요구했다. 그 와중에 트럼프 대통령과 김정은 위원장의 이른바 '번개 만남'이 2019년 6월 판문점에서 이루어져, 3차 북미정상회담을 위한 실무협상의 재개에 합의했다. 그런데 판문점까지 트럼프 대통령을 따라간 문재인 대통령은 막상 회담장에는 들어가지도 못하고 회담이 끝날 때까지 밖에서 기다려야 했다. 김 위원장이 2018년 9·19공동선언에 대한 기대를 배신한 문 대통령에게 분노를 표현한 사건으로 해석할 수 있는데, 북한 역시 문재인 정부에게 속았다는 판단인 것 같다.

같은 해 8·15 경축사에서 문재인 대통령은 9·19공동선언을 구체화하는 야심찬 계획으로 '평화경제'를 발표했다. 하지만 김정은 위원장은 다음 날 조평통 대변인을 통해 '삶은 소대가리'도 웃을 '망발'(妄發, 거짓된 언행)이라고 일축했다.

대미·대일관계의 악화

하노이 노딜 이후 문재인 정부의 모든 대내외정책은 난맥상이었는데, 대표적인 것이 외교·안보정책 분야에서 대미·대일관계의 악화였다. 물론 문재인 정부의 편향은 박근혜 정부도 일부 공유한 것이었다. 과천연구실은 박근혜 정부 시절에 집필된 『일반화된 마르크스주의 세미나』와 『한국자본주의의 역사』에서 박 대통령의 친중 편향이 초래할 문제에 대해 경고한 바 있다.

『후기』에서 소개한 미국측 분석에 따르면, 초기 박근혜 정부는 2013년 말 장성택 처형 이후 북중관계가 냉각되었다는 판단에서 대북정책의 일환으로 한중관계에 치중했다. 반면 한일관계, 나아가 한미관계는 소원한 채 방치했다. 대표적인 예가 미국이 일본과 함께 추진한 범태평양파트너십(TPP)에는 불참하면서 중국이 범태평양파트너십에 대한 대안으로 추진한 아르셉(RECP, 역내포괄적경제파트너십)에는 참여한 것이었다.

다만 이러한 편향은 후기 박근혜 정부에서 완화되었는데, 2016-17년 수차에 걸쳐 진행된 북한의 핵·미사일실험이 계기였다. 그리하여 2015년 12월에는 오바마 대통령의 중재로 박근혜 대통령과 아베 총리가 위안부합의를 도출했다. 이어서 2016년 11월에는 미국이 한·미·일 안보협력의 기축으로 추진한 한일지소미아(GSOMIA, 군사정보보호협정)를 체결했다.

하지만 박근혜 대통령 탄핵으로 출범한 문재인 정부에서 '역사적 원한'(historical animosities) 내지 '피해자 심성'(victim mentality)/'피해자중심주의'(victimism)가 부활함에 따라, 전기 박근혜 정부처럼 한일관계와 한미관계가 다시 소원해졌다. 게다가 트럼프 대통령의 변덕을 기화로 친북·연중 노선을 견지한 것은 박근혜 정부에 비해 악화된 점이었다.

2018년 10월 대법원의 징용노동자 배상청구권 재상고심 판결에 이어, 11월에는 문재인 정부가 '화해·치유재단'을 해산하고 위안부 합의를 파기했다. 그러나 곧 아베 정부가 반격을 개시했다. 2019년 7-8월에 아베 정부는 대법원의 징용배상 판결에 대한 '대항조치'로서 경제제재, 즉 한국의 수출주력품인 반도체 등의 소재·부품에 대한 수출규제를 발동했다. 이는 국제관계를 과거사 문제로 환원하는 것에 대한 경고로서, 1965년 한일기본조약과 그 배경인 1951년 샌프란시스코강화조약을 부정하는 '전범기업'과 '전범국가'라는 시대착오적 비판을 수용할 수 없다는 의미였다. 물론 트럼프 정부도 문재인 정부의 '역사적 원한' 내지 '피해자 심성'/'피해자중심주의'를 지지하지 않으리라는 판단도 작용했을 것이다.

그러나 문재인 정부는 조국 교수 일가의 비리가 폭로되는 와중인 8월 말에 한일 지소미아를 종료하겠다고 선언함으로써 미국을 자극했다. 이 선언은 외교부와 국방부의 반대에도 불구하고 청와대 국가안보실, 특히 김현종 제2차장이 강행한 것으로 알려져 있다. 경력으로 볼 때 외교·안보 전문가라 할 수는 없는 김현종 차장 개인의 반일·비미 성향이 문제시되었다. 일각에서는 조 교수 일가의 비리를 비호하기 위한 조치가 아닌가라는 의혹도 제기되었다.

오바마 정부의 정책에 대해 사사건건 반대해온 트럼프 정부가 지소미아 종료를 수용할 것이라는 일말의 기대가 있었는지도 모른다. 하지만 지소미아 종료 결정에 대해 미국 국무부와 국방부는 '대한민국(ROK) 정부'가 아니라 '문재인 정부'라고 지칭하면서 '강한 우려와 실망'(strong concern and disappointment)을 표명했다. 반면 '냉전적 사고에 기반'한 지소미아를 비판해온 중국 외교부는 '주권국가의 독립적 권리'라고 환영했다.

이번 결정이 문재인 정부의 이른바 '3불 정책', 즉 사드(THAAD, 종말고고도지역방어)를 추가로 배치하지 않고, 미사일방어체계(MD)에 참여하지 않으며, 한·미·일 군사동맹을 결성하지 않는다는 연중정책에 따른 인도-태평양전략에서의 이탈 조짐이라고 판단한 미국은 문재인 정부에게 압력을 행사했다. 이에 굴복한 문재인 정부는 3개월만에 지소미아 종료를 '조건부'라는 단서를 달고 철회해야 했다. 문재인 대통령으로서는 반일은 몰라도 비미는 역시 여전히 부담스러운 일이었던 것이다.

문재인 대통령과 그 지지자들이 아베 총리를 군국주의자의 후예로 간주하는 것은 무고일 따름이다. 아베 총리는 오히려 트럼프 대통령이 파기한 범태평양파트너십을 유지하고 나아가 트럼프 대통령을 설득해 인도-태평양전략을 구체화하는 등 전세계 자유주의 진영에서 오바마 대통령의 후계자 역할을 수행하고 있는 것이다.

아베 총리가 추진하는 '보통국가화'를 위한 개헌 역시 군국주의의 부활로 간주할 수 없다. 보통국가화란 군사주권의 회복을 의미하는데, 2010년대부터 중국과 러시아의 핵위협이 증대하고 심지어 북한까지 핵무장을 감행하는 상황에서 미국과 일본이 기존의 평화헌법을 유지할 리 없기 때문이다. 실제로 미국에서는 일본과 한국의 자체 핵무장에 대한 대안으로서 나토(NATO)의 선례에 따라 핵공유(nuclear sharing)라는 방안까지 검토하는 중이다.

북한사회주의의 타락

문재인 정부의 북한 비핵화 정책에 대해 평가하기 위해서는 전쟁보다는 평화가 낫다는 즉자적 반응을 넘어 먼저 북한사회주의에 대한 평가가 이루어질 필요가 있다. 『역사학 비판』(2012)에서 설명한 것처럼, 김정일 위원장 시대까지 북한사회주의는 극단화된 스탈린주의였다. 그런데 극단화된 스탈린주의가 붕괴된 상황에서 김정은 위원장이 3대세습을 강행한 현재는 군주정, 그것도 입헌군주정이 아니라 절대군주정이라고 규정할 수밖에 없다. 게다가 절대군주정의 안전보장을 위해 핵무장까지 감행하고 있는 실정이다.

북한사회주의의 타락은 물론 『역사학 비판』에서 설명한 극단화된 스탈린주의에 기인한다. 하지만 핵무장한 절대군주정이라는 기괴한 현상을 설명하려면 더욱 근본적인 반성이 필요하므로, 『재론 위기와 비판』에서는 해방정국으로 소급하기도 했다. 특히 1946년 반탁운동, 1948년 단선과 단정의 실현, 1950년 한국전쟁의 발발로 이어지는 과정에 주목했다. 나아가 1-2차 세계전쟁을 제외할 때 인류사 최악의 전쟁이었던 한국전쟁의 비극에 주목했다.

한 가지 짚고 넘어갈 것은 반탁운동, 단선과 단정의 실현, 한국전쟁의 발발 사이의 관계가 충분조건이 아니라 필요조건이라는 점이다. 먼저 단선과 단정의 실현에는 반탁운동과 더불어 냉전의 개시라는 국제정세가 작용했다. 나아가 한국전쟁의 발발에는 단선과 단정의 실현과 더불어 중국혁명이라는 국제정세가 작용했다.

북한은 체제의 안전을 보장하기 위해 핵무장을 선택할 수밖에 없었다면서 '핵주권'이라는 해괴한 논리까지 동원하지만, 실은 체제의 안전이 아니라 '백두혈통'의 안전일 따름이었다. 김일성 주석은 루마니아 차우셰스쿠 대통령의 처형에서 충격을 받아 핵무장을 시작했다. 또 김정일 위원장은 이라크 후세인 대통령, 김정은 위원장은 리비아 가다피 원수의 처형을 보면서 핵무장을 포기할 수 없었다.

문재인 정부는 자신의 대북정책을 '탈냉전'의 일환으로 정당화하는데, 냉전에 대한 몰인식의 반증이다. 냉전이란 자본주의와 사회주의라는 두 체제(system) 사이의 경쟁이다. 열전(hot war)과 구별하여 냉전(cold war)이라고 한 것은 무기를 동원한 실제 전쟁이 아니라 경제성장과 정치이념의 우열이 쟁점이기 때문이다.

세계사적으로 냉전의 종식이란 체제경쟁에서 사회주의가 자본주의에게 패배했다는 의미이다. 그리고 탈냉전을 위한 게임의 규칙이자 행동의 규범이 사회주의에서 자본주의로의 이행(transition)을 의미하는 체제전환이었다. 대표적인 사례가 소련의 페레스트로이카·글라스노스치와 중국의 개혁·개방이다. 베트남은 중국의 개혁·개방을 수용하여 도이머이(Doi Moi, 쇄신·개방)를 시작했다.

반면 소련과 중국의 체제전환을 사회주의의 배신으로 무고하던 북한은 결국 핵무장을 선택했던 것이다. 냉전의 종식을 위한 국제적 행동규범을 위반한 북한을 1990년대 미 국무부는 '불량국가'(rogue state)로 규정했다. 2002년에 부시 대통령이 제시한 '악의 축'(axis of evil)이라는 규정도 대동소이한 의미였다.

연방제통일은 1972년 7·4 남북공동성명 이후 김일성 주석이 제안한 것으로, 북한의 사회주의와 남한의 민자정(민족자주정부) 사이의 일국양제(一國兩制)적 평화공존이었다. 그런데 한국사회성격 논쟁에서 이미 지적한 것처럼, 김일성 주석의 연방제통일론이나 이를 추종한 민족해방파의 연방제통일론은 북한사회주의에 대해 무비판적인 채 사실상 북한에 의한 흡수통일을 지향한다는 문제가 있었다. 하물며 사회주의가 절대군주정으로 타락한 현시점에서 그것이 대안이 될 수 없음은 자명하다.

한국사회성격 논쟁에서 민족해방파의 연방제통일론에 대한 대안으로 민중민주파의 연방제통일론이 제기된 바 있다. 전자와의 차이는 통일을 추진하기 전에 남한의 사회주의적 변혁을 먼저 수행한다는 것(선통일후변혁론 대 선변혁후통일론)이 핵심인데, 동시에 북한 사회주의에 대한 무비판적 추종이나 북한에 의한 흡수통일을 거부한다는 함의를 지니기도 했다. 하지만 현재로서는 이 또한 실행가능하지 않다. 남한에서 변혁의 전망이 소멸되었을 뿐만 아니라, 설령 남한의 변혁이 가능하더라도 사회주의와 절대군주정이 양립할 리 없기 때문이다.

한편 박근혜 정부의 '통일대박론', 즉 독일식 흡수통일론도 역시 비현실적이었다. 동서독의 소득격차가 1:2 내지 1:3이었던 반면 남북한의 소득격차는 1:15 내지 1:40에 달하는 상황에서 남한의 경제력으로는 통일비용을 감당할 수 없기 때문이다. 또 통일 이후 서독경제가 붕괴하지 않은 것은 유럽연합, 특히 피그스(PIGS, 포르투갈·이탈리아·그리스·스페인)의 경제를 희생시킨 덕분이었다. 반면 노동자민족으로 전락한 남한경제에게 피그스경제가 있을 리 만무하다.

동서독의 소득격차는 서독이 선진국으로 진입한 반면 동독은 '중진국 함정'에 빠졌기 때문에 발생했다. 스탈린주의로는 중진국을 넘어 선진국으로의 진입이 불가능했던 것이다. 반면 남북한의 소득격차는 남한이 중진국 함정에 빠진 반면 북한은 '빈곤의 함정'에 빠졌기 때문에 발생했다. 단순한 스탈린주의가 아니라 극단화된 스탈린주의였던 북한은 중진국에서 후진국으로 전락했던 것이다.

『역사학 비판』에서 설명한 것처럼, 스탈린주의의 경제적 본질로서 국가자본주의는 농업집단화를 통한 중화학공업화를 의미하는 것이었다. 김정일 위원장 시대까지 북한이 극단화된 스탈린주의였던 것은 농업집단화와 중화학공업화에서 훨씬 더 철저했기 때문이다. 스탈린의 대숙청과 개인숭배를 압도하는 김일성 주석의 대숙청과 개인숭배, 스탈린주의 경제학조차 거부한 주체사상의 반(反)경제학, 북한에서 체제전환의 실패 등도 역시 극단화된 스탈린주의에서 비롯된 결과였다.

따라서 극단화된 스탈린주의가 절대군주정의 충분조건은 아니었지만, 그럼에도 전자에서 후자로의 타락을 위한 필요조건이 이미 상당한 정도로 형성되었다고 할 수밖에 없는 것이다.

검찰개혁

이른바 '조국 사태'

　문재인 정부 3년차는 전술한 것처럼 하노이 노딜에서 시작했다. 북한 비핵화는 요원한 채 대미·대일관계만 악화되자, 문재인 정부는 2020년 4월 총선에 대한 대책으로 검찰개혁을 추진한 것으로 보인다. 1-2년차에 적폐 수사를 이유로 특수부를 증설하는 등 검찰을 강화해온 것과 상반된 행보였다.

　그런데 문재인 대통령이 2019년 8월 초에 조국 교수를 법무부장관으로 지명한 직후부터 조 교수 일가의 갖가지 비리 혐의가 제기되었다. 그러자 문 대통령이 6-7월에 지명·임명한 윤석열 검찰총장이 조국 교수 일가에 대한 수사를 단행하면서 예상치 못한 갈등이 폭발했던 것이다.

　이른바 '조국 사태'는 조국 교수 일가의 입시 비리와 웅동학원 비리, 나아가 사모펀드 비리로서, 8-11월간 전국을 요동시킨 희대의 사건이었다. 그 중에서도 가장 충격적인 것은 사모펀드 비리였다. 지난 20년 동안 주식에 전념해온 주식투자전문가였던 조 교수 부인이 사모펀드 비리까지 감행한 것은 남편의 대권 도전을 위한 종잣돈 마련 때문이었다는 설이 있다. 조 교수 자신도 연말까지 법무부장관으로 검찰개혁을 완수하고 2020년 총선을 거쳐 2022년 대선에 도전하려 했다는 설도 있다.

　8월 말부터 윤석열 총장이 이끄는 검찰의 압수수색과 조국 교수 일가의 증거인멸이 시작되었다. 그러나 9월 초에 문재인 대통령은 '본인이 책임져야 할 명백한 위법행위가 확인되지 않았다'면서 조 교수의 법무부장관 임명을 강행하여 국민을 당혹케 만들었다. 문 대통령이 바로 두 달 전 윤 총장 임명식에서 '청와대를 비롯한 살아 있는 권력도 수사하라'고 지시한 바 있었기 때문이다.

그러나 '기회는 평등하고, 과정은 공정하며, 결과는 정의로울 것'이라는 대통령 취임사의 약속을 배반한 조국 교수 일가에 대한 수사가 시작되자마자 청와대는 '내란음모 수준'이라고 비판했다. 본래의 의도는 검찰이 조 교수 일가의 비리를 마치 내란음모인 것처럼 수사한다는 것이었겠으나, 대통령의 인사권에 도전하는 검찰의 수사를 내란음모에 비견할 수 있다는 의도도 행간에 개재되었다.

급기야 9월 말, 10월 초부터 광화문과 서초동에서 각각 '조국 사퇴'와 '조국 수호'를 외치는 대중집회가 열렸다. 이런 일촉즉발의 상황이 '국론분열이 아니라 직접민주주의'라고 강변하던 문재인 대통령은 결국 10월 중순에 조 장관을 사퇴시켰다. 그러나 '합법적 불공정', 즉 합법적인 제도 속에 내재한 불공정이 문제였다면서 법무부장관 지명·임명에 대한 사과는 거부했다.

11월 중순에 부인이 구속·기소된 직후부터 자신에 대한 검찰의 수사가 시작되자 조국 교수는 묵비권을 행사했다. '정치검찰'에 의한 박해라는 제스처였을 뿐만 아니라 평소의 지론대로 '피의자의 유일한 무기'를 활용한 것이기도 했다. 386세대를 대표하던 진보지식인이 일개 범죄혐의자로 전락하는 순간이었다.

그런데 거의 동시에 유재수 부산부시장 감찰을 중단한 비리, 나아가 송철호 울산시장 당선을 지원한 비리에 대한 의혹이 제기되면서 백원우 민정비서관 같은 실세가 주목받기 시작했다. 이들 비리는 전형적인 권력형 비리여서 문재인 대통령으로서도 비호할 도리가 없었다. 오랫동안 비주류였던 386세대 운동권이 주류가 되면서 권력형 비리는 더 커질 수밖에 없다는 예상이 이미 파다하기도 했다.

문재인 대통령은 결국 윤석열 총장 체제의 와해를 선택했다. 문 대통령은 2019년 말, 2020년 초에 추미애 의원을 법무부장관으로 지명·임명했다. 추 장관은 1월 중순에 대검참모진과 서울중앙지검장을 포함한 검사장 인사를 강행했으며, 게다가 이 인사에 동의하지 않은 윤 총장을 징계하겠다고 협박했다. 보름 후에는 대검과 서울지검 등의 차장·부장검사 인사를 통해 관련 수사팀도 교체했다.

법치의 위반

　문재인 대통령과 추미애 장관의 이런 조치는 본질적으로 인사권 행사를 통한 수사방해, 즉 '사법방해'(Obstruction of Justice)였다. 야당은 전두환 정부보다 '더 심각한 야만'이라고 규탄했는데, 전두환 정부는 몰라도 노태우 정부에 미달하는 것은 분명했다. 문재인 정부의 인민주의는 자유주의는커녕 보수주의에도 미달했는데, 보수주의도 인정하는 자유주의적 가치를 부정했기 때문이다.

　조국 사태의 본질은 자유주의의 핵심 가치인 '법치'를 위반한 데 있다. 또는 애덤 스미스를 따라 '정의'(justice)를 위반했다고도 할 수 있다. 스미스가 볼 때 정의는 사회의 존재조건으로서, 인애(仁愛, beneficience/benevolence) 없는 사회는 있어도 정의 없는 사회는 있을 수 없다. 이 때문에 스미스가 몽테스키외가 주장한 행정부에 대한 입법부의 우위에다 행정부에 대한 사법부의 독립과 중립을 추가했던 것이다. 이와 동시에 정의에는 예외가 없다는 의미에서 '문법'에 비유하기도 했다.

　스미스에 따르면, 정의는 타인의 행복을 손상하지 않는다는 부정적(negative, 소극적) 덕성인 동시에 완전한(perfect) 의무이자 권리인 반면 인애는 타인의 행복을 증진시킨다는 긍정적(positive, 적극적) 덕성인 동시에 불완전한(imperfect) 의무이자 권리다. 양자의 차이를 표준(standard)의 이중적 의미로 설명할 수 있는데, 정의는 '기준'(yardstick/criterion)으로서 표준이고 인애는 '모범'(example /model)으로서 표준인 것이다. 그런데 모범과 달리 기준에는 예외가 있을 수 없다는 차이가 있다.

　이처럼 조국 사태를 비판하기 위해서는 자유주의적 법학에 대한 최소한의 이해가 요구된다. 『위기와 비판』 및 『재론 위기와 비판』에서 스미스의 경제학을 고찰한 데 이어 『후기』에서 스미스의 법학을 추가한 것도 조국 사태와 검찰개혁 논쟁에 대응하기 위한 이론적 기초를 모색하기 위해서였다. 같은 맥락에서 『후기』에서 소개한 것처럼, 조국 교수의 동료이기도 한 김도균 교수의 설명에 따라 법치가 갖는 세 가지 의미를 확인할 필요가 있다.

법치의 첫 번째 의미는 '법에 의한 지배'(rule by law)가 아니라 '법의 지배'(rule of law)라는 것이다. '만인은 법 앞에서 평등하므로', '만 명만 법 앞에서 더 평등하다'(만 명은 법 앞에서 평등의 예외다)는 것은 있을 수 없는 일이다.

나아가 법치는 '사회적으로 타당하다고 인정된 일반적 정의 관념'의 지배로서, 독일법학의 개념을 빌리면 '(제정)법을 초과하는 법'(ein Mehr an Recht)이다. 독어에서 'Gesetz'가 성문법(written law) 내지 제정법(statute law)이라면 'Recht'는 그것으로 환원될 수 없는 법이다. 불어에서도 양자를 'loi'와 'droit'로 구별한다. 그래서 'rule of law'를 독어로는 'Rechtstaat', 불어로는 'état de droit'라고 하는 것이다. 반면 영어에서는 양자가 'the law'와 'a law/laws'로 구별될 따름인데, 성문법·제정법을 채택한 대륙법계과 달리 영미법계에서는 관습법(common law)을 채택하기 때문이다.

마지막으로 법치는 '정치의 사법화'(judicialization of politics)가 아니다. 사법화된 정치의 귀결인 '법조정'(法曹政, juristocracy)은 판검사와 변호사로 구성되는 법조(法曹, 법률가 집단), 특히 판사로 구성되는 법원이 정치인과 관료로 구성되는 입법부와 행정부를 대체한다는 의미다. 한국에서는 제왕적 대통령제로 인한 입법부와 행정부의 무능이 정치의 사법화를 자초했다. 정치인의 무능이 정당정치와 의회정치를 부정한 박정희 정부로 소급한다면, 관료의 무능은 민주정을 인민정과 혼동한 김대중-노무현 정부로 소급한다.

조국 사태는 이런 세 가지 의미의 법치를 모두 위반했다. 우선 박근혜 대통령과 최순실-정유라 모녀의 경우와 비교할 때 수사 과정에서 조국 교수 일가가 누린 특혜는 '법 앞에서 평등'의 예외로서 만명의 사례였다. 또한 '합법적 불공정'이라는 문재인 대통령의 발언은 제정법을 초과하는 법이 지배한다는 법치주의를 정면으로 부정했다.

그러나 가장 큰 쟁점은 역시 정치의 사법화다. 몰락기의 아테나이를 풍자한 아리스토파네스의 희극에서 볼 수 있는 것처럼, 인민정은 동시에 법조정이기도 하다. 이미 김대중-노무현 정부에서 입법부와 행정부의 무능이라는 제왕적 대통령제의 폐해가 심화되는 동시에 정치의 사법화 또한 급속하게 진행되었다. 그리고 문재인 정부는 김대중-노무현 정부의 인민주의를 인민정으로 완성하는 동시에 정치의 사법화를 법조정으로 완성했다.

이 과정에서 헌법재판소라는 현행 헌법의 '모조장식'(sema/token)이 정치의 사법화를 부추기는 제도로 악용되었다. 가장 상징적인 사건은 2004년 5월 노무현 대통령의 탄핵소추 기각으로, 행정부를 견제하기 위한 입법부의 결정을 사법부가 번복했다는 점에서 세계헌정사에 유례가 없는 일이었다. 나아가 2011년에 헌법재판소는 위안부 배상청구권에 대한 정부의 '부작위'(不作爲)를 위헌으로 판단함으로써 국제정치까지 사법화했다. 2012년에는 대법원도 이에 부화뇌동하여 징용노동자 배상청구권을 인정하는 판결을 도출했다.

이러한 상황에서 윤석열 총장이 조국 교수 일가에 대한 수사를 결심한 이유는 법치의 준수와 수호에 있었다. 윤석열 총장은 '정치검찰'이라는 비난에 대해 자신은 헌법주의자, 즉 법치를 준수하고 수호하는 법치주의자일 따름이라고 항변한 바 있다. 윤석열 총장이 볼 때는 오히려 검찰개혁론자가 정치를 사법화하기 위해 정치판사에 이어 정치검찰을 육성하고 있는 셈인 것이다.

'법학적 문맹 내지 사기'로서 검찰개혁

조국 사태의 와중에 '조국 수호'라는 기치와 함께 검찰개혁이라는 쟁점이 갑작스럽게 부각되었는데, 그 내용은 고비처(고위공직자비리수사처) 내지 공수처(고위공직자범죄수사처) 설치와 검경수사권 조정을 통한 검찰의 '해편'(해체적 수준의 개편)이었다. 2019년 말, 2020년 초 민주당은 제1야당인 자유한국당과 제2야당격인 바른미래당 비(非)당권파를 배제한 채 정의당 및 호남기반군소야당 셋과 결탁하여 '패스트트랙'(신속처리안건)을 발동해, '연동형 비례대표제' 도입을 골자로 하는 선거법개정과 함께 관련 법안들을 가결했다.

『후기』는 문재인 정부의 검찰개혁론을 민변(민주사회를위한변호사모임)과 그 주변 폴리페서의 '법학적 문맹 내지 사기'의 상징으로 규정했다. 제왕적 대통령제, 검·경의 역사에 대한 몰인식은 차치하더라도, 사법부와 사법권에 대한 최소한의 개념과 지식조차 무시한 일련의 궤변이었기 때문이다.

예를 들어 문재인 대통령은 김인회 교수와 공저한 2011년 저서에서 일찌감치 검찰이 사법부가 아닌 행정부의 일부라는 황당무계한 사법관을 유포했다. 그리고 이러한 관념의 연장선 위에서 최근에는 추미애 장관이 '검찰은 법무부의 외청(外廳)'이라면서 사법방해를 자행했던 것이다.

하지만 『후기』에서 설명한 것처럼, 입법(立法)이 법을 제정하는 것이고, 행법(行法)이라고 해야 할 행정(行政)이 법을 집행하는 것이라면, 사법(司法)은 법의 위반이라는 문제를 해결한다는 의미에서 정의를 관리하는 것이다. 따라서 수사와 기소를 담당하는 검찰과 재판을 담당하는 법원은 사법부(司法府)일 수밖에 없다. 그래서 로스쿨 도입 이전에 검사가 되려는 사람은 판사처럼 행정고시가 아니라 사법시험에 합격해야 했던 것이다.

반면 사법부(司法部) 또는 법무부(法務部)에의 소속 여부는 그리 중요한 문제가 아닌데, '府'가 권부(權府)라면 '部'는 부처(部處)이다. 검찰을 법무부의 외청으로 취급하는 것은 행정부가 사법부의 일부를 종속시키는 것일 따름이다. 이런 사실은 직급에서도 확인되는데, 검찰의 최고위직인 검찰총장은 장관급으로서 법무부장관과 동급자이기 때문이다. 반면 행정안전부의 외청인 경찰의 최고위직인 경찰청장은 행안부장관의 하급자로서 차관급이다.

친노-친문 인민주의자들은 조국 교수에 대한 검찰 수사를 '군부 쿠데타'에 종종 비유하는데, 군·경이 무관인 반면 판·검사는 문관이라는 기초적인 사실에 대한 무지를 고백하는 셈이다. 이런 사실도 직급에서 확인되는데, 경찰의 직급은 판·검사가 아닌 군인의 직급에 준한다. 사관학교를 졸업하면 소위로 임관되듯이 경찰대학을 졸업하면 경위로 임관된다. 소위와 경위는 7급 주사보(補)급, 중위와 경감은 6급 주사급이며, 그 하급인 하사와 순경은 9급 서기보(補)급, 중사/상사와 경장은 8급 서기급이다. 반면 사법시험에 합격하면 사법연수원생은 5급 사무관급, 판·검사로 임관되면 4급 서기관급이다. 물론 판·검사 임관에 탈락하면 변호사 개업을 해야 하는데, 그래서 임관이 보장되는 행정고시와 달리 사법시험이라고 하는 것이다.

문재인 정부의 검찰개혁론은 검찰의 수사권을 기소권과 분리한다는 장기적 목표 아래 점차 경찰과 공수처로 이전함으로써 검찰을 해체한다는 데 핵심이 있다. 하지만 현재 검찰의 가장 큰 문제는 오히려 정치적 중립의 필요조건인 정치적 독립을 보장받지 못한 데 있는데, 법원과 달리 인사권과 예산권이 여전히 제왕적 대통령에게 종속되어 있기 때문이다. 이런 상황에서 문재인 정부의 검찰개혁론이 현실화될 경우, 일제강점기나 이승만 정부 정도는 아니더라도 중앙정보부-보안사령부가 주도하던 박정희-전두환 정부의 '경찰사법'이 부활할 수 있다는 우려가 제기될 수밖에 없다.

특히 검경수사권 조정은 경찰을 검찰의 대안으로 간주하는 것이다. 심지어 검찰개혁론자 중에는 중국의 경찰인 '공안'(公安)을 모델로 설정하는 경우조차 존재한다. 스탈린주의적 형법이 문제였던 소련과도 달리 개혁·개방 이전에는 일체의 형법이 부재했던 중국에서 사법제도의 중심은 여전히 경찰이다.

게다가 문재인 정부는 국가정보원의 국내부서를 경찰에 통·폐합하려고 시도한다. 문재인 정부의 이러한 경찰 편향을 방증하는 인물이 민정수석 시절 조국 교수가 총애하던 윤규근 총경인데, '경찰총장'으로 불리던 그의 정체는 버닝썬 사건을 계기로 폭로되었다.

다만 모든 검찰개혁론자가 경찰대안론을 수용하는 것은 아니므로, 검경수사권 조정보다 공수처 설치가 더욱 중요하다고 할 수 있다.

제왕적 대통령제를 강화할 것이 분명한 공수처는 프랑스혁명기 산악파의 공포정치를 위한 수단이었던 공안위원회에 유비할 수 있을 것이다. 하지만 야당이 지적한 것처럼, 헌법기관인 검찰 위에 법률기관인 공수처를 설치하는 것은 명백한 위헌이다.

설령 검찰의 권력을 조정하는 것이 필요하더라도, 문재인 정부의 검찰개혁론이 유일한 방법은 아니다. 예를 들어 야당과 검찰 일각에서 제안하는 수사청이 공수처의 대안일 수 있는데, 법무부 안에 기소권을 독점하는 검찰청과 함께 수사권을 독점하는 수사청, 즉 '한국형 연방수사국(FBI)'을 병행 설치하자는 것이다. 이 경우에는 국정원 국내부서도 경찰청이 아니라 수사청에 통합될 것이다.

문재인 정부 검찰개혁론의 결함은 '반(反)사실적'(counterfactual) 가정을 통해서도 쉽게 알 수 있다. 검찰의 수사권이 형해화되었다고 가정하면 조국 교수 일가, 나아가 유재수 부시장과 송철호 시장의 비리에 대한 수사가 어떻게 되었을까 생각해보자는 것이다. 버닝썬 사건에서 볼 수 있는 것처럼 경찰이 제대로 수사했을 리 없을 것이다. 게다가 송철호 시장의 비리는 청와대와 함께 경찰이 직접 개입한 것이다. 민변 출신이 지배할 공수처가 제대로 수사할 리도 없는데, '피아를 구별하자'는 것이 그들의 구호이기 때문이다.

문재인 정부는 검찰개혁을 완수한 다음에는 법원개혁도 추진함으로써 사법개혁을 완성할 계획이라고 한다. 법원의 인사권과 예산권을 행사하는 법원행정처를 사법행정위원회로 대체한다는 것인데, 공수처와 마찬가지로 역시 민변 출신이 지배할 것으로 예상된다.

검찰의 악당화와 국가보안법 비판의 결함

노무현-문재인 정부의 검찰개혁론은 영웅과 악당이 등장하는 담화모형(narrative framework/framing)을 동원하기도 한다. 『문학 비판』(2012)에서 인민주의의 특징으로 지적한 것처럼, 정치의 멜로드라마화, 즉 선정주의·도덕주의의 한 가지 사례라고 할 수 있을 것이다. 수사권과 기소권을 독점해 '무소불위의 권력'을 휘두르는 악당으로서 검찰에 맞서 노무현 대통령, 문재인 대통령, 조국 교수 같은 영웅이 결연하게 투쟁함으로써 '검찰공화국'의 질곡에서 국민을 구원한다는 내용이다.

이러한 담화모형의 대표적인 사례가 노무현 대통령의 자살사건인데, 다름 아닌 문재인 대통령이 앞장서서 유포했다. 노 대통령이 추진한 검찰개혁에 반대하던 검찰이 노 대통령이 퇴임하자 그 일가의 비리에 대한 수사를 강행했고 두 달만에 노 대통령이 자살할 수밖에 없었다는 것, 따라서 노 대통령의 유업이자 유훈인 검찰개혁이 문 대통령이나 조국 교수의 사명이라는 것이다.

그러나 문재인 대통령은 이러한 담화모형을 사실상 부정했다. 검찰을 적폐 청산에 동원함으로써 오히려 영웅으로 만들었기 때문이다. 그러다가 막상 검찰이 조국 교수 일가를 수사하자 악당이라는 원래 위치로 황급히 복귀시키는 촌극을 연출한 것이다.

검찰의 악당화를 위해 검찰권력을 과장하는 문제는 문민화과정에서 제기된 국가보안법 비판으로 소급한다. 국가보안법의 기원이 일제의 치안유지법이라는 사실도 이러한 비판의 한 가지 근거인데, 검찰권력을 '일제의 잔재'라는 적폐로 취급했던 것이다. 하지만 이러한 주장 역시 검·경의 역사에 대한 무지의 소치이다.

치안유지법은 다이쇼 데모크라시의 산물로서, 1925년에 보통선거법과 동시에 제정되었다. 치안유지법에서 가장 중요한 것은 반공법이었는데, 러시아혁명 이후 마르크스주의의 보급과 공산당의 출현에 대응하기 위한 것이었다. 그 핵심은 마르크스주의자나 공산당원 같은 국사범(state prisoner)을 '사상범'(prisoner of conscience, 양심수)으로 취급하면서 처형이 아닌 전향을 유도하는 데 있었다.

그런데 치안유지법의 담당부서는 사법성(司法省)이었고, 사법성의 핵심은 검찰관이었다. 그리하여 치안유지법의 제정을 계기로 일본은 '경찰사법', 즉 경찰 중심의 전현대적 사법제도에서 '검찰사법', 즉 검찰 중심의 현대적 사법제도로 이행할 수 있었던 것이다.

하지만 이는 어디까지나 일본의 상황이었고, 일제강점기의 식민지조선은 경찰사법에 머물렀으므로 치안유지법도 큰 의미가 없었다. 해방 이후 1948년 12월에 치안유지법을 계승하는 국가보안법이 제정되었으나, 1950-53년 한국전쟁을 거치면서 유명무실해졌다. 당시의 폭력적 상황이 전향보다는 처형을 강제했기 때문이다.

전후에도 폭력적 상황이 지속되면서 이승만 정부는 경찰사법에 의존했다. 또 박정희-전두환 정부에서도 비밀경찰인 중앙정보부-보안사령부를 중심으로 한 경찰사법이 지배적이었고, 국가보안법은 계속 유명무실했다. 국가보안법의 목적은 국가의 수호(Staatsschutz) 내지 헌법의 수호(Verfassungsschutz)였는데, 국가보안법으로는 국가와 헌법을 수호할 수 없었던 것이다.

검·경의 역사에 대한 자세한 내용은 『후기』를 참고할 수 있다. 일제강점기나 이승만 정부, 나아가 박정희-전두환 정부에 비해 노태우 정부 이후 경찰이 약화되고 검찰이 강화되었지만, 그러나 경찰사법이 검찰사법으로 이행했다고 할 수는 없다. 심지어 김영삼 정부 이후에도 검찰사법이 확립된 것은 아닌데, 전술한 것처럼 인사권과 예산권이 제왕적 대통령에게 종속되어 있었기 때문이다.

물론 국가보안법은 비판되어야 한다. 문제는 국가보안법에 대한 인민주의적 비판의 결함인데, 두 가지를 지적할 수 있다. 하나는 탈냉전이 아닌 민족통일의 관점에서 제기된 비판이었다는 것이다. 게다가 민족통일을 지향하는 관점이 점차 북한체제를 옹호하고 급기야 김정은 위원장의 3대세습까지 옹호하는 관점으로 변질되었다.

다른 하나는 '사상의 자유', 즉 양심과 표현의 자유에 대한 옹호가 불철저했다는 것이다. 예를 들어 다이쇼 데모크라시의 대표적 경제학자 후쿠다 도쿠조는 치안유지법에 대한 자유주의적 반론을 제시한 바 있는데, 논쟁을 통해 공산주의자를 제압할 수 있으므로 전향을 유도할 필요가 없다는 것이었다. 이러한 관점에서는 심지어 '증오 언론'(hate speech)조차 규제할 수 없는데, 문재인 정부가 지향하는 인민주의 내지 프로토파시즘에서는 상상하기 어려운 자세다.

코로나19 이후 문재인 정부 비판

박상현·송인주

서론

　문재인 정부 출범 이후 3년이 지나면서 1년차에 주력했던 소득주도성장과 2년차부터 추진된 북한 비핵화의 실패가 점차 분명해졌다. 특히 '하노이 노딜'로 상징되는 북미 협상의 실패는 문재인 정부의 무지와 망상이 폭로되는 계기였다. 이런 상황에서 집권 3년차를 맞은 문재인 대통령은 '중간평가'의 성격을 갖는 총선을 목전에 두고 갑자기 '검찰개혁'을 대통령 숙원사업으로 강조하면서 지지자들을 동원하고 조국 민정수석을 법무부장관으로 임명했다.

　그런데 검찰개혁이 본격적으로 추진되기도 전에 조국 법무부장관 일가의 각종 비리가 폭로되는 이른바 '조국 사태'가 발생했다. 그러나 조국 장관은 비리 사실을 부정하면서 장관직을 고수했고 자신에 대한 검찰의 수사를 검찰개혁에 저항으로 규정했다. 동시에 386세대 운동권 출신을 중심으로 한 인민주의 세력은 '조국 수호'를 내걸고 서초동 검찰청 앞에 지지자를 집결시키는 동시에 '적폐 청산'의 영웅으로 칭송했던 윤석열 검찰총장을 검찰 기득권의 수호자로 공격했다. 법치에 대한 이런 인민주의적 도전은 총선을 앞두고 조국 수호를 전면에 내건 '위성정당'의 결성으로 이어졌다.

이 와중에 중국 후베이성의 성도인 우한에서 코로나19 유행이라는 비상사태가 발생했는데, 문재인 정부는 중국과의 관계를 고려해서 국경통제를 실시하지 않았고 국내 경제의 취약성을 고려해서 강력한 봉쇄조치를 취하지도 않았다. 당국이 우왕좌왕하는 가운데 마스크 공급을 둘러싼 불안도 나타났다. 곧이어 세계적 규모에서 코로나19의 대유행이 선언되면서 각국에서 봉쇄령이 이어졌다. 3월 중순에는 세계 증시의 폭락으로 상징되는 코로나19발 경제위기가 시작되었다. 국내에서도 3월에 대구·경북 지방을 중심으로 코로나19의 1차 유행이 발생하면서 경제활동이 위축되었고 세계경제의 위축으로 인해 수출도 급감했다.

코로나19의 창궐 속에서도 4월에 총선이 실시되었고, 연동형 비례대표제가 야기한 혼란 속에서 여당이 영남과 강원을 제외한 모든 지역에서 승리를 거두었다. 그러나 총선 직후 '조국 사태'의 후속편이라고 할 수 있는 '윤미향 사태'가 발생했다. 뒤이어 신라젠·라임·옵티머스 등 권력형 비리에 대한 수사가 진행되는 가운데 법치를 수호하려는 윤석열 검찰총장에 대한 추미애 법무부장관의 '수사방해'가 극단으로 치달았다. 이 와중에 성추문에 휩싸인 박원순 서울시장이 자살하면서 정국의 혼란을 심화시켰다.

사회적 거리두기의 완화에도 불구하고 경제활동이 크게 회복되지 않는 상황 속에서 부동산 가격이 폭등하면서 부동산 정책 실패를 둘러싼 공방이 전개되었다. 또 정부와 여당의 의대 정원 확대계획이 전공의 파업을 야기한 가운데 8월에는 서울·경기를 중심으로 코로나19의 2차 유행이 발생했다. 그에 따라 사회적 거리두기가 강화되면서 또다시 경제활동이 위축되었다. 추석 연휴 이후 사회적 거리두기를 대폭 완화하자 이번에는 전국 동시다발로 3차 유행이 폭발했다. 그 결과 코로나19라는 보건의료위기와 코로나19발 경제위기가 교차·중첩되면서 총체적 난국으로 접근하는 것처럼 보인다.

여기서는 먼저 보건의료위기와 경제위기의 교환(trade-off)이라는 관점에서 미국을 중심으로 코로나19의 대유행과 코로나19발 경제위기에 대한 정책대응을 분석한다. 또 이에 근거해서 코로나19의 대유행과 코로나19발 경제위기에 대한 문재인 정부의 정책대응을 분석·평가할 것이다. 나아가 보론에서는 사회·생태적 관점에서 보건의료위기로서 코로나19의 대유행에 대한 분석을 보충할 것이다.

코로나19의 대유행과 코로나19발 경제위기

보건의료위기와 경제위기의 교환관계

2019년 12월 말 중국 우한에서 발생한 코로나19는 당국의 은폐 속에서 중국 전역으로 확산되었고 2020년 3월에는 이탈리아를 비롯한 유럽 각국과 미국에서 확진자 수가 급증했다.[1] 세계보건기구(WHO)는 2020년 1월 30일에 새로운 바이러스로 인한 감염병의 창궐을 선언했지만, 2월 11일이 되어서야 그 질병의 명칭을 코로나19(COVID-19)로 확정하고 3월 11일에 뒤늦게 대유행(pandemic)을 선언했다. 그 후에도 코로나19의 세계적 확산은 지속되었는데, 특히 유럽과 미국을 중심으로 대유행의 3차 파동이 전개되고 있는 2020년 10월 31일 현재 세계적으로 4500만 명 이상의 확진자와 120만 명 가량의 사망자가 보고되고 있다.

한편 2020년 1월 중국을 필두로 동아시아 각국에서, 그리고 3월에 접어들어 서유럽과 북미 각국에서 코로나19의 대유행에 대응하는

---

[1] 코로나19에 대한 대응과 관련해서 중국은 동아시아 국가 중에서 최악의 사례로 평가된다. 질병의 발견 이후에도 정부가 그것을 은폐했기 때문에 봉쇄정책 이전에 질병이 널리 확산되었던 것이다. 중국 정부는 2020년 1월 23일 우한에 대한 도시봉쇄를 강행했고 이후 자유민주주의에서는 시행할 수 없는 초고강도의 혹독한 방역정책을 실시했다.

다양한 방역정책이 추진되었다. 바이러스나 박테리아에 의한 감염성 질병에 대한 정책대응의 핵심은 감염병의 '창궐'(outbreak)을 '봉쇄'(containment)하고 그 '확산'(spread)을 '완화'(mitigation)함으로써 예방약(백신)과 치료약을 개발할 시간을 확보하는 데 있다. 이 같은 봉쇄와 완화로 질병의 추가적 전파를 막는 방역정책은 감염병 유행의 추세에 대한 과학으로서 역학(epidemiology)을 필요로 한다. 감염병의 유행은 통상 '불이 붙고 한동안 활활 타오르다가 마침내 꺼지는' 일정한 궤도를 밟기 때문에 수학적 모형화가 가능하고 이는 방역대책 수립에 결정적 중요성을 갖는다. 시간에 따른 역학적 지표(epidemiological indicator)의 변화에 기초하여 감염자의 추적·치료뿐만 아니라 감염대상자의 분포·행태를 바꾸는 조치·계획을 세우고 평가할 수 있기 때문이다.

역학에서 일반적으로 활용되고 있는 감수성-감염-면역 모형(SIR, Susceptible-Infected-Recovered Model)에 따르면, 감염성질병의 신규확진자 수는 정점을 향해 증가한 이후 하락하는 종(鐘)모양의 역학곡선으로 모형화될 수 있고 누적확진자 수는 S자형의 역학곡선, 즉 로지스틱 곡선으로 모형화될 수 있다. 그리고 신규확진자 수의 정점, 즉 역학적 정점(epidemiological peak)이 기존 보건의료체계의 '수용능력'(carrying capacity)을 넘어설 경우 보건의료체계가 붕괴한다.2) 방역정책의 핵심은 종모양 역학곡선의 평탄화(flattening)를 통해 신규확진자 수의 정점이 보건의료체계의 수용능력을 초과하지 않도록 관리하는 것이다.

한편 전염병의 창궐과 확산은 필연적으로 생산과 소비 등 경제활동의 약화를 초래해서 경제에 부정적 영향을 미친다. 문제는 특정

---

2) 보건의료체계는 의료진과 병상 등의 복합적 체계인데, 보건의료체계 수용능력의 지표로는 병상이 가장 널리 이용된다. 전염병에 대한 보건의료체계의 수용능력이 불변적인 것은 아닌데, 병원건물이나 의료설비의 추가 등이 가능하기 때문이다. 그러나 의료진의 경우 단기간에 확충이 어려운 측면이 있으며, 이 때문에 대유행이 장기화될 경우 의료진의 안정적 유지가 가장 중요한 문제가 된다.

지역 내에서 감염병의 창궐과 확산을 막기 위해 방역정책을 실행할 경우 그 강도에 비례해서 경기침체가 심화된다는 것이다. 그리고 경기침체가 심화될수록 기업의 파산 가능성은 높아지고 경제에 대한 장기적 악영향도 커진다. 즉 보건의료위기를 막기 위한 대응이 필연적으로 경제위기를 야기하는 일종의 교환관계가 존재하는 것이다. 코로나19의 대유행과 그에 대응한 봉쇄·완화정책이 코로나19발 경제위기를 야기한 2020년의 상황에서 이런 교환관계가 확인된다.

여기서 한 가지 중요한 사실은 사람들 사이의 질병의 전파를 차단하기 위한 방역조치는 사람들 사이의 접촉을 감축시키고 경제활동을 위축시켜서 필연적으로 경기침체를 낳는 반면 그런 조치의 완화가 즉각적인 'V자형 경기회복'을 낳는 것은 아니라는 사실이다. 왜냐하면 방역정책으로 인한 갑작스러운 경기침체가 일종의 '기저질환'으로 지칭될 수 있는 실물경제의 구조적 문제를 노출시킬 수 있기 때문이다.

그러나 더 중요한 사실은 예방약과 치료약이 보급되고 바이러스가 완전히 소멸될 때까지 어떤 경기회복도 완전하지 않으며, 단기적인 경기회복의 가능성도 2차 또는 3차 유행 여부에 달려 있다는 것이다. 따라서 코로나19 사태의 지속기간이 결정적이다. 문제는 안전하고 효과적인 예방약과 치료약이 개발되지 않은 상황에서 코로나19가 장기간에 걸쳐 사라지지 않을 가능성이 높다는 데 있다. 이 때문에 봉쇄정책의 완전한 해제나 경제활동의 완전한 재개는 사실상 불가능하다. 설사 안전하고 효과적인 예방약이나 치료약이 개발되더라도 언제 그것이 대량생산되어 전세계적으로 보급되어 경제활동이 정상화될 수 있을지는 불확실하다.

이런 상황에서 중요한 것은 방역과 경제의 교환관계를 고려하면서 코로나19의 역학적 진행상황에 따라 양자의 최적조합을 실행하는 것이다. 달리 말해서 보건의료위기에 대한 대응과 경제위기에 대한 대응을 적절한 방식으로 결합하는 정책적 조합이 요구된다. 그리고 이를 위해서는 정책당국이 역학적 전문가집단과 경제적 전문가

집단의 진단과 분석을 종합할 수 있어야 한다. 그런데 문제는 정책당국이 경제활동의 위축을 우려한 나머지 적절한 방역을 회피할 가능성이 높으며, 심지어 방역을 정치적으로 활용할 수도 있다는 것이다. 극단적인 경우 이 같은 '방역의 정치화'가 보건의료위기와 경제위기의 악순환을 야기할 수 있다.

보건의료위기에 대한 미국의 정책대응

2019년 12월에 중국에서 코로나19가 발생했고, 2020년 1월 5일에 세계보건기구가 모든 회원국에 코로나19의 창궐을 공지했으며, 1월 20일에 미국 내에서 최초로 확진자가 확인되었다. 트럼프 대통령은 2020년 1월 31일에 보건의료비상사태(public health emergency)와 함께 중국에 대한 여행 제한을 선포했다. 그러나 트럼프 대통령은 근거 없는 낙관론을 피력하면서 코로나19의 창궐을 막기 위한 추가적 대응을 거의 하지 않았다.[3] 2월 25일에 질병통제센터(CDC)가 지역사회 창궐에 대비할 필요가 있다고 경고했음에도 불구하고 3월 10일까지 미국은 1만명도 채 검사하지 않았다.

2020년 3월 초부터 확진자 수가 증가했고 중순에는 하루 확진자가 2000명을 넘어섰다. 트럼프 대통령은 3월 13일이 되어서야 공식적으로 국가비상사태(national emergency)를 선포했다. 그러나 초기 대응의 실패를 되돌릴 수는 없었다. 3월 26일에 미국은 누적확진자 수에서 중국과 이탈리아를 추월했고 3월 27일에는 세계 최초로 10만 명을 돌파했다. 이 시기에 미국 전역에서 생필품 사재기가 발생하기도 했다. 3월 중순에 미국의 대다수 주에서는 '재택 명령'(stay-at-home orders)이 발효되었고, 4월 2일에 이르러 미국 인구의 90% 정도를 대상으로 '사회적 거리두기'(social distancing)를 위한 각종

---

3) 트럼프 대통령이 1월 31일에 중국에 대한 여행제한을 선포했지만 이런 제한은 제대로 실행되지 않았다. 중국에서 코로나19가 발생한 이후 중국에서 미국으로 건너간 사람은 43만 명으로 추산된다고 한다.

제한조치가 실시되었다. 이 같은 봉쇄정책의 결과 4월 미국의 실업률은 1948년 이후 최고치인 14.7%를 기록했다.

11월로 예정된 대통령선거라는 정치일정으로 인해 트럼프 대통령이 방역정책 등 보건의료위기에 대한 정책대응을 정쟁의 수단으로 활용하면서 '방역의 정치화'가 심화되었다.[4] 트럼프 대통령은 초기에 미국 내 대유행에 대한 전염병 전문가들의 경고를 자신의 재선을 막으려는 '거짓말'(hoax)로 치부했다. 또 국가비상사태 선포 이후 트럼프 대통령은 백악관 브리핑에 집착하면서 자신에게 비판적인 언론 기자의 질문에 대해 '가짜뉴스'(fake news)를 운운하며 공격적인 태도를 취했다. 그는 국립 알레르기전염병연구소장 앤서니 파우치와 공개적으로 대립하면서 '확진자 몸에 소독제를 주입해보자'는 주장을 펼쳤고 마스크 착용은 '침묵이자 노예가 되는 것'이라고 주장하기도 했다. 게다가 오바마 대통령과는 대조적으로 '미국 우선주의'(America first)를 고집하면서 코로나19의 대유행에 대한 국제적 공조를 무시하고 미국기업의 귀환(reshoring)을 옹호했다.[5]

2020년 4월 말에 이르자 주 정부에 대해 봉쇄정책을 해제하라는 압력이 증가했고, 4월 19일에 트럼프 행정부는 주정부가 따를 수 있는 3단계 자문계획(advisory plan)으로서 '미국의 봉쇄해제'(Opening Up America Again)를 발표했다. 10여개 주에서 봉쇄정책의 종결을 요구하는 시위가 진행되었고, 트럼프 대통령은 그런 시위를 공개적으로 지지했다. 결국 남서부의 몇몇 주가 4월 마지막 주에 몇몇 사업을 재개하는 조치를 취했는데, 그들을 중심으로 코로나19 감염자가 급증했다. 그 결과 4월 중순 이후 봉쇄정책을 통해 평탄화되었던 미국의 역학곡선은 6월 중순부터 다시 상승하기 시작했다. 7월 중순에는 3월 말에 도달한 정점의 두 배 이상인 1일 6만명 이상의 신규

---

4) 이에 따라 미국 내에서조차 민주당 지지자와 공화당 지지자 사이에 코로나19와 관련된 트럼프의 주장에 대한 신뢰가 엇갈렸다. 이를 반영해서 위키피디아에는 트럼프의 '진실성'이라는 항목이 추가되었다.
5) 2009년 돼지독감과 2014-16년 에볼라 등 감염성 질병의 확산에 대해서는 오바마 대통령의 주도로 세계적 공동대응이 이루어진 바 있다.

확진자가 발생했다. 코로나19 누적확진자 수는 6월 7일에는 200만 명을 넘어섰고 7월 12일에는 인구의 1%를 넘어섰으며 7월 23일에는 400만 명을 넘어섰다. 그리고 7월 29일에는 사망자 숫자가 15만 명을 넘어섰다. 파우치는 이를 두고 코로나19의 2차 파동이 아니라 일시적으로 약화되었던 1차 파동이 정점에 도달하지 않은 채 여전히 지속되고 있다고 진단하기도 했다.

이런 상황에서 트럼프 대통령은 결국 7월 21일에 마스크 착용이 '애국'이라고 발표하고, 초고속작전(Operation Warp Speed) 프로그램을 통해 110억 달러를 투여해서 예방약 개발에 돌입한 초민족제 약사에게 개발기금을 제공하거나 선구매를 진행했다.[6] 동시에 그는 식품의약국(FDA)과 질병통제예방센터(CDC)가 예방약 개발과 관련된 각종 인허가 절차를 단축시켜야 한다고 압박했는데, 이는 오히려 예방약의 안전성에 대한 우려를 확산시켰다.[7] 그 결과 미국 시민들의 예방약 접종의사도 정치적 분열선을 따라 불균형한 분포를 보이게 되었던 것이다.

자신에 대한 모든 반대세력을 비난하는 동시에 대선을 위해 지지층을 동원하려는 트럼프 대통령의 정치적 고려가 방역정책을 지배하면서 미국의 방역정책은 완전히 실패했다. 게다가 그 와중에 흑인 남성 조지 플로이드의 사망 사건을 계기로 5월 말부터 미국 각지에서 인종차별 반대시위와 함께 약탈·방화를 동반한 폭동이 발생하면서 정치적·사회적 혼란이 심화되었다.

10월에 들어와 대통령과 핵심 참모가 코로나19에 감염되는 전례 없는 사태가 발생했고 이후 신규확진자 수가 서서히 증가하면서 본격적인 재확산이 시작되었다. 트럼프 대통령은 의료계의 공개적인

---

6) 존슨앤존슨, 모더나, 아스트라제네카 등 8개 제약사가 개발기금을 제공받은 반면 화이자는 자체 정책에 따라 개발기금을 제공받는 대신 1억 회분의 치료제에 대한 20억 달러 규모의 선구매 계약을 체결했다.

7) 트럼프 대통령의 이 같은 압박에 대응해서 예방약을 개발 중인 초민족제약사는 예방약의 안전성과 효과성이 입증되기 전에는 정부 승인을 받지 않겠다는 내용의 공동서약을 발표했다.

요구에도 불구하고 전국적인 통행금지(lockdown)를 실시하지 않았다. 오히려 백악관은 경제 재개를 지속하면서 검사·추적·치료 대신 예방약과 치료약 확보에 주력하겠다는 입장을 밝혔다. 역학곡선은 다시 한 번 가파르게 상승했고 11월 초에 신규확진자가 10만 명을 넘어서며 정점을 계속 경신했다. 그 결과 미국은 11월에 신규확진자가 20만명을 넘어서면서 코로나19 누적확진자가 1000만명을 넘어섰고 사망자는 25만명을 넘어섰다.[8] 이 와중에 대통령 선거캠페인이 전개되면서 코로나19 사태는 최대의 쟁점이 되었는데, 트럼프 대통령의 인민주의적 데마고기는 미국국민의 정치적 분열과 함께 코로나19의 확산에 크게 기여했다.

다른 한편 방역정책을 둘러싸고 인민주의적 데마고기의 반지성주의·반과학주의의 위험이 폭로되면서 인민주의에 대항하는 전문가의 역할이 주목받는 계기가 마련되기도 했다. 또한 트럼프 대통령의 코로나19 정책대응을 '완전하고 무질서한 대실패'(an absolute chaotic disaster)라고 규정하고 인민주의를 퇴치하자는 오바마 전대통령의 자유주의적 비판이 대중적 설득력을 얻기도 했다. 이는 11월 4일에 실시된 대통령 선거에서 민주당의 바이든 후보가 승리하는 데 중요한 영향을 미친 것으로 보인다.

경제위기에 대한 미국의 정책대응

트럼프 정부의 출범 이후 주가는 지속적으로 상승해서 2020년 초에는 1929년 또는 1990년대 말과 유사한 상황에 도달했다. 이 과정에서 대출채권담보부증권(Collateralized Loan Obligation, CLO)과 결합되어 회사채 비중이 상승했고, 결국 기업의 대차대조표는 악화

---

8) 세계적으로는 11월 12일에 하루 사망자가 1차 파동 때의 정점인 4월 16일의 8703명을 돌파해서 9910명에 도달했다. 이와 함께 병상 포화와 시신처리의 과잉부하, 나아가 의료업무를 포기하는 의사·간호사의 증가 등 보건의료체계의 붕괴 징후도 다시 나타났다.

되었다. 현금흐름이 이자를 충당할 만큼 충분하지 않은 이른바 '좀비기업'의 비중이 대략 15% 이상으로 증가했다. 이런 상황에서 코로나19의 창궐 이전부터 경기하강에 대한 예상이 등장하기도 했다.9)

코로나19발 경제위기에 대한 우려가 확산되는 가운데 30,000에 근접했던 다우존스가 2020년 2월부터 하락하기 시작했다. 2월 27일 다우존스가 하루 사이에 1200이나 하락해서 사상 최대의 하락폭을 기록했다. 그러나 그 이후 네 차례나 하락기록이 경신되었는데, 마지막으로 3월 16일에는 3000이나 하락했다. 다우존스는 3월 23일에 19,000으로 저점에 도달한 후 다시 상승했다. 『파이낸셜 타임즈』에 실린 옐런과의 공동 기고문에서 버냉키가 지적한 것처럼, 이와 같은 주식시장의 '과잉변동성'은 2007-09년과 같은 금융위기의 조짐이라기보다는 코로나19의 대유행으로 인한 '실물경제의 피해'라는 '기저난제'에 대한 금융시장의 우려를 반영한 것이었다.

이 같은 상황에서 연준(연방준비제도)은 주식시장의 '공황'(panic)에 대응해서 예방적 조치를 취했다. 2019년 7월부터 금리를 인하하기 시작했던 연준은 2020년 3월에 두 차례에 걸쳐 기준금리를 1.5% 포인트 추가 인하해서 제로금리에 도달했으며 향후 상당 기간 동안 금리가 낮게 유지될 것이라는 지침을 제공했다.10)

또한 연준은 3월 15일에 금융시장의 안정화를 위해 모든 정책수단을 동원할 것이라는 의사를 표명하면서 5000억 달러 이상의 재무부증권 구매와 2000억 달러 이상의 주택담보부증권(MBS) 구매를 내용으로 한 수량완화(QE) 계획을 발표했다. 이후 연준은 증권 구매

---

9) 로버트 고든은 2019년에 전후 두 번째로 긴 장기호황의 종결을 예상한 바 있다. 버냉키도 2020년 1월에 다음 번 경기침체를 예상하면서 새로운 통화정책 수단의 필요성을 제기했다.

10) 2019년부터 '2차 반도체 호황'의 종결을 예상하고 '출구전략'을 중단한 연준은 7월에 미·중 무역갈등을 고려한 이른바 '보험성 완화'로 기준금리를 2.50-2.25%에서 2.25-2%로 인하했다. 또 9월 중순과 10월 말에도 0.25%포인트 인하함에 따라 기준금리는 1.75-1.50%가 되었다. 코로나19의 창궐 이후 연준은 2020년 3월 3일에 기준금리를 0.5% 포인트 인하했고, 3월 15일에 다시 1% 포인트 인하하여 제로금리정책(ZIRP)으로 복귀했다.

의 대상을 회사채로 확대했는데, 심지어 이른바 '정크본드'로 불리는 위험등급의 회사채도 대상에 포함시켰다. 연준이 '금융기관의 최종대부자' 역할을 넘어 '비금융기관의 최종대부자'(버냉키) 역할도 수행하게 된 것이다. 이 같은 정책은 2009년의 수량완화정책에서는 사용되지 않았던 특단의 조치로서 부실기업의 도덕적 해이를 낳을 수 있다는 비판도 제기되었다. 그 밖에도 연준은 금융시장의 안정성을 유지하고 기업의 신용위기를 막기 위해 다양한 정책을 추가했다. 이런 조치는 새로운 법안이 의회를 통과한 이후 재정정책과 결합되어 더 체계적인 형태를 갖추게 되었다.

한편 3월 19일 연준은 2008년에 처음 도입된 9개 중앙은행과의 통화스왑을 재도입했다. 이미 통화스왑이 체결되어 있던 영국, 캐나다, 유로지역, 일본, 스위스의 경우에는 이자율을 낮추고 기간도 연장했다. 이와 동시에 통화스왑 국가를 멕시코, 브라질, 한국, 싱가포르 등으로 확대했는데, 특히 멕시코 등 4개국의 중앙은행에 대해서는 2007-09년 금융위기 동안 확립했던 규모의 두 배에 해당하는 600억 달러로 스왑 한도가 확대되었다. 이 같은 통화스왑의 확대는 미국을 포함한 세계 각국의 금융시장을 안정화하기 위한 것이었을 뿐만 아니라 주요 국가들의 환율이 급상승하면서 달러가 과도하게 평가절상되는 것을 방지하기 위한 것이기도 했다.

연준의 통화정책이 코로나19발 경제위기, 특히 실물경제의 위기에 대응하기에는 부족하다는 지적이 제기되는 가운데 2020년 3월 27일 트럼프 대통령은 의회를 통과한 '코로나지원·구제·경제안보법'(CARES Act)에 서명했다. 이 법으로 미국 국민소득의 10%에 해당하는 2조 달러 규모의 완화적 재정정책이 채택된 것이다.[11] 그 핵심은 재난지원을 위한 0.3조 달러, 실업구제를 위한 0.25조 달러, 경제안보를 위한 1조 달러의 재정지출이었다.

이 같은 재정정책의 구성은 지원과 구제보다 경제안보에 초점을

---

11) 참고로, 2007-09년 금융위기에 대응하기 위한 2009년 '미국재건재투자법'(ARRA)은 7,870억 달러 규모의 완화적 재정정책이었다.

두고 있다. 학교·직장폐쇄(shutdown) 같은 봉쇄정책이 경제활동의 위축을 낳는다는 것을 전제로 해서 질병에 대한 대응능력을 갖출 때까지 경제적 안전을 보장한다는 의미에서 소상공인과 기업의 생존을 보장하는 것이 핵심인 것이다. 봉쇄정책과 결합된 이 같은 재정정책에서 경기부양이라는 의제는 중요한 우선순위가 아니었고 오히려 신중한 접근이 권고되기도 했다.

4월 9일 연준은 재무부와 협력해서 새로운 비상사태대응제도를 설립하고 기존의 제도들을 확대해서 국민소득의 10%에 달하는 2.3조 달러 규모의 대출을 제공할 것을 발표했다. 이 제도들은 코로나지원·구제·경제안보법에 근거해서 신용을 모든 규모의 기업과 주·지방정부로 확대했다.

그러나 보건의료위기와 봉쇄정책으로 인한 경제위기에 대응하는 과정에서 통화정책은 코로나19 창궐 직후에 발생한 금융시장의 충격을 진정시키고 은행이 가계와 기업에게 대출을 지속하도록 장려해서 일시적인 유동성 제약을 완화시키는 제한적인 효과를 가질 뿐이다. 즉 통화정책이 경제위기와 결합된 가계 및 기업의 건전성 위기를 해결할 수는 없다는 것이다.

미국 의회예산국은 코로나지원·구제·경제안보법이 향후 1.8조 달러의 재정적자를 낳을 것이라고 예상한 바 있다. 그 결과 미국의 국가부채는 2020년 말에 국민소득 대비 100%를 초과해서 2차 세계전쟁기의 수준에 접근할 것으로 예상된다. 그런데 현재의 국가부채가 2차 세계전쟁과 유사한 비상사태의 결과이지만, 당시와 달리 비상사태가 종결된 이후에 국가부채가 급속하게 감소할 가능성은 거의 없는 것으로 보인다. 경제성장과 동시에 인플레이션이 재개될 가능성이 낮기 때문이다.

한편 『파이낸셜 타임즈』에 따르면, 2020년 상반기에 미국에서 파산보호를 신청한 기업은 거의 3500개로 2007-09년 금융위기 시기의 수준에 근접했다. 파산신청과 함께 채무불이행도 급증했다. 이 와중에 2020년 6월 투기등급 회사채, 이른바 정크본드 규모는 500억 달러를 초과하여 월간 기준 최고치를 기록했다. 이를 둘러싸고 회사채 구매를 정크본드로까지 확대한 연방준비제도의 전례 없는 수량완화 정책이 고도부채로 인한 자본잠식 상태에서 연명하는 이른바 '좀비 기업'을 양산한다는 비판이 제기되었다.[12] 수량완화정책의 발표 이후 주식시장이 급등하면서 실물경제와 주식시장의 '거대한 분기'가 발생하고 있다는 우려가 등장하는 것도 이 때문이다.

대통령 선거 직전에 발표된 미국의 3분기 경제성장률은 33.1%로 2분기 폭락 이후 반등하는 양상을 보였다. 2020년 4월 15%에 육박했던 실업률도 10월에는 6.9%로 하락했다. 대규모의 적자재정과 경제활동의 재개가 이 같은 회복을 낳은 것으로 평가되었다. 그러나 경제성장률의 반등은 상당 부분 2분기의 기저효과로 인한 것이었다. 게다가 경기회복은 주로 5-6월에 이루어졌으며 7-8월에는 회복이 둔화되었다. 미국 경제의 회복은 아직 안정적인 궤도에 진입하지 않았을 뿐만 아니라 코로나19의 재확산으로 인해 경제활동이 다시 위축될 가능성이 높다. 추가적인 재정지출 프로그램에 대한 논의가 지속되는 것은 이 때문이다.

미·중 갈등의 심화

코로나19의 대유행은 2007-09년 세계금융위기 당시 '주요20개국'(G20)의 공동대응과 같은 국제적 공조를 필요로 하지만, 현재의 국제질서는 각자도생을 특징으로 한다. 주요20개국 정상회의가 화상으로 진행되고 공동선언이 채택되었지만 선언은 형식적인 것에 그쳤고, 보건의료위기에 대한 국제적 공동대응은 실현되지 않았다. 이 같은 국제적 무질서는 미·중 갈등으로 인해 더욱 심화되었다. 2018년에 무역전쟁이 개시된 이후 미국과 중국의 긴장은 민간자본주의와 국가자본주의간의 '체제 갈등'으로까지 발전했고, 그런 체제 갈등

---

12) 회사채 구매까지 포함한 수량완화 정책의 결과 은행과 중앙은행이 좀비 기업의 악성부채를 누적할 위험도 존재한다.

이 코로나19에 대한 양국의 상이한 대응방식으로 인해 한층 더 심화되었던 것이다.

2019년 12월 미·중 양국의 실무자들이 관세의 상호인상을 중지하는 수준의 부분적이고 제한적인 무역합의(Phase One Agreement)에 도달했다. 그렇지만 양국의 긴장은 해소되지 않은 채 지속되었다. 특히 미국은 중국의 환율조작에 대응해서 미국이 무역보복조치를 취할 수 있다는 내용을 협상에 포함시켰는데, 그 결과 환율이라는 쟁점이 양자간 무역정책의 대상으로 부각되기 시작했다. 이런 상황에서 코로나19의 대유행이 발발하면서 미국과 중국은 소독약과 의료장비 등 질병에 대처하는 데 결정적인 생산물의 수출입에 대한 통제를 실행했다.

트럼프 대통령은 2017년에 시진핑 주석의 지원 덕택으로 국제보건기구 최초의 직선제 사무총장에 선출된 거브러여수스가 1월 초 대만이 제공한 코로나19의 사람간 전파, 즉 전염의 증거를 무시하고 전염가능성을 부정한 중국의 보고를 따랐다고 주장하면서 '중국편향성'과 '정보은폐'를 이유로 자금 지원을 중단했다.[13] 나아가 트럼프 대통령은 5월 18일에 실질적 개선을 요구하는 공개서한을 거브러여수스 사무총장에게 보내면서 개선이 이뤄지지 않으면 회원국 지위 유지를 재고하겠다고 선언했고, 결국 7월 7일에 세계보건기구 탈퇴 의사를 공식 통보했다.[14]

주요20개국 정상회의가 개최되었으나 형식적인 공동성명 발표에 머물고 말았다. 공동성명이 발표되기 하루 전에 주요7개국(G7) 외무장관 회의가 개최되었으나 외무부장관들은 공동성명에 합의할 수

---

13) 실제로 중국은 코로나19 사태 초기에 세계보건기구로 하여금 코로나19의 위험성을 과소평가하게 유도했다. 특히 세계보건기구는 2020년 초에 중국으로의 여행 및 교역에 대한 제한조치에 반대 입장을 표명했다. 나아가 동아시아는 물론이고 이란과 이탈리아를 거쳐 미국과 유럽으로 코로나19가 이미 확산되고 난 3월 11일이 되어서야 대유행을 선언했다.

14) 세계보건기구 탈퇴 통보 이후 1년이 지나면 탈퇴가 공식적으로 확정된다. 그러나 바이든 후보는 자신이 당선되면 취임 첫날 탈퇴를 철회할 것이라고 언급한 바 있다.

없었는데, 그 핵심적 이유는 미국이 코로나19를 '우한 바이러스'로 지칭할 것을 고집한 데 있었다. 트럼프 대통령은 '우한 바이러스'라는 언급을 공개적으로 지속하면서 코로나19에 대한 중국의 권위주의적 대응을 비난했고, 급기야 국제연합(UN) 총회의 연설에서는 중국을 맹비난하면서 세계에 '중국 바이러스'를 확산시킨 책임을 물어야 한다고 주장했다.

나아가 범태평양파트너십(TPP) 협상에서 탈퇴했던 트럼프 정부는 코로나19가 세계적 공급연쇄의 단절을 야기하는 것에 대응해서 범태평양의 '신뢰가 확보된 파트너들'(trusted partners)의 동맹질서로서 '경제번영네트워크'(Economic Prosperity Network)를 제안하고 3월부터 정례회의를 개최하기 시작했다. 미국은 여기서 무역과 투자뿐만 아니라 개발·원조와 보건의료 등을 공동으로 논의할 계획을 갖고 있으며 일본, 호주, 인도를 비롯해서 남한, 뉴질랜드, 베트남 등이 동참하기를 원했다.15)

반면 중국은 우한이 코로나19의 발원지라는 사실을 부정하면서 바이러스와 관련된 정보를 체계적으로 은폐해왔으며 코로나19에 대한 국제적 조사도 7월까지 계속 거부해왔다.16) 중국 정부는 코로나19에 대항하는 '인민전쟁'을 선포하고 우한에 대한 전면적 통행금지(lockdown)를 시작으로 14개 성·시에서 통행금지와 학교·직장폐쇄(shutdown) 등의 혹독한 봉쇄정책을 실행했다. 2월부터 4월까지 국내이동과 국경봉쇄를 실시한 결과 신규확진자 수가 감소하자, 중국 정부는 코로나19에 대한 자국 방역의 우수성을 강조하는 동시에 마스크 등 의료장비의 수출을 통해 '중국이 세계에 기여했다'고 선전했

---

15) 한편 바이든 후보는 자신이 당선되면 범태평양파트너십에 복귀할 것이라는 입장을 밝힌 바 있다. 미국이 범태평양파트너십에 복귀할 경우 중국의 국가자본주의 개혁에 대한 압력이 심화될 것이다.

16) 감염병 대처에서 중국의 '불량 행동'은 사실 처음이 아니다. 2002년 사스가 발생했을 때에도 중국은 무려 3개월 동안 감염병 발발과 확산을 기밀로 취급했고, 나아가 세계보건기구의 역학조사를 방해했다. 2019년 12월 31일 새로운 바이러스성 폐렴사태를 세계보건기구에 최초로 보고한 주체도 중국 정부가 아니라 세계보건기구 중국지부였다.

다.[17] 또 2020년 9월 초에는 중국이 코로나19와의 전쟁에서 승리했다고 선언하기도 했다.

중국 정부는 미국보다 우수한 중국의 기술력을 보여주기 위한 수단으로 제약산업과 생명공학을 국가주도 산업정책을 대표하는 이른바 '중국제조2025전략'의 핵심분야에 위치시키고 미국보다 더 빠른 예방약 개발 일정을 발표했다. 미국계 초민족제약사들이 예방약의 안전성 확보에 주의를 기울이는 것과 대조적으로 중국 국내의 제약사들은 예방약의 효과성에 우선 순위를 두면서 개발단계와 검증절차를 단축하기도 했다.

시진핑 주석은 트럼프 행정부의 예방약 선구매를 비난하면서 자국이 '세계적 공공재'로서 예방약을 합리적인 가격으로 공급할 것이라고 발표했다. 나아가 중국은 예방약 개발에 필수적인 임상실험 등을 매개로 해서 브라질, 아르헨티나, 아랍에미리트, 바레인 등과 동맹을 형성했고, 예방약이 개발된다면 아세안(ASEAN) 5개 국가들에게도 그것을 제공할 의사가 있다고 밝히기도 했다. 이는 중국이 자국 제약사들에 의해 개발된 예방약을 대외정책의 수단으로 활용할 가능성이 높다는 것을 의미한다.[18]

그러나 중국에서도 보건의료위기와 경제위기의 교환관계가 확인된다. 중국 정부의 봉쇄정책이 가혹했던 것에 비례해서 경제활동은 급속하게 둔화되었고 경제성장률은 급락했다. 게다가 봉쇄정책의 해제와 국내 산업 활동의 재개 이후에도 중국은 해외수주 급감으로 인한 2차 충격에 직면했다. 그 결과 중국의 2020년 1분기 경제성장률은 −6.8%를 기록해서 분기별 성장률을 발표한 1992년 이후 28년 만에 처음으로 마이너스 성장률을 기록했다. 이 같은 상황에서 중국

---

17) 이런 맥락에서 중국은 세계보건기구 연례 총회에서 코로나 피해국에 2년 내에 20억 달러를 원조할 것이라고 밝혔다.

18) 미국의 선구매 정책이 민간기업에게 선입금의 형태로 예방약 개발자금을 투자하고 개발에 실패할 경우에는 선입금을 환불받지 않는다면, 중국은 예방약 개발을 국가재정으로 지원하는 대신 국가가 지휘·통제하는 정책을 취하는데 여기서도 민간자본주의와 국가자본주의의 차이를 볼 수 있다.

정부가 5월에 2019년 국민소득의 8.5%에 달하는 8.5조 위안 규모의 경기부양책을 제시한 결과 2분기와 3분기에 각각 3.2%와 4.9%의 성장률을 기록했다.

이런 기록에 힘입어 중국은 주요국 중 유일하게 2020년에 플러스 경제성장률을 기록할 국가로 예상된다. 그러나 중국의 경제성장을 이끌어온 수출의 둔화가 지속되고 있기 때문에 내수와 수출을 결합한다는 이른바 '쌍순환' 전략에는 여전히 많은 불확실성이 존재한다. 게다가 코로나19에 대응하는 정부의 재정지출로 인해 더욱 악화된 좀비기업 문제와 그에 따른 은행자산의 품질 악화가 경제회복의 지속성을 위협하고 있다.[19)

한편 중국의 경제적 영향력을 확대하려는 '일대일로'(一帶一路) 정책은 코로나19의 대유행 이후 실행에 어려움을 겪고 있지만 그것을 소생시킬 정치적 동기는 강화되고 있다. 특히 중국은 트럼프 정부가 중국의 생산품과 관련된 공급연쇄를 단절시키는 것에 대응해서 아시아 국가들과의 상업적 연계를 강화시키는 새로운 협약을 추진했다. 이를 배경으로 2019년 11월 태국에서 열린 '아르셉'(RCEP, 역내포괄적경제파트너십) 정상회의에서 인도를 제외한 15개 국가의 정상이 협상 타결을 선언한 데 이어 2020년 연말까지 서명을 마치기 위한 세부적 논의가 진행되고 있다.

중국은 아르셉을 강력하게 지지하는 동시에 한·중·일 자유무역협정을 통해 이를 보완할 계획도 추진하고 있다. 특히 중국은 한·중·일 자유무역협정을 통해 미국이 무역통제를 추진하고 있는 반도체 같은 첨단부문에서 중요한 이득을 얻을 것으로 기대하고 있다. 나아가 아르셉과 한·중·일 자유무역협정이 미국이 탈퇴한 이후 일본이 주도해온 범태평양파트너십의 자유화 수준과 중국의 관행 사이의 격차를 매개해줄 것이라는 기대 속에서 범태평양파트너십 참여에도 관심을 표명했다.

---

19) 국제결제은행(BIS)에 따르면, 중국의 국민소득 대비 비금융기업부채의 비율은 2019년 말 149%에서 2020년 3월 말 160% 수준으로 상승했다.

동아시아 지역을 둘러싼 미·중의 경쟁은 경제적 영역에 국한되지 않았다. 2018년에 초당적인 지지로 미국 의회를 통과한 2019년 국방수권법은 중국과의 대결을 명시하면서 중국에 대한 미국의 포괄적 전략의 수립을 요청했는데, 이에 따라 2020년 5월에 백악관이 의회에 제출한 '중국에 대한 미국의 전략적 접근'이라는 보고서는 경제·가치(이데올로기)·안보 측면에서 중국의 위협을 지적하고 미국과 중국이 '전략적 경쟁' 관계에 있다는 사실을 공식적으로 인정했다.

이 같은 인식이 확산되는 가운데 미국 의회는 대만과 홍콩에 대한 일련의 입법을 추진하기도 했다. 먼저 2020년 7월부터 발효된 홍콩보안법 문제는 미·중 관계의 악화에서 결정적인 계기가 되었다. 미국은 홍콩보안법 통과를 일관되게 반대해왔으며, 통과 이후에는 홍콩의 특별관세지역지위 박탈에 이어 달러와 홍콩달러의 연동제 폐기 내지 약화를 추진했다.

나아가 2009년부터 2016년까지 참관국(observer) 자격으로 세계보건기구에 참여해온 대만이 중국의 반대 때문에 2017년부터 연차총회에 참여하지 못한 것에 대응해서 2020년 5월에 미국 상원은 대만의 연차총회 참여를 지지하는 법안을 양당 합의로 통과시켰다. 그러나 미국의 이런 노력에도 불구하고 중국의 명시적 반대 속에서 대만의 세계보건기구 재진입은 결국 무산되고 말았다.

2019년에 시진핑 주석은 대만에 대해서도 홍콩과 동일한 일국양제 형태의 통일을 추진하겠다는 발언을 한 바 있다. 그러나 이런 발언은 그 대안으로 평화공존론을 주장한 차이잉원 총통이 2020년 1월 선거에서 재선되는 데 기여했다. 나아가 대만의회가 2020년 10월 6일에 미국과의 외교관계 회복을 촉구하는 결의안을 만장일치로 채택하는 데도 기여했다.

2015년 국방개혁의 방향으로 이른바 '강군몽'(强軍夢)을 제시한 바 있는 시진핑 주석은 '아시아 안보는 아시아인들에 의해 유지되어야 한다'고 선언하면서 동아시아에서 미국의 존재를 부정했다. 또한 중국은 남중국해에 군사기지를 건설했고 코로나19 사태가 전개되는 와중에 인도와 국경분쟁을 벌이기도 했다. 특히 최근에는 남중국해에서 중국의 군사적 시위의 강도가 높아지면서 주변국의 우려도 커지고 있는 중이다.

앞서 언급한 '중국에 대한 미국의 전략적 접근'은 남중국해에서 미국이 '힘에 의한 평화'(peace through strength)를 추구할 것이라고 밝혔다. 오바마 정부가 실행했던 남중국해에서의 '항행의 자유'(FON) 작전을 일시 중단한 바 있는 트럼프 대통령은 곧 작전을 재개했는데, 이후 작전의 빈도는 크게 증가했다.[20] 그리고 2018년부터 두 척의 군함이 작전에 참가하기 시작했고 중국 해군이 이에 대응하면서 군함과 군용기 사이의 근접 조우가 빈번해졌다. 남중국해에 대한 중국의 영유권 주장이 지속되는 가운데 미국의 폼페이오 국무장관은 남중국해와 해양자원에 대한 중국의 영유권 주장을 국제법상 불법으로 간주한다고 밝히면서 그 구체적인 목록을 제시했다. 이는 남중국해 분쟁에 대한 미국 정부의 입장을 명시적으로 확인하는 것인 동시에 중국의 관련기업과 기관에 대한 미국 정부의 잠재적 제재를 정당화하는 것이기도 했다.

트럼프 정부를 대체할 바이든 정부는 전통적 동맹국가에 대한 공격과 압박을 중단하고 그 대신 다자주의적 동맹질서의 복원에 노력할 것이다.[21] 동시에 미국 의회에서 초당적인 지지를 받고 있는 중국과의 '전략적 경쟁'은 심화될 것이다. 특히 바이든 정부가 중국의 인권 문제를 국제적 쟁점으로 부각시킨다면 미·중 양국의 대결은 격화될 수밖에 없을 것이다.

---

20) 트럼프 대통령은 2017년에 6회, 2018년에 5회, 2019년에 9회의 작전을 승인했다.

21) 일례로 2007년 아베 총리의 제안으로 시작된 미국, 일본, 호주, 인도의 비공식 전략협의기구인 4자안보대화(Quadrilateral Security Dialogue), 약칭 쿼드에 평행하는 연합군사훈련에 한동안 불참했던 호주가 참여의사를 밝히면서 2020년 11월에는 13년만에 4개국이 모두 참여하는 연합군사훈련이 진행될 예정이다.

한국의 정책대응

이른바 'K방역'

2019년 12월 중국 우한에서 코로나19가 발생한 이후 중국 각지에서 코로나19 확진자가 발견되었고 2020년 2월부터 한국, 일본, 대만 등 중국의 주변 국가들에서도 확진자가 발생했다. 그리고 이에 대응해서 동아시아 각국은 중국발 입국자에 대해 상이한 정책을 취했다. 그 결과 각국의 방역정책과 역학곡선은 분기하기 시작했다.

결정적 시점은 중국발 코로나19가 국제적으로 확산되기 시작한 2020년 2월 초였다. 중국과 지리적으로 근접했고 경제적 연계도 컸던 대만은 신속하게 체계적으로 대응함으로써 코로나19 방역의 대표적 성공 사례가 되었다. 초기의 결정적 시점에 대만은 방역을 경제나 외교보다 우선시했다. 대만은 중국이 제공한 자료에 근거한 세계보건기구의 조치를 기다리지 않고 1월부터 우한발 입국자를 선별적으로 검진했으며, 우한에 대한 실사를 마친 이후 2월 7일에 곧바로 중국인 입국을 전면적으로 통제했다. 동시에 마스크 등 방역물품을 확보·배급하는 등 범정부적 긴급조치를 실행했다.

특히 대만은 코로나19에 대한 대응에서 방역원칙을 충실히 이행하는 동시에 효과적인 민·관 협력을 실행했는데, 이는 2003년 사스의 경험을 반성하면서 감염병통제법이 제정된 결과였다. 감염병통제법에 따르면, 비상상황에서는 질병관리본부장이 20개 관련 부처를 지휘할 수 있는 총리급으로 승격된다. 또한 감염병통제법은 전체 의료기관의 84%에 이르는 민간의료기관도 전염병 대응에 동참할 것을 의무화했다. 대신 감염병 환자의 검사와 입원치료에 대해서는 건강보험 대신 별도의 재정을 할애해서 민간병원이 재정부담을 겪지 않도록 함으로써 민간병원의 원활한 협조를 가능케 했다.

2월 2일에 한국과 대만의 확진자는 각각 15명과 10명이고 사망자는 양국 모두 0명이었는데, 3월 30일에 한국의 확진자와 사망자는 각각 9661명과 158명인 반면 대만은 그 수치가 각각 298명과 2명에 불과했다. 이후 차이는 더욱 커져서 10월 31일 현재 한국의 확진자는 26,000명을 초과하고 사망자는 500명에 접근한 반면 대만은 그 수치가 각각 555명과 7명에 불과하다. 대만에서는 4월 3일 이후 신규 감염 사례가 거의 발생하지 않았고, 이른바 재확산도 없었다. 그 결과 대만은 학교와 직장의 폐쇄 같은 높은 수준의 봉쇄정책을 실시하지 않아서 1/4분기에 1.6%의 경제성장도 달성할 수 있었다.

반면 한국은 초기에 미국과 유사한 정치적 대응에 머물렀다. 트럼프 대통령이 11월 초 대선을 앞두고 경제위기를 회피하기 위해 보건의료위기를 사실상 방치한 것처럼, 청와대는 4월 총선에서 승리하기 위해 보건의료위기를 사실상 방치했다. 코로나19가 발생한 직후 중국과의 국경을 폐쇄했던 대만과 달리 문재인 정부는 의료계가 중국인의 입국금지를 수차례 건의하고 질병관리본부도 중국발 입국통제가 필요하다는 의사를 표명했음에도 불구하고 중국에 대한 입국통제를 실시하지 않았다. 또한 대만과 달리 한국은 코로나19의 발발 직후에 마스크의 생산과 수출을 통제하지도 않았다.

오히려 문재인 대통령은 2월 13일에 코로나19가 '머지않아 종식될 것'이라고 공언했다. 게다가 2월 17일에 대구지역 첫 발병자인 '31번 환자'가 확진판정을 받은 다음 확진자 수가 기하급수적으로 증가하는 상황에도 불구하고 『기생충』의 감독과 배우들을 청와대로 초청하여 이른바 '짜파구리 오찬'을 하며 파안대소를 했다. 2월 21일 박능후 보건복지부 장관은 '창문 열고 모기 잡나'라는 의료계의 비판에 대해 '겨울이라서 모기가 없다'고 반박하면서 중국발 입국통제를 거부했다. 국내에서 마스크 가격이 급등하고 품절 사태가 발생하는 와중에 정부와 여당은 마스크 착용이 필수적인 것은 아니라는 등 황당무계한 태도를 고수하다가 3월 9일이 되어서야 마스크 수급과 관련한 대책을 발표했다.

그 후에도 문재인 정부는 의료계와의 충돌을 지속했다. 특히 '기저질환'을 앓고 있는 경제의 취약성을 고려해서 심각한 실물경제 위축을 야기할 수 있는 강력한 봉쇄정책은 고려하지 않았다. 특히 학교의 폐쇄와 달리 직장의 폐쇄는 아주 선별적이었는데, '비필수적 사업'(unnecessary business)의 폐쇄가 아니라 확진자가 발생한 사업의 일시적 폐쇄에 국한했기 때문이다. 제조업의 경우에는 직장폐쇄가 거의 실시되지 않았고 사무직의 경우에는 재택근무 등이 부분적으로 활용되었다.

이런 와중에 의료인력과 진단키트를 활용한 대규모 검사(test), 의료진·행정력·경찰력에 근거한 광범위한 접촉자 추적(trace), 그리고 감염자의 치료(treatment) 등 '3T'를 중심으로 한 이른바 'K방역'이 출현했다. 대구라는 특정지역에서 연인원 1만 명의 자원봉사의료진이 참여해서 신천지신도라는 특정집단을 중심으로 집중적인 검사·추적·치료를 실행함으로써 한 달 내에 대구·경북지역의 누적확진자 수를 7500명 수준에서 안정화할 수 있었다. 신규확진자 수는 2월 29일 909명의 정점에 도달한 이후 점차 감소하는 추세를 보였다.

그러나 대규모 검사 등과 관련된 의료인력의 노동집약적 활용에 기초한 K방역에는 의료인력의 '소진'(burn out)으로 인한 보건의료체계의 붕괴 위험이 존재하며, 이 때문에 의료계에서는 계속해서 강도 높은 사회적 거리두기를 요구했던 것이다. 정부는 3월 22일부터 사회적 거리두기를 실시했지만, 그 강도는 미국이나 유럽의 봉쇄조치에 비해 크게 낮았다. 3월 중순부터 대구·경북에서 유행이 안정화되고 4월에 들어와 전국적으로도 유행이 완화되면서 대통령 지지율이 60%에 근접했고 여당은 총선에서 압승을 거두었다.

4월 중순에 신규확진자가 10명 내외로 감소하면서 역학곡선이 평탄화되었다. 이에 따라 정부는 4월 20일부터 5월 5일까지 이른바 '완화된 사회적 거리두기'를 실시했고, 이후에는 의료계의 반대에도 불구하고 이른바 '생활 속 거리두기'가 실시하면서 학교와 동시에 소상점, 음식점, 유흥업소 등이 재개방되었다.22) 이와 함께 5월에는 총선

과정에서 확인된 '인민주의적 합의'에 따라 전국민에게 재난지원금을 지급하면서 사회적 거리두기와 모순되는 소비캠페인을 벌였다. 최저임금인상 이후 타격을 받은 자영업자가 코로나19 봉쇄정책으로 곤란을 겪고 있는 상황을 고려한 조치였다. 당국은 방역과 경제의 최적조합을 찾기보다는 오히려 방역을 정치적으로 활용했고, '방역을 잘해 선진국이 되었다'는 황당무계한 논리를 전개하기도 했다.

그러나 생활 속 거리두기로의 이행 직후 이태원발 집단감염에 뒤이어 쿠팡발 집단감염이 확산되면서 의료계의 우려를 입증했다. 미국·유럽에서 유입된 코로나19 변종이 서울·경기를 중심으로 전파되면서 집단감염, n차감염, 경로불명감염 등이 이어졌고 이후 대전·광주 등으로 감염이 확산되었다. 그 결과 5월 10일경부터 신규확진자와 누적확진자 수가 다시 지속적으로 상승하는 양상을 보였다. 6월에 들어서는 매일 40-60명, 매주 300명 정도의 신규확진자가 꾸준히 발생했다. 결국 6월 14일 종료될 예정이던 수도권 방역강화 행정조치는 신규확진자 수가 한 자릿수가 될 때까지 무기한 연장되었고, 6월 28일에는 '거리두기' 지침에 대한 계속된 혼란에 대응해서 이른바 '3단계의 사회적 거리두기' 지침이 발표되었다.[23]

7월 중순에 신규확진자가 20-40명 선을 유지하면서 대부분의 지역에서 '생활 속 거리두기', 즉 사회적 거리두기 1단계가 지속되었다. 정부는 7월 24일에 교회 소모임과 스포츠 관중을 허용했고 8월 12일

---

22) 생활 속 거리두기는 의학적·역학적 근거보다는 '소통'에 치중하는 'K정치'의 산물인 것으로 보인다. 세계보건기구에서는 역학곡선의 정점 이후 평탄기(post-peak period)에서 취할 사회적 재개방의 4단계로서 학교의 재개방(1단계)에서 시작해서 직장의 재개방(2단계)을 거쳐 소상점의 재개방(3단계)과 대규모 집합행사(4단계)에 이르는 데 최소한 2주간 간격을 두는 방침을 제시했지만, 한국의 방역대책에서는 참조된 흔적이 없기 때문이다. 한국에서는 방역이 정치화되고 '방역 성공'이 과장된 결과 '생활 속 거리두기'가 '사회적 거리두기'의 종결이라는 인상을 낳기도 했다.

23) 보건복지부 중앙재난안전대책본부(중대본)는 거리두기 명칭을 사회적 거리두기로 통일하고 유행의 심각성에 따라 세 단계로 구분하면서 '생활 속 거리두기'를 1단계의 약화된 사회적 거리두기로 규정했다. 또 3단계는 강화된 사회적 거리두기, 2단계는 통상적인 사회적 거리두기로 규정되었다.

에는 공연·여행·체육 등 6종의 할인쿠폰을 발행했다. 여름의 '휴지기'가 가을·겨울의 재확산에 대비해서 보건의료체계를 재정비할 시기라는 지적에도 불구하고, 문재인 정부는 질병관리본부를 질병관리청으로 승격시키고 보건담당 차관을 신설하는 조치 이외에 어떤 실질적 계획도 제시하지 않았다.

대신 정부와 여당은 보건의료체계에 대한 또 다른 인민주의적 정책을 제시하며 사회적 파란을 야기했다. 민간중심 대 국가중심의 보건의료체계의 차이가 코로나19 대처에 유의미했다는 증거가 없음에도 불구하고 공공보건의료를 명분으로 지방공공의대 증설과 의사 수 확대를 추진한 것이다. 코로나19의 확산이 지속되는 상황에서 의료계를 압박한 이 정책은 결국 2000년 의약분업 사태 이후 20년 만에 의사협회의 파업을 야기했고 의대생의 90%가 의사고시를 거부하는 초유의 사태로 이어졌다. 이후 코로나19가 진정될 때까지 해당 정책의 실행을 유보한다는 협의 하에 일단 의사파업은 중단되었지만 갈등의 불씨는 여전히 사라지지 않았다. 게다가 정부와 여당이 의사시험에 불참한 의대생들에 대해 징벌적 입장을 고수하면서 당장 내년도 의사인력의 충원에도 지장이 생길 전망이다.[24]

그런데 외견상 '휴지기'로 보였던 7월 말부터 서울을 중심으로 '조용한 전파'가 확산되고 있었고 8월 15일 광화문 집회 전후로 신규확진자 수가 급속히 증가하면서 2차 유행이 전개되었다. 역학곡선은 다시 상승해서 8월 27일에 441명으로 정점에 도달했고 9월 1일까지 200명대를 유지했다. 정부는 또 다시 사회적 거리두기 규정을 수정해서 '사회적 거리두기 2.5단계'를 선포했다. 그러나 경제활동의 위축에 대한 우려로 인해 이 같은 높은 수준의 거리두기는 오래 지속될 수 없었고 추석연휴 이후 사회적 거리두기는 별다른 객관적 기준도 없이 또다시 1단계로 하향 조정되었다.

---

24) 정부와 여당은 전문직 자격시험으로서 의사고시와 공무원 선발시험으로서 국가고시를 혼동하면서 시험을 거부한 의대생들에 대한 징벌적 입장을 정당화했다.

11월에 들어서 정부는 이 같은 조치를 사후적으로 정당화하기 위해 사회적 거리두기를 5단계로 세분화면서 내용적으로는 방역의 기준을 전반적으로 완화했다. 그 결과 정부는 100명 안팎의 확진자가 발생하는 상황에서도 사회적 거리두기 1단계를 유지했고 '생활과 방역의 균형'을 내세워서 8월에 중단되었던 공연·여행·체육 분야 소비쿠폰 배포를 재개했다. 결국 11월에 전국 각지에서 신규확진자가 폭발적으로 증가하는 3차 유행이 전개되면서 남한의 역학곡선은 대만이 아니라 미국과 유사한 궤도를 따르게 되었다. 게다가 3차 유행에서는 연일 500명 이상의 신규확진자가 발생하면서 국내에서도 보건의료체계의 붕괴 위험이 제기되었다.

　한편 문재인 정부는 주요국이 백신(예방약)을 선구매하는 상황에서도 계속해서 관망하는 자세를 취했다.[25] 이는 국산 백신이라는 이른바 'K바이오'에 대한 희망이었을 수도 있고, '괴로움도 즐거움도 함께 할' 중국산 백신에 대한 기대였을 수도 있다. 그렇지 않다면 방만한 재난지원금 지급으로 인한 예산부족, 즉 '백신과 쇠고기의 교환'이 문제였거나 개발 실패로 인해 선입금을 포기하게 될 경우 발생할 책임에 대한 회피가 문제였을 수도 있다. 어떤 이유이든 검사·추적·치료에 특화된 'K방역'이 감염병의 대유행이 백신과 치료약에 의해서만 최종적으로 해결될 수 있다는 기본적인 과학적 사실에 대한 맹목을 조장했던 것으로 보인다.

　결국 백신에 대한 우려가 등장하던 와중인 9월이 되어서야 정부는 유럽이 주도한 백신공동구매 프로젝트인 코백스(COVAX)에 참여할 계획을 밝혔다. 그러나 미국과 중국이 참여에 소극적인 상황에

---

25) 9월까지도 정부는 국산 백신의 개발을 '끝까지 기다리겠다'는 입장을 표명했고 11월 13일이 되어서야 처음으로 백신 도입을 위한 전문가회의를 소집했다. 그런데 7월에 국회를 통과한 3차 추경예산 34조원 중에서 백신과 치료약의 연구·개발과 국립바이러스·감염병연구소 인프라 확충 등에 배정된 예산은 1400억원에 불과했다. 9월에 통과된 4차 추경예산에서도 코로나19 백신에 대해서는 국민의 20%인 천만명 1회 분량 확보를 위한 1800억원이 배정되었을 뿐이다.

서 코백스가 안전하고 효과적인 백신을 성공적으로 공급할 수 있을지에 대한 의문이 제기되고 있다. 게다가 한국이 코백스를 통해 선구매한 백신은 1000만회분에 불과한데, 이는 주요 선진국뿐만 아니라 베트남이나 인도네시아에도 미치지 못하는 수준이다.26)

이른바 'K경제'와 'K평화'

코로나19발 경제위기가 발생하기 이전에도 한국의 경제성장률은 계속 하락하고 있었다. 집권 1년차에 문재인 정부는 '노동자민족의 복지국가'를 지향하며 소득주도성장을 추진했지만 2019년 1분기에 마이너스 성장을 기록하는 등 낮은 성적표를 받았다. 그리고 2019년에는 최근 5년 중 가장 높은 수준의 정부지출에도 불구하고 경제성장률이 한국은행의 당초 예상보다 낮은 2%에 그치면서 2007-09년 금융위기 이후 10년만에 최저치를 기록했다.

이러한 상황에서 코로나19 대유행과 함께 국내 금융시장은 큰 충격을 받았다. 특히 국내에서 사회적 거리두기가 본격화되기 이전인 2월 말에 해외자본이 급속하게 빠져나가면서 주가는 2월 2200에서 3월 19일 1400까지 하락했다. 한국 증시가 세계경제의 '자동현금인출기'(ATM)라는 사실이 다시 한번 확인된 셈이다.

코로나19 대유행 이후 한국에서 실물경제의 위축은 사회적 거리두기로 인한 국내 경제활동의 직접적 위축뿐만 아니라 세계적 경제활동의 위축으로 인한 수출의 감소에서도 기인했다. 한국은 2020년

---

26) 다수의 제약회사가 백신을 개발하는 상황에서 주요국은 복수의 회사와 선구매 계약을 맺어 백신 확보 실패의 위험을 분산하는 일종의 포트폴리오 전략을 취한다. 그래서 자국 인구의 몇 배에 이르는 선구매 물량을 확보한 것이다. 미국 듀크대 글로벌보건혁신센터가 집계한 주요국별 코로나 확보 물량(11월 20일 기준)에 기초해서 인구 1인당 확보물량을 계산하면, 캐나다, 미국, 일본, 베트남, 인도네시아가 확보한 물량은 각각 10.9회, 7.9회, 2.3회, 1.5회, 1.5회에 이른다. 특히 블룸버그의 '코로나회복력 지수'에서 대만과 한국을 누르고 2위를 차지한 일본은 백신 무료접종과 부작용기업에 대한 정부 배상 등을 위해 7조원의 예산을 확보한 것으로 알려져 있다.

4월에 중국과 유사한 수출 급감에 직면하면서 1년 만에 경상수지 적자를 기록했다. 5월에는 경상수지가 23억 달러 흑자를 기록했지만 작년 5월에 대비해 수출이 크게 감소하면서 흑자폭은 29억 달러 축소된 것으로 나타났다. 자동차, 조선, 철강 등에서 수출이 크게 감소했고 비대면활동의 증가에 따른 서버구축 투자 등으로 반도체 수출은 증가했으나 그 폭은 크지 않았던 것이다.[27]

한국은행에 따르면, 2020년 1/4분기에 경제성장률은 −1.3%를 기록했다. 국제통화기금(IMF)은 4월 세계경제전망 보고서에서 한국의 2020년 경제성장률을 −1.2%로 예상했다가 6월에 들어와 그 수치를 −2.1%로 낮췄다. 게다가 생산 및 수출의 축소에 이어 원화가치의 하락으로 인해 1인당국민소득 3만 달러가 붕괴될 가능성이 제기되는 상황이었다.

문재인 정부는 3월 19일에 대통령이 주재하는 '제1차 비상경제회의'를 열어 50조원 규모의 금융지원 방안을 논의했다. 총선을 앞두고 경제안보(economic security)보다는 민심 이반의 가능성이 높은 소상공인·자영업자에 대한 구제(relief)가 주축을 이루었다. 이후에도 대통령은 8차례에 걸쳐 비상경제회의를 주재하면서 어떤 거시경제학적 근거나 전망도 없이 '한국판 뉴딜 구상'을 제시하고 재정정책을 진두지휘했다.[28] 이 과정에서 1961년 이후 59년 만에 처음으로 연중 4차례의 추경예산이 편성되었고, 대규모 국채발행에 기초해서 두 번에 걸쳐 재난지원금이 지급되었다.[29]

---

27) 2020년 한국의 수출은 4월과 5월에 각각 전년 동기 대비 23.3%와 25.1% 감소했다.

28) 문재인 대통령은 4월 제5차 비상경제회의와 5월 취임 3주년 대국민 특별연설에서 '한국판 뉴딜 구상'을 제시한 데 이어서 7월 14일에는 제7차 비상경제회의 겸 '한국판 뉴딜 종합계획 국민보고대회'에서 한국이 더 이상 '추격(catch-up) 국가'가 아니라 '선도국가'라고 과감하게 선언한 바 있다. 그러나 'K뉴딜' 구상은 거시경제학적 근거와 전망을 결여한 미시적 산업정책의 조합에 불과하다. 또 정부가 수익을 보장하는 이른바 '뉴딜 펀드'를 모집한다는 방침이 사회적 논란을 야기하기도 했다. 향후 각종 사익추구집단이 '한국판 뉴딜'을 내걸고 자신의 지대를 확보하기 위해 경쟁할 가능성도 배제할 수는 없다.

4차례에 걸친 추경예산은 국가부채를 대폭 증가시켰다. 국민소득 대비 국가부채는 2019년의 38.1%에서 급증하여 2020년 말에는 44%를 상회할 것으로 예상되며, 문재인 대통령의 임기가 종결되는 2022년에는 1000조원을 넘을 것으로 예상된다. 문재인 정부는 한국의 국가부채 비율이 선진국에 비해 낮다고 주장하지만 문제는 국가부채가 증가하는 속도다. 성장후퇴와 저출산·고령화가 예상되는 상황에서 급속한 국가부채 증가는 지속가능하지 않다.30)

게다가 코로나19발 경제위기를 거치면서 민간부채도 급격히 증가했다. 2020년 1분기 말에 국민소득 대비 민간부채 비율은 역사상 최초로 200%를 넘겼다. 국제결제은행에 따르면, 한국은 2019년에 민간부채 증가 속도가 세계 최고 수준에 도달하면서 민간부채 위험도가 '보통'에서 '주의' 단계로 상승했고 코로나19발 경제위기가 확산된 2020년에는 2007-09년 금융위기처럼 위험도가 '경보' 단계로 진입할 것으로 예상된다.31)

한 가지 역설은 이 같은 민간부채의 급속한 증가 속에서도 3월 20일 한·미 통화스왑 체결 이후 한국의 주가가 꾸준히 상승해서 7월에는 위기 이전 수준인 2200대를 회복하고 8월 중순에는 2500대에 육박했다는 사실이다. 미국처럼 한국에서도 금융과 실물경제의 분기가 발생하고 있는 것으로 보인다. 외국인의 순매도는 5개월 가까이 지속되었지만 제로금리 정책 속에서 이른바 '동학개미'를 자처하는 개인투자자가 증권시장을 부양했고 결국에는 주식거래세 인하라는

---

29) 특히 총선을 계기로 정부와 여당은 재난지원금 지원범위를 하위 70%에서 전국민으로 확대했다. 재정부담의 우려에 대해 정부는 상위소득자의 자발적 기부를 통해 부담을 완화할 수 있을 것이라고 주장했으나 재난지원금 비신청자를 포함한 이른바 '자발적 기부자'는 0.2%에 불과했다.

30) 이에 따라 기획재정부가 재정건전성 확보를 위한 재정준칙 도입을 입법화하는 계획을 발표했으나 결국 여당의 비판에 부딪혀 인민주의적 예외조항을 포함하게 되었다.

31) 한국은행에 따르면, 특히 한국의 국민소득 대비 가계부채 상승폭은 유로존을 포함한 전세계 33개국/지역 가운데 홍콩에 이어 두 번째로 컸다. 그리고 2020년에 들어서는 대출받는 사람이 더욱 증가하면서 통계 집계가 시작된 2004년 이후 최대폭으로 급증했다.

청와대의 지원까지 얻어냈던 것이다. 8월 중순에 신용거래융자는 역대 최고치인 16조원을 넘어섰고 청년세대의 이른바 '영끌', '빚투' 등으로 금융기관의 수익은 사상 최대 수준을 기록했다.

문재인 정부 출범 이후 남북관계가 외교를 지배하면서 친중·반일 노선이 전면화되었는데, 코로나19의 대응을 둘러싼 이른바 '방역외교'에서도 이 같은 경향이 재확인되었다. 한국은 시진핑 주석의 방한에 대한 기대 속에서 중국에 대해서는 선제적 대응을 실행하지 못했던 반면 대법원의 강제징용배상 판결과 일본 정부의 수출규제 이후 관계가 악화되어온 일본에 대해서는 정부당국과의 사전 협의 없이 입국제한을 실행했다. 또한 국내 언론도 중국의 방역실패에 대해서는 논평을 자제하는 대신 K방역과 가장 유사한 일본의 방역대책에 대해서는 지속적으로 비판해왔다.[32]

2019년 2월 '하노이 노딜' 이후 미사일 도발을 지속하고 새로운 잠수함 건조 계획을 발표하면서 남한 정부에 대해 지속적으로 불만을 표시해온 북한은 문재인 정부에 대한 직접적인 공격에 나섰다.[33] 코로나19의 창궐 이후 두문불출하던 김정은 위원장의 '건강이상설'과 '피병설'이 나돌던 상황에서 누이동생 김여정이 '당중앙'(후계자)으로 급부상해서 6월 초에 문재인 대통령을 '배신자'라고 규탄하고 대남 사업을 '대적(對敵) 사업'으로 전환하라고 명령한 것이다. 또 김여정은 6·15 공동선언 20주년에 맞춘 문재인 대통령의 20주년 기념 연설을 '오그랑수'(표리부동한 속임수)라고 비난하면서 '혐오감을 금할 수 없다'고 극언한 데 이어 이튿날에는 개성공단 남북공동연락사무소를 폭파하면서 남측과의 모든 통신을 단절했다.

---

32) 실제로 일본은 한국과 유사한 역학곡선을 보이는데, 일본의 신규확진자 수는 4월 11일에 701명으로 첫 번째 정점에 도달했고 이후 하락했다가 7월 30일에 1762명으로 두 번째 정점에 도달했으며 11월에 들어와 세 번째 정점을 향해 증가하고 있다.

33) 미국 국제전략문제연구소(CSIS)에 따르면 2020년 1/4분기에 북한의 도발 빈도는 '분노와 복수의 화염/폭격'의 해인 2017년 1/4분기와 유사했다. 대표적인 예로 북한은 2020년 3월 9일 신형단거리탄도미사일(KN-25)의 실험 발사를 실시했다.

반면 김여정이 미국에 대한 도발을 언급한 직후 김정은 위원장이 건재를 과시하면서 대륙간탄도미사일(ICBM) 실험 등 미국에 직접적인 위협을 줄 수 있는 도발은 자제하는 모습을 보였다. 북한은 남한이라는 '중개자'를 거치지 않고 트럼프 정부와의 '직거래'를 시도하고 있으며 역으로 트럼프 정부도 남한을 거치지 않고 북한과의 직접적인 접촉을 시도하고 있는 것이다. 백악관 국가안보보좌관을 역임한 볼턴의 회고록 『그 일이 일어났던 방』(*The Room Where It Happened*)은 북미정상회담이 북·미 양국의 '외교전략'보다는 문재인 정부의 '"통일" 일정표'('unification' agenda)와 더 많이 관련된 문 정부의 '창작품'(creation)이었다고 지적했는데, 이런 판단은 미국 외교전문가 집단의 일반적 인식을 반영한 것으로 보인다.

북한의 비난과 협박에 대해 문재인 대통령은 '실망감과 좌절감' 속에서도 '인내하겠다'는 반응을 보였고 북한의 요구에 따라 탈북자들이 주도하는 대북전단 살포를 엄단하겠다고 약속했다. 또 전대협 의장 출신인 이인영 원내대표와 임종석 비서실장을 각각 통일부 장관과 통일외교안보특별보좌관으로 임명하고 6·15 회담과 대북송금의 주역인 박지원 의원을 국정원장에 임명하면서 북한과의 접촉을 시도했다. 나아가 민주당은 대북전단 발송을 금지하는 내용의 남북교류협력법 개정안을 비롯해서 남북교류 관련법안 18건을 일방적으로 처리한다는 방침을 세웠다. 게다가 9월 28일 연평도 인근 해상에서 해수부 공무원이 북한 총격으로 사망한 사건이 발생한 이후에도 문재인 정부는 종전선언의 필요성을 고수하는 입장을 보였다.

그러나 설사 남한 정부가 북한의 핵보유를 용인하더라도 북한에 대한 미국의 경제제재가 지속되는 상황에서 남한 정부가 북한의 '셈법'에 부합하는 '공물'(tribute)을 제공할 수는 없다는 것이 근본적인 문제다.[34] 게다가 선거과정에서 트럼프 대통령이 '악당'(thug, 살인강도)과 무모한 협상을 진행했다고 비판한 바 있는 바이든 신임 대

---

34) 게다가 코로나19 사태에 따른 국경봉쇄와 북·중교역의 축소로 인해 북한의 경제적 곤란은 더욱 커지고 있는 것으로 보인다.

통령은 실무협상을 거치지 않은 북·미 정상회담을 시도하지 않을 것이며 북한에 대한 경제제재도 지속·심화시킬 것이다.

부동산정책의 실패와 검찰개혁의 변질

박원순 서울시장의 자살을 계기로 문재인 대통령에 대한 지지율은 하락했고 급기야 7월 중순에는 반대가 지지를 추월하는 이른바 '데드크로스'가 발생했다. 특히 경실련이 '정부 출범 후 서울 아파트 가격 상승률이 14.2%'라는 국토교통부 장관의 발표를 정면으로 반박하는 동시에 청와대 참모와 국회의원의 부동산 보유 현황을 공개하면서 부동산 정책의 실패가 문재인 정부에 대한 불신을 가속화시키는 계기가 되었다.

한국은행과 통계청이 발표한 2019년 국민대차대조표에 따르면, 국민소득에 대한 자산의 배율은 2018년 8.2에서 2019년 8.7로 증가했는데, 그 주된 원인은 토지자산의 증가에 있다. 노무현 정부에서 급등했다가 이명박 정부에서 감소하여 박근혜 정부에서 안정을 유지했던 국민소득에 대한 토지자산의 배율이 문재인 정부에서 또다시 급등했던 것이다. 특히 국민소득에 대한 토지자산의 배율은 2019년에 4.6에 도달하여 역사적 고점이었던 2007년의 4.4를 갱신했다.

게다가 이명박-박근혜 정부에서 완화되던 토지자산의 수도권 집중도 문재인 정부 출범 이후 역전되었다. 토지자산의 수도권 비중은 2010년의 61.7%에서 2017년의 56.6%로 하락하는 추세를 보이다가 2018년에는 56.9%로 다시 상승하기 시작했다. 토지자산의 증가율에 있어서도 수도권과 비수도권의 차이가 발견되는데, 2011년 이후 수도권보다 비수도권이 더 높은 증가율을 보이던 추세가 역시 2018년에 역전되었던 것이다.

국민대차대조표에 나타나는 국부의 구성은 금융자산보다는 부동산자산의 비중이 높다는 측면에서 한국이 '금리생활자 민족'과는 거리가 멀다는 사실을 입증한다. 한국의 국부에서 부동산(=건설자산+

토지자산)의 비중은 84.9%를 차지하고 특히 주택(=주거용건물+부속토지)의 비중은 30.4%에 이른다. 투자은행 크레디트스위스가 발간하는 『세계국부보고서』(*Global Wealth Report*)는 국부의 구성에 대한 국제적 비교를 제공하는데, 이에 따르면 총자산에서 금융자산의 비중은 미국이 74%, 일본이 61%, 대만이 66%인 반면 한국은 37%에 불과하다. 이는 한국에서 금융자산이 아니라 부동산자산이 주요한 투자 대상임을 입증한다.

이런 상황에서 문재인 정부 출범 이후 수십 차례의 부동산 대책에도 불구하고 서울·경기를 중심으로 부동산 매매 가격은 상승세를 지속했다. 정책실패가 분명해진 상황에서 문재인 정부는 6·17 부동산 대책에 이어 7·10 부동산 대책과 8·4 부동산 대책을 연거푸 발표하고 부동산 3법과 임대차 3법을 날치기로 통과시켰다. 그러나 부동산 시장의 혼란은 진정되지 않았고 서울의 아파트 매매가격은 평균 10억을 돌파했다. 게다가 임대차법 개정의 결과로 전국적으로 전세 매물이 급감하고 가격이 급상승하는 등 전세대란이 발생했다.

동시에 청와대 참모진의 다주택 보유가 계속 정치적 쟁점으로 제기되면서 청와대 비서진이 '직(職) 대신 집'을 선택하는 사태까지 발생했다. 『한겨레신문』조차 부동산 문제의 책임자인 김상조 정책실장과 김현미 국토교통부 장관이 아니라 비서진이 사퇴하는 것에 대해 문제를 제기했다. 그러나 문제는 부동산정책의 담당자가 아니라 정책의 성격에 있다. 왜냐하면 현재의 부동산 사태는 주택소유자를 소외시키고 임차인을 동원하려는 인민주의적 정책의 실패를 보여주기 때문이다. 그럼에도 불구하고 문재인 대통령은 '부동산 감독원' 설립을 운운하면서 실패한 정책을 고집한다는 비판을 자초했다.

부동산정책의 실패가 여론의 도마에 오르는 상황에서 김태년 민주당 원내대표는 취임 후 첫 원내대표 연설에서 '부동산 문제의 완화'를 위해 '행정수도 완성'이라는 형태의 수도이전을 재론하기도 했다. 그러나 수도이전을 위해서는 '자명한 사실로서 관습헌법'을 부정할 제정헌법의 명문조항이 필요하다는 것이 2004년 노무현 정부의 수도이전특별법을 위헌으로 판정한 헌법재판소의 결론이었다. 이를 의식한 듯 이해찬 당대표는 서울이라는 '천박한 [아파트] 도시'를 버리고 세종시를 '품위 있고 문화적으로 성숙한 도시'로 만들자는 망언과 함께 개헌의 필요성을 옹호했다.

한편 '하노이 노딜' 이후 갑자기 정국운영의 핵심적 의제로 등장한 검찰개혁은 '조국사태'를 거치면서 윤석열 검찰총장에 대한 공격과 수사방해로 변질되었다. 추미애 법무부장관의 취임 이후 검찰개혁의 변질은 검찰의 독립성과 중립성에 대한 침해와 정치검찰의 부활로 심화되고 있는데, 나아가 중국과 유사한 '공안국가'의 수립에 대한 우려까지 제기되고 있는 실정이다.

추미애 법무부장관은 장관과 동급인 검찰총장을 법무부 장관의 '명을 따라야 하는 부하'로 격하시키는 발언을 서슴치 않으면서 '군부파쇼'와 유사한 '검찰파쇼'에 대한 '문민·민주통제'를 운운했는데, 이는 윤석열 총장 개인에 대한 공격을 넘어 사법체계에 대한 무지의 소치일 따름이다. 무관으로서 행정의 영역에 속한 경찰(Police)과 달리 문관으로서 검찰은 법원과 함께 사법(Justice)의 영역에 속하며, 대통령이 검찰의 인사권과 예산권을 행사하는 한국의 상황에서는 검찰의 정치적 독립성이 보장된 적이 없고 따라서 검찰의 정치적 중립성도 확보되지 못했기 때문이다.

그럼에도 불구하고 추미애 법무부 장관은 이른바 '검언유착' 의혹을 제기하면서 검찰의 독립성과 중립성을 침해하고 이성윤 서울중앙지검장을 통해 한동훈 검사장에 대한 수사를 지휘했다. 나아가 추미애 법무부장관은 헌정사상 유례없는 연이은 수사지휘권 발동에 이어 급기야 윤석열 검찰총장의 해임과 수사를 추진하는 일련의 정치공작을 자행했다. 그 결과 법치를 파괴하는 법무부장관의 이런 폭거에 대한 검찰의 비판이 전면화되면서 법무부장관과 검찰 전체가 대립하는 초유의 사태가 전개되기에 이르렀다.

보론: 보건의료위기로서 코로나19의 대유행

2019년 12월 중국 우한에서 발생한 코로나19는 급속하게 세계 각국으로 확산되었다. 이에 대응해서 세계보건기구는 2020년 1월 31일 국제보건의료응급사태(PHEIC)를 선포한 데 이어 3월 11일 대유행(pandemic)을 선언했다. 이후 각국 정부의 방역 노력에도 불구하고 대유행은 진정되지 않았고 2020년 하반기에는 미국과 유럽 등에서 재확산이 발생했다.

코로나19의 대유행은 무엇보다도 다수의 인구집단에 질병이 전파되면서 발병·사망을 야기하는 보건의료위기를 수반한다. 이 같은 보건의료위기를 종식시킬 해결책은 감염병의 추가적 확산을 막고 감염자의 발병·병태를 성공적으로 관리·처치하는 것, 즉 예방약과 치료약의 개발이다. 그러나 신종바이러스에 의한 새로운 질병으로서 코로나19의 역학적·의학적 특징은 아직 알려진 것이 많지 않기 때문에 예방약과 치료약의 개발은 시간을 요할 뿐 아니라 성공 여부도 불확실하다. 마찬가지 이유로 대유행의 원인을 둘러싼 인식 상의 혼란과 방역의 어려움이 발생하고 있다.

생태진화론에서 본 코로나19

보건의료위기로서 코로나19 사태와 관련하여 인민주의자들은 대유행을 초래한 사회적·생태적 원인에 대한 분석 없이 영리를 추구하는 민간의료의 한계와 공공의료의 부실을 부각시키면서 코로나19 사태를 정치적으로 활용한다. 또한 발본적 비판을 자임하는 좌파는 감염병의 창궐을 신자유주의 내지 자본주의의 위기로 환원할 뿐이고 코로나19 사태의 특수성이나 대유행에 대한 구체적 정책대응을 분석하지는 않는다.

이들의 한계를 극복하기 위해서는 사회생태적 관점에서 바이러스, 특히 코로나19를 야기한 신종바이러스의 실체적 특징과 바이러스 감염병의 대유행을 낳은 구조적·제도적 원인을 분석할 필요가 있다. 역학이 일반적으로 강조하듯이 병원체는 질병의 원인일 뿐, '전염병'의 원인은 아니기 때문이다.[35] 과천연구실은 『보건의료: 사회·생태적 분석을 위하여』(2006)에서 현대 보건의료체계에 대한 마르크스주의적 비판을 소개하는 동시에 그 한계점을 지양하는 대안으로서 생태론적 입장에서의 의학 비판을 소개한 바 있다.

현대의학은 그 생물학적 기초를 환원주의적인 '생의학모형'에 두고 있기 때문에, 건강과 질병에 대한 인식이 협소하다. 예컨대 현대의학은 인체를 구성하는 세포가 정상적 활동성을 유지하지 못한다는 이유로 노화를 비감염성 질병으로 간주한다. 그에 따라 노화의 '치료'를 위한 의료비용은 증가하지만, '사망'을 막는 데 실패하면서 육체적 노화를 정신적 노화, 즉 치매로 대체한다.

반면 19세기의 사회의학 패러다임을 계승한 사회·생태적 분석은 '생태계건강', 즉 생태계의 일부로서 건강이라는 관점에서 질병을 파악한다. 건강은 육체의 자기조절체계와 외부 환경의 안정적 상호작용이고 질병은 그런 상호작용의 손상이다. 감염성 질병은 기생체가 숙주인 인간의 자기조절체계에 손상을 낳을 때 발생하고, 비감염성 질병은 사회적 요인이 그런 손상을 낳을 때 발생한다. 따라서 보편적 건강은 사회변혁과 함께 기생체와 인간을 포괄하는 생태체계 전반의 공생적 진화가 이루어질 때 달성될 수 있는데, 여기서 바이러스라는 병원체도 그런 생태계의 일부인가라는 질문이 제기된다.[36]

---

35) 감염병을 일으키는 미생물은 언제 어디서든 나올 수 있지만 그런 감염병의 동시적 발생, 특히 병원체의 사람 사이의 전파는 특정한 사회적·환경적 조건 하에서만 일어난다.

36) 인간은 항생제를 통한 박테리아와의 싸움에서 패배했다. 아무리 많은 투자가 이루어져도 박테리아의 변이가 너무 빨라 어떤 항생제도 따라갈 수 없다. 이 때문에 기생체와 숙주의 장기적인 상호호의적 공진화를 통한 생태적 자기조절체계의 안정이라는 관점이 대안으로 제시되는 것이다.

바이러스와 세포를 두고 어디서부터 생명으로 정의할 것인가에 대한 오랜 논쟁에서 생체 외부의 '비리온'(virion) 상태로 결정화가 가능한 바이러스는 통상 비생명체, 즉 자기증식 기능만을 갖춘 특이한 화학기구로 간주되어 왔다.37) 호흡을 하고 신진대사를 하는 세포는 유전체 복사와 분열로 증식하는 반면 바이러스는 세포내 물질을 유용(流用)한 복제와 포장으로 증식한다. 전자가 시간에 따라 기하급수적으로 증가하는 양상을 띤다면, 후자는 동시에 수천억 개씩 기계로 찍어내는 양상을 보인다. 그리고 이 같은 폭발적 증식 때문에 바이러스는 종종 숙주세포를 파괴하기도 한다.38)

옥스퍼드 사전에 따르면, 바이러스는 '단백질 외피(coat)로 싸인 핵산분자로 구성된 감염성 물질'로서 일반적인 병원체 미생물에 비해 너무 작고, 따라서 유전자도 부족하다. 바이러스는 살아 있는 숙주세포에 침투하여 그 세포물질을 이용해서만 증식할 수 있는 '절대기생체'인 셈인데, 그러나 이 절대기생체도 지구 생태계의 역동적인 구성원인 것이다. 그들은 생물종 사이에서 디옥시리보핵산(DNA)을 옮기고, 진화를 위한 새로운 유전물질을 제공하며, 방대한 생물 개체군의 크기와 밀도를 조절한다. 즉 미생물에서 대형동물에 이르기까지 지구상에 존재하는 모든 생물종은 바이러스의 활동에 직·간접적으로 영향을 받는다. 게다가 바이러스의 대부분은 비병원체로서 숙주와 평화롭게 공존하며, 심지어 일부는 숙주의 생존이나 생식에 결정적으로 기여하기도 한다.39)

---

37) 2000년에 국제바이러스분류위원회는 '바이러스는 살아 있는 생물이 아니다'라고 선언했다. 그러나 2003년 이후 바이러스와 세포의 중간 단계에 해당하는 거대 바이러스들이 잇달아 발견되면서 2009년에 논쟁이 재개되고 세포생물과 비세포생물이라는 새로운 분류법도 등장했다. 상세한 것은 나카야시키 히토시의 『종의 기원 바이러스』(2016; 국역: 영림카디널, 2017)를 참조하시오.

38) 바이러스의 과학적 실체는 불과 120여년 전에 간접적으로 확인되었고, 과학자들조차 전자현미경이 등장한 1940년대가 되어서야 박테리아와 바이러스를 확실히 구분하게 되었다. 그렇지만 바이러스의 어원, 즉 '독'을 의미하는 라틴어 'virus'가 시사하는 것처럼 인간과 가축을 괴롭히는 해로운 병원체에 대한 의학적 관심은 일찍부터 있어 왔다.

바이러스가 숙주에 미치는 파괴적 영향도 거시적 측면에서는 생태계 자기조절과정의 일부라고 할 수 있다. 예를 들어, 바이러스에 의해 매일 총량의 절반이 파괴되는 해양 박테리아의 사체는 바닷속 탄소순환을 도우며 육지에서 특정 동물종의 갑작스런 이상증식이 바이러스에 의해 종식되기도 한다. 동일한 논리가 전염병에도 적용된다. 비브리오속 세균보다 그 파지—박테리아에 기생하는 바이러스—가 더 빨리 불어나서 세균 수를 줄이면 콜레라 유행병이 가라앉는다. 요컨대 바이러스는 어떤 생태계에서나 '독점 파괴자'의 역할을 한다. 한 종의 박테리아 또는 벌레가 지나치게 지배적인 위치를 차지하는 것을 억제하여 생태계의 다양성 유지에 기여한다는 것이다.

물론 이번 코로나19 바이러스가 그런 생태계 수준의 조정자 역할을 하고 있는 것인지는 아직 알 수 없다. 그럼에도 인간종 기생체로서 코로나19의 생태진화론적 위치는 얼마간 가늠할 수 있는데, 이 새로운 변종 바이러스의 모태가 되는 바이러스와 그 가문(科)의 근래 동향을 알고 있기 때문이다.

코로나19가 속해있는 코로나바이러스는 포유류 감기바이러스의 일종으로 리보핵산(RNA)바이러스 중 가장 크다. 문제는 유전물질이 리보핵산이라는 것인데, 물질구조상 리보핵산은 디옥시리보핵산보다 더 작고 불안정하다. 즉 리보핵산 바이러스는 복제가 빠르고 변이는 잦아서 숙주의 면역계를 피해 살아남아 우점종(優占種)이 될 수 있는 변종의 출현 가능성이 높다. 무수한 오류를 무릅쓰고 엄청나게 많은 비리온으로 일찍 전파되는 과정을 자주 반복하여 매우 빠른 속도로 진화하는 것이다.

---

39) 과학자들의 추산에 따르면 2019년 현재 알려진 바이러스 종은 6600여개로 전체의 1%에 불과하다. 나머지 99%는 어딘가 숙주의 몸속에서 '조용히' 공존하거나 상조(相助)하고 있을 것이다. 일례로 생명의 진화사에서 바이러스는 포유류의 출현에 중대한 기여를 했다. 바이러스에 대한 생태진화론적 설명은 앞의 책과 Carl Zimmer의 *A Planet of Viruses* (2011; 국역: 위즈덤하우스, 2013)를 참조하시오.

게다가 코로나바이러스의 '자연숙주'는 박쥐여서 새로운 계통이 계속 출현할 수 있다. 포유동물종 넷 중 하나가 박쥐일 만큼 박쥐는 아주 흔하다. 또 이들은 그 고유한 생태·생리적 특징으로 인해 수많은 바이러스의 잠재적 저장고가 되어왔다. 실제로 지난 반세기 사이에 확인된 총 300종 이상의 감염병 중 신종전염병을 일으킨 바이러스는 자연숙주가 박쥐인 것이 많았다.

신종전염병은 대개 '인수공통감염병'(zoonosis, 동물원성감염병)[40]으로 야생동물에 기생하던 바이러스에 돌연변이가 일어나고 특정한 상황에서 다른 동물종으로의 '유출'(spillover, 종간 전파) 이후 사람 간 전파능력을 획득하며 출현한다. 문제는 자연이 부여한 종간 장벽을 뛰어넘는 '도약'에 위험한 '실험'이 수반될 수 있다는 것이다. 병든 숙주는 기생체 미생물의 생존과 번식도 제약하므로 병원체의 진화 과정은 장기적으로는 독성이 줄어 숙주와 기생체의 공존을 향해 나아가는 경향을 보인다. 그러나 단기적으로는 꼭 그렇지도 않은데, 자손을 많이 남겨 이웃집으로 바로 보낼 수만 있다면 내가 살던 집에는 불이 나도 상관없기 때문이다.

독감처럼 비말감염이 되지만 그만큼 순치되지는 않아서 치명률이 10%에 달했던 사스나 치명률은 30%를 넘었지만 사람간 전파는 제한적이었던 메르스가 그런 실험의 사례라고 할 수 있다. 어떤 매체동물을 경유하건 코로나가문은 박쥐에서 사람으로 계속 그 영역을 확장하는 진화적 도약을 실험하고 있는 중인데, 코로나19는 사스나 메르스와 달리 상대적으로 낮은 치명률과 더 강한 전파력의 조합 사례라고 할 수 있다.

---

40) 고대 그리스어에서 'zoon'은 동물, 'nosos'는 질병을 뜻한다. 인수공통감염병은 바이러스, 박테리아, 곰팡이, 원생생물, 프리온, 기생충 등 여섯 가지 병원체 중 한 가지에 의한 감염병인데, 현재 알려진 모든 감염병 중 60%를 차지한다. 그러나 나머지 40%의 감염병도 과거 어느 때 사람종 조상에게 완전히 넘어온 병원체에 의한 것이므로, 사실 사람이 앓는 모든 감염병은 궁극적으로 인수공통감염병이다. 참고로, 홍역, 천연두, 에이즈, 조류독감, 코로나19 등은 바이러스에 의한 감염병이고, 결핵, 나병, 매독, 콜레라, 페스트 등은 박테리아에 의한 감염병이다.

결국 코로나19는 가장 최근에 박쥐에서 인간으로 유출된 새로운 계통의 코로나바이러스가 새로운 서식지에 적합한 생존·번식방식을 찾아가는 진화론적 적응과정의 산물로 이해될 수 있다. 코로나19 형태의 적응방식은 이제 막 시작되었기 때문에 감염력이나 병독력 같은 병원체로서의 특징이 불안정하며 따라서 임상적 증상도 다양할 수밖에 없을 것이다. 게다가 예를 들어 조류독감만큼 축적된 질병생태학·생리학적 정보도 아직은 없다.41) 이는 코로나19에 대한 안전하고 효과적인 예방약이나 치료약의 개발이 결코 쉽지 않음을 의미한다. 또 코로나19 바이러스에 대한 의·약학적 대응도 당분간은 임상적·이론적 추정에 근거할 수밖에 없다. 설사 예방약이 생산된다고 하더라도 코로나19는 상당 기간 사라지지 않을 것이라는 전망이 나오는 이유도 여기에 있다.

신자유주의 내지 자본주의라는 문제

코로나19가 발생한 구조적 원인으로 일각에서는 신자유주의 이래 가속화된 세계적 생태위기를 지적한다. 신자유주의가 촉진한 인간 서식지 및 생활방식 변화로 인해 기생체가 인체로 침투할 수 있는 길이 더 넓어졌다는 것이다. 특히 야생동물 서식지와 인접한 농촌·산림지역의 변화가 중요한데, 그 직접적 계기는 농업 생산 및 유통에 특화된 초민족적 법인자본으로서 애그리비즈니스(agribusiness)의 세계적 확장이다.42)

---

41) 이른바 '무증상 감염'의 실재를 둘러싼 초기의 혼란은 이런 지식·정보 부족의 대표적 사례다. 현재 '조용한 전파'를 낳는 무증상 감염은 확인되었지만 왜 그리고 얼마나 그런 현상이 나타나는지는 여전히 알려져 있지 않다.
42) 생태계건강이라는 관점에서 코로나19 문제에 접근하려는 '구조적 원헬스' (Structural Onehealth) 분석은 Rob Wallace et al., "COVID-19 and Circuits of Capital", *Monthly Review*, 2020 No. 1; John Bellamy Foster and Intan Suwandi, "COVID-19 and Catastrophe Capitalism", *Monthly Review*, 2020 No. 2를 참조하시오.

과천연구실은 『역사적 자본주의 분석과 생태론』(2005)에서 금융 세계화와 함께 애그리비즈니스가 농산물시장의 완전한 세계적 통합을 추진하면서 도시와 농촌, 그리고 중심부와 주변부 사이에서 '신진대사의 균열'(metabolic rift)이 가속화되고 나아가 농촌 내부에서도 신진대사의 균열도 심화되어 '생태적 질병'이 증가하는 추세가 있다는 사실에 주목한 바 있다. 그러나 이 같은 신진대사의 균열이 특정한 전염병을 야기하는 구체적 과정과 형태는 매우 다양하고 복잡하기 때문에 이와 관련된 추가적 연구가 필요하다.

신종전염병의 빈번한 출현은 이른바 '공장식 축산'과 밀접한 관련을 갖는다. 녹색혁명식 단종경작의 논리를 '동물농사'에 적용한 대규모의 과밀화된 가축농장은 고유의 서식지를 갖는 바이러스가 종간 장벽을 넘을 수 있도록 바이러스 유전자의 '혼합기'(mixing vessel) 역할을 해주는 가축동물을 폭증시켰다. 특히 소수 육종기업이 독점한 상품화된 종자가축을 통해 유전적으로 단일화된 축군(畜群)은 바이러스가 독성과 전파력을 강화하는 무대가 될 수 있다.[43] 그러나 닭·돼지농장이 신종바이러스의 '제조'에 기여했던 조류독감과 달리 이번 코로나가문의 신종바이러스가 가축농장을 거쳐 변이했다는 증거는 없으며, 따라서 코로나19의 원인으로 애그리비즈니스나 공장식 축산을 지목하는 것은 타당하지 않다.

신종전염병의 출현과 관련하여 가축농장보다 더 포괄적인 요인은 도시화, 특히 기존의 농촌이 도시화하는 러번(rurban=rural+urban)화 과정에서 다양한 동물과 농산물이 집결되는 허브를 중심으로 야생동물과 인간의 접촉면이 크게 증가하는 경향이다. 인간이 야생동물의 서식처를 점점 파고드는 것인데, 그 계기는 환금작물용 농장의 개발, 밀려난 원주민 또는 소농민의 화전 개간, 수출용 목재의 벌목, 새로운 광산의 개발, 도시에 판매하기 위한 동·식물의 수렵·채취활

---

43) 조류독감을 주요 대상으로 삼아 신종감염병 발생의 구조적 원인으로 자본주의적 축산업을 분석하는 글로는 Rob Wallace, *Big Farms Make Big Flu* (2016; 국역: 너머북스, 2020)를 참조하시오.

동, 심지어 '에코투어' 관광산업의 요구 때문일 수 있다.

중요한 것은 그 과정에서 본래의 서식지와 개체군 밀도를 잃은 야생동물이 군집면역을 상실하고 떼죽음의 위기로 몰리게 된 결과 그 동물들의 체내에 머물고 있던 기생체의 '탈출'이 촉진된다는 것이다. 그러나 이 같은 사회·생태적 변화는 신종병원체 일반의 형성 또는 출현의 조건일 뿐이며, 그것이 항상 사람들 사이의 전염병으로 발전하는 것은 아니다. 특히 코로나19 바이러스는 중국 우한의 '발단환자'(patient zero)[44]가 아직 밝혀지지 않았기 때문에 그 발생 원인을 단정하기 어렵다.

발생조건보다 더 중요한 것은 기생체의 전파조건이다. 바이러스가 동물-인간의 경계면에서 무시로 인간을 감염시키는 바이러스로 비약하려면 사람간 전파의 경로에 안정적으로 올라타서 그 환경에 적응해야만 한다. 그리고 이런 경로는 인간뿐 아니라 인간과 접하는 모든 생물·무생물이 함께 구성한다.

2003년 사스처럼 코로나19 바이러스는 갑자기 대도시에서 튀어나왔고, 그래서 그 직접적 계기는 중국의 경제성장에 따른 상업적 야생동물에 대한 수요의 증가로 추정된다. 광둥성은 예전부터 희귀동물을 즐겨 먹는 것으로 유명했다. 그런데 '야생의 맛'을 내는 그런 고급요리가 졸부의 과시형 소비품목이 되면서 대도시 재래시장이 중국과 동남아 각지의 야생·사육동물의 거대 집산지가 되었고, 거기서 유전자가 혼합된 신종바이러스가 인간집단으로 곧바로 전파되었다는 것이다.

게다가 코로나19 바이러스의 매개체로 지목되기도 한 천산갑 같은 야생동물은 식재료 외에도 전통약재, 실험동물, 관상동물 등의 용도로 대도시를 경유하는 거래량이 세계적으로도 결코 적지 않다. 그 결과 오늘 세계 곳곳의 지역생태계는 외래종 침입이 일상화되어

---

44) 핵무기가 폭발한 지점을 가리키는 용어인 '그라운드 제로'(ground zero)에서 나온 용어로 최초의 감염자를 말하는데, 지표환자(index case, 지침증례)라고 불리기도 한다.

'생물학적 난장판'에 이르렀다는 평가도 있다. 언제 어디서 새로운 기생체 미생물이 튀어나와도 이상하지 않은 상태라는 것이다.[45]

물론 동물보다 더 크고 길고 복잡한 전파경로는 인간 자신이다. 특히 20세기 후반 교통혁명의 주역인 민간항공기는 병원체를 실어 나를 뿐만 아니라 전염병의 확산 방법과 형태도 변화시켰다. 현재 지상에는 5만 개의 공항이 있으며, 매년 10억 명을 실어 나른다. 대표적으로 중국의 경우 17년 전인 사스 때와 비교해 인구이동의 유형이 완전히 달라졌다. 내국인 관광객이 3배로 늘었고, 이동인구가 북경 같은 특정 대도시에 집중되는 것이 아니라 전국적으로 고르게 분포된다. 전국적 유행이 어디서든 가능하게 된 것인데, 이런 위험이 당장 코로나19 집단감염의 증가로 나타나고 있다.

사스 때처럼 특별한 슈퍼전파자가 없었음에도 불구하고 코로나19가 비교적 단시간 내에 전세계로 퍼져나갈 수 있었던 직접적 원인은 확실히 항공기를 이용한 인간의 대량 이동이다. 지금까지 유행한 바이러스성 전염병들은 대개 한번에 2~3백명을 감염시키거나 하루에 2킬로미터 수준으로 퍼져나가는 데 그쳤지만, 항공혁명에 의한 세계적 인구이동은 세계 주요도시를 전염병의 간선(幹線)으로 하는 명실상부한 대유행을 가능하게 만든 것이다.

그러나 그럼에도 불구하고 이 모든 것은 기껏해야 코로나19 대유행의 필요조건일 뿐이다. 그리고 이 모든 필요조건을 곧바로 신자유주의나 자본주의로 전가할 수는 없다. 개별 조건들이 새로운 인수공통 바이러스의 출현과 전파에 기여한 구체적 메커니즘은 추가적인 과학적 연구를 필요로 한다. 그와 동시에 '대유행병 여정의 나머지 절반', 즉 감염병에 대한 사회적 대응에 관한 추가적 분석이 요구된다. 코로나19 사태는 바로 그러한 사회적 대응의 실패가 초래한 보건의료위기이기 때문이다.

---

45) 세계무역의 증가가 각국 지역생태계의 교란과 생태적 질병을 야기한 사례들에 대한 분석으로는 Andrew Nikiforuk의 *Pandemonium* (2006; 국역: 알마, 2010)을 참조하시오.

남한 노동자운동의 쇠망

유주형·이태훈

서론

과천연구실은 2007-09년 금융위기에 대한 대응으로 사회운동노조의 건설을 제안한 바 있다. 세계적 금융위기에도 불구하고 공산주의의 재건과 대안좌파의 건설이 곤란한 역설적 정세 속에서 사회운동노조라는 대안노조의 건설에 주목했던 것이다.

그러나 세계적 차원과 동시에 일국적 차원에서 인민주의가 발호하면서 일체의 사회운동, 특히 노동자운동은 쇠망하고 말았다. 민주노총을 사회운동노조로 개조하자는 제안이 수용되지 못한 상황에서 민주노총은 '폭력과 지대의 교환', 즉 '지대공유제'를 통해 기득권을 고수하는 데 몰두했다. 또한 민주노총의 카운터파트로서 민주노동당을 계승한 정의당은 '민주당 2중대'로 타락했다.

2016-17년 이른바 '촛불혁명'에 동참한 사회운동은 문재인 정부와 운명공동체가 되었다. 사회운동은 소득주도성장, 북한 비핵화, 검찰개혁, 코로나19의 대유행과 코로나19발 경제위기에 대한 대응 등 문재인 정부 1-4년차를 대표하는 정책에 대해 나름대로 비판을 제시

109

했다. 그러나 과학적 인식과 실행가능한 정책을 동반한 규정적 비판 (determined critique)이 아니라 불리한 정세 속에서 일시적으로 정치적 책임을 모면해보려는 기회주의적 비판일 따름이었다.

소득주도성장 문제

민주노총을 비롯한 노동자운동은 문재인 정부의 소득주도성장을 정치적 호기로 인식했다. '소득주도성장의 핵심과제이자 그것의 지속성을 담보하는 핵심기제'(조성재, 2017)로서 이른바 '노동존중사회'에 주목했던 것이다. 그리고 노동존중사회의 선결과제로서 최저임금인상, 노동시간단축, 비정규직의 정규직화, 노동기본권 확대 등을 주장했다(김유선, 2017; 김기덕, 2017; 이주희, 2017).[1]

그러나 민주노총은 소득주도성장의 이론적 결함이나 그 실행가능성을 도외시했다. 민주노총은 수적으로 다수인 노동자의 사익을 수적으로 소수인 자본가의 사익과 대립시켰을 뿐이었다. 이러한 맹목은 문재인 정부에 대한 민주노총의 기회주의적 태도의 원인이 되었다. 실제로 소득주도성장의 파탄이 점차 분명해짐에 따라 민주노총은 문재인 정부와 갈등을 노정했다.

하지만 소득주도성장을 기화로 '사익의 최대화'를 추구한 민주노총의 노동자주의(workerism)는 '사익간 평화공존'을 추구한 문성현 경제사회노동위원회 위원장의 코퍼러티즘에도 미달하는 것이었다. 인민주의의 반(反)경제학적 본성을 공유하면서도 노동자의 특수한 이익을 강조함으로써 노동자간 경쟁과 인민 내부의 모순을 한층 심화시켰기 때문이다. 여기서 마르크스가 경고한 노조운동의 '총체적 실패'를 확인할 수 있다.

---

1) 노중기(2018)에 따르면, '자유주의 보수정부'인 문재인 정부의 임기는 '종속 신자유주의 노동체제를 변화시킬 수 있는 체제 전환적 국면'이고 노동존중 사회는 민주노총의 '채권목록'이다.

최저임금인상

『위기와 비판』(공감, 2017)에서 지적했듯이, 하층노동자의 소득분배율을 상승시키려는 민주노총의 최저임금인상과 자영업자의 소득분배율을 상승시키려는 문재인 정부의 소득주도성장은 처음부터 갈등의 소지가 있었다. 그럼에도 불구하고 문재인 정부가 최저임금인상을 소득주도성장의 핵심공약으로 설정했던 것은 민주노총의 위세를 무시할 수 없었기 때문일 것이다.

애당초 '최저임금 1만원'은 '알바생' 내지 '불안정노동자'의 요구로 제기된 것이었다(하윤정, 2013). 그것을 민주노총의 공식 요구로 채택한 것은 2015년 최초의 직선제 선거로 구성된 한상균 집행부였다. 최저임금 1만원은 2015년 민중총궐기의 주요 요구로 채택된 데 이어, 2016-17년 이른바 '촛불혁명'에서도 '촛불권리선언·촛불개혁과제'로 정식화되었다(박근혜정권퇴진비상국민행동, 2017). 그 결과 2017년 대선에서는 모든 후보의 공약으로 채택되기도 했다.[2]

최저임금인상과 소득주도성장의 갈등이 확인되기까지는 그리 오랜 시간이 필요치 않았다. 집권 1년 만에 소득주도성장론에 대한 논란이 공개적으로 제기되었던 것이다. 그런데 최저임금인상 때문에 소득주도성장론이 실패했다는 비판이 제기되자 문재인 대통령은 '최저임금인상의 긍정적 효과가 90%'라는 반론을 제기했다.[3] 이런 동문서답식 반론은 오히려 소득주도성장론이 '경제학적 문맹 내지 사기'에 불과하다는 사실을 반증하는 것이었다. 최저임금인상 때문에

---

[2] 문재인·유승민·심상정 후보는 2020년까지, 홍준표·안철수 후보는 2022년까지 최저임금 1만원 실현을 공약으로 제시했다. 2015년까지 민주당의 최저임금인상에 대한 당론은 '노동자 평균임금의 50% 수준 단계적 인상'이었는데, 그러나 2016-17년 총선과 대선에서 '2020년까지 1만원 단계적 실현'으로 수정되었다.

[3] 당시 홍장표 경제수석은 문 대통령의 반론이 최저임금인상 덕분에 임금노동자 90%의 임금이 상승했고 최하위 10%의 임금만이 하락했다는 취지라고 해석했다.

자영업자의 소득이 하락하고 자영업 관련 일자리도 감소했다는 것이 핵심 쟁점이었기 때문이다.

자영업자의 반발에 이어 '고용참사'의 우려까지 제기되자 결국 정부·여당은 최저임금의 산입범위를 조정하고 인상속도도 조절할 수밖에 없었다.4) 민주노총은 이를 소득주도성장의 폐기로 간주하고 정부와 격렬히 대립했다. 문재인 대통령은 2019년에 적용될 최저임금인상 결정 직후, '2020년까지 최저임금 1만원'이라는 목표달성이 어려워졌다고 시인하고 대선공약을 파기한 데 대해 사과했다.

물론 소득주도성장론의 실패에 민주노총이 책임을 져야 했다는 것은 아니다. 소득주도성장론 자체가 본래 경제학적 문맹 내지 사기였기 때문이다. 게다가 소득주도성장의 실무책임자격으로 대기업으로부터 자영업자를 보호하는 공정거래정책을 책임진 김상조 위원장이 정작 자영업자 보호를 위해 한 일은 거의 없었다. 하지만 민주노총은 소득주도성장의 실패에도 불구하고 최저임금인상 공약을 고수하면서 정부와 대립했다.

민주노총은 임금주도성장론 또는 소득주도성장의 이론적 결함을 인식하지 못했다. 민주노총은 임금인상과 소득재분배, 나아가 이른바 '최종고용자'로서 공공부문의 신규 고용 또는 정규직 전환을 통해 민간소비가 증가하고 그 결과 국민소득이 증가할 수 있다고 주장했을 따름이다. 이것은 부르주아 경제학과 마르크스주의 경제학이 공유하는 경제성장론에 반하는 것이다. 하지만 『2007-09년 금융위기 논쟁』(공감, 2010)에서 지적한 것처럼, '경제학적으로 오류이지만 정치적으로 올바르다'는 관점에서 인민주의적 대안이 광범위하게 수용되었던 것이다.

---

4) 2018년 6월 한국개발연구원은 2019-20년 최저임금이 2018년과 비슷한 수준으로 인상될 경우 '고용감소폭이 커지고 임금질서가 교란되어 득보다 실이 클 수 있다'는 이유로 속도조절을 권고했다(최경수, 2018). 또 2018년 7월의 고용참사에 대해 '취업자 수 증가폭의 급격한 위축은 인구구조 변화와 경기 상황만으로 설명하기 어려운 정도'라며 최저임금인상 및 노동시간 단축의 부정적 효과를 시사했다(한국개발연구원, 2018).

경제학에 대한 문맹과 사기는 경제적 현실에 대한 맹목과 기회주의적 태도로 확대재생산되었다. 민주노총은 최저임금인상을 통한 소득주도성장의 실행가능성을 무시했다. 문재인 정부와 마찬가지로 민주노총은 '노동자민족'으로 전락한 한국경제의 현실, 세계경제의 '2차 대불황' 가능성, '2차 반도체호황' 종료로 인한 경기침체 등을 전혀 고려하지 않았다. 최저임금인상 등 소득주도성장의 실패는 '정책주도집단의 주체적 역량 부족'(이병훈, 2019)이나 '빈곤한 노동철학'(노광표, 2019)으로 환원되었다. 그 결과 문재인 정부에 대한 민주노총의 평가는 냉온탕을 오갔다.[5] 민주노총이 민족경제의 현실을 무시했다는 사실은 최저임금인상 부담을 정부의 이전지출을 통해 '사회화'하는 일자리안정자금 확대라는 주장에서 재차 확인되었다.

민주노총의 최저임금인상 요구는 임금정책 측면에서도 고유한 한계를 지녔다. 『종합토론』(공감, 2020)에서 설명했듯이, 민주노총은 '노동귀족'이라는 비난에 대응하는 동시에 하층노동자의 요구를 포섭하기 위해 최저임금인상을 요구했다. 2007-09년 금융위기 이후 남한에서 대기업과 기업 일반의 임금격차가 확대되어 2015년에 최대화되었다는 사정을 어느 정도 반영한 것이었다. 하지만 '최저임금 1만원'은 객관적 근거가 없었다. 그렇지 않다면 2015-19년 민주노총의 요구액이 줄곧 동일한 금액이었을 리 없기 때문이다.[6]

사실 최저임금인상은 면피용으로 제기된 성격이 강했다. 대기업 노동자의 양보를 전제하는 '연대임금'에 대한 대안으로 최저임금 1만원을 주장하여 관철시켰기 때문이다. 민주노총은 임금과 노동조

---

5) 민주노총은 최저임금산입범위 조정에 항의하여 노사정대표자회의 참여를 중단하고 최저임금위원회 심의에 불참했다. 김유선(2018, 2019)은 문재인 정부의 성적이 2018년 'A학점'에서 2019년 'C학점'으로 하락했다고 평가했고, 노중기(2019)는 문재인 정부가 불과 1년 만에 '우경화'하여 '촛불혁명을 배신했다'고 규정했다.

6) 5년간 1만원을 유지하던 민주노총 최저임금 요구안은 2020년에 들어와 '노동자 1인가구 평균생계비 이상이 되도록 최저수준 제한규정을 도입'하는 것으로 변화했다(민주노총, 2020). 그 결과 2020년 요구안은 전년 대비 약 25% 인상된 10770원(월간 환산액 225만원)이었다.

건의 격차를 축소하는 연대임금과 연대고용을 통해 노동자간 경쟁을 지양하자는 제안(『금융위기와 사회운동노조』, 공감, 2008)을 수용하지 않으면서 대기업·정규직 노동자의 양보 대신 노동자 전체 임금분배율의 증가를 주장했다(민주노총정책연구원, 2016). 하층노동자든 상층노동자든 임금분배율을 최대화하는 투쟁은 이미 그 자체로 정당하다고 강변했던 셈이다.

민주노총이 임금최대화 또는 고액임금화를 추구한 결과는 이중적이었다. 최저임금인상의 결과로 국민소득 대비 최저임금 비율로 측정되는 임금격차가 축소되었다. 동시에 세계 최고 수준의 대기업 고임금도 유지되었다. 최저임금인상으로 인한 부정적 고용효과까지 감안하면 민주노총의 임금최대화 정책이 취업자와 실업자간, 정규직과 비정규직간 경쟁을 완화하는 데 성공적이지 못했음을 알 수 있다.

그러나 더욱 큰 문제는 최저임금인상이 소상공인·자영업자와 갈등을 초래한다는 사실을 민주노총이 진지하게 고려하지 않았다는 사실에 있다. 경제·통계분석을 이른바 '프레임'으로 대체했던 것이다. 가령 '최저임금인상으로 하층노동자의 소비 여력이 올라가면 서민경제가 활성화되어 자영업자가 가장 큰 이득을 얻을 것이다'라는 식이었다(윤효원, 2020). 민주노총은 소상공인·자영업자 보호 대책으로 재벌의 골목상권진출 규제와 불공정거래행위 근절 등 '경제민주화'를 제시하기도 했다.[7] 이때 핵심 제휴대상인 한국중소상인자영업자총연합회는 2018년에 결성된 친정부단체로, 소상공인·자영업자 전체의 이익을 대표하는 단체가 아니었다.[8]

---

7) 민주노총은 재벌복합쇼핑몰 등 재벌유통업체의 골목상권진출 전면중단 및 영업규제, 프랜차이즈 가맹계약과 대리점계약에서 단체교섭권 보장, 카드수수료 인하와 임차상인 보호 및 일자리지원제도 확대, 하도급계약에서 최저임금보장제도 도입 등을 정책대안으로 제시했다. 민주노총·한상총련, 「보도자료: 노동자·중소상인 '함께 살자' 공동기자회견」, 2018. 7. 10.

8) 한상총련 인태연 회장은 2018년 8월에 신설된 청와대 자영업비서관에 임명되었다. 한상총련은 경사노위, 당정청민생연석회의, 중소상공인공정경제추진단 등 정부의 자문·결정기구에 참여하고 있으며, 2019년에는 일본제품 불매운동에 앞장서기도 했다.

『마르크스의 '자본'』(공감, 2009)에서 설명했듯이 소상공인·자영업자는 마르크스가 말한 '상대적 과잉인구', 즉 넓은 의미의 실업자 중에서 '잠재적' 실업자라고 할 수 있다. 최저임금 1만원은 잠재적 실업자와 취업자간 경쟁을 격화하여 인민 내부의 모순을 심화했을 따름이었다.

이른바 '고용세습'과 공공부문 정규직화

『종합토론』에서 설명했듯이, 문재인 정부는 소득주도성장을 보완하는 정책으로 공공부문에서 비정규직의 정규직화를 추진했다. 그런데 그것을 기화로 해서 민주노총이 고용세습을 도모했다는 충격적 사실이 폭로되었던 것이다.

공공부문 비정규직의 정규직화와 고용세습 문제를 본격적으로 검토하기 전에, 국제노동자운동의 역사에서 공공부문노조의 역할이 별로 긍정적이지 않았다는 사실을 확인해둘 필요가 있다.『금융위기와 사회운동노조』에서 검토한 대표적 사례는 이탈리아 노동자운동이었다. 이탈리아에서는 1990년대부터 금속노조와 공공부문노조의 세력 관계가 역전되면서 사회운동노조가 쇠퇴하고 코퍼러티즘이 득세하는 결과가 초래되었다. 공공부문노조가 금속노조가 주도하던 노총의 연대임금에 반대하면서 임금격차를 고수하기 위해 독립노조를 결성했던 것이다. 공공부문노조의 목적은 자신의 '신분', 즉 고임금과 고용보장 같은 기득권을 방어하는 데 있었다.

그러나 『2010-12년 정세분석』(공감, 2013)에서 미국 노동자운동에 대해 설명한 것처럼, 공공·민간을 망라한 서비스부문의 전투성과 조직화노선을 사회운동노조의 사례로 평가할 수도 없다. 서비스부문은 육봉(陸封, landlocked)되었다는 특징으로 인해 금융세계화의 영향을 받지 않아 교섭력이 강력했다. 그런데 직능이나 산업을 불문하고 미조직노동자를 조직하는 동시에 다양한 노조를 흡수·통합하여 거대노조를 형성하는 조직화노선은 비즈니스노조주의의 청산과는 무관했다. 게다가 생산적 산업노동자 중심의 전통적 노조와 분리된 비생산적 서비스노조를 중심으로 한 제2노총이 전산업적 통제력을 확보할 수도 없었다.

국제노동자운동의 사례는 공공부문 비정규직의 정규직화를 둘러싸고 제기되는 여러 논란을 이해하는 데 중요한 시사점을 준다. 문재인 정부 이후 신규 조합원 급증으로 민주노총은 제1노총이 되었고 공공운수노조는 제1산별노조가 되었다(민주노총, 2019). 경기침체·고용악화의 영향을 상대적으로 덜 받는 공공부문에서 조합원이 대폭 증가했다는 사실은 역설적으로 민주노총의 계급적 대표성에 문제를 야기할 수 있다(박준형, 2019).9)

이런 배경 속에서 불거진 고용세습 문제는 이탈리아의 공공부문 독립노조 사례와 유사한 관점에서 평가할 수 있다. 노총이 무력한 상황에서 공공노조가 재벌노조를 따라 고임금과 고용세습을 도모하는 지경에 이른 것이다. 『종합토론』에서 지적했듯이, 이런 상황은 과거 민주노총에게 늘 따라붙었던 '노동귀족'이라는 비난조차 무색케 한다. 재벌노조·공공노조는 '군공'(軍功), 즉 노동생산성의 대가가 아니라 '혈통', 즉 고용세습을 통해 고임금과 고용안정을 보장받는다는 의미에서 '노동제후'라고 불러야 마땅할 것이다. 고용세습은 일본식 노동자운동의 적폐로 지적되어온 연공서열과 종신고용을 무색케 하는 적폐 중의 적폐로서, 민주노총의 '지대공유제'가 코퍼러티즘적 '상황의 지대'에서 '신분의 지대'로 심화되었던 셈이다.10)

---

9) 민주노총 조합원은 2017년 이후 약 30만 명이 증가하여 2019년 4월 기준 100만 명을 넘어섰다(민주노총, 2019). 민주노총 발표에 따르면, 지난 2년간 증가한 조합원 중 약 38%가 공공부문 노동자였다. 신규 조직된 공공부문 조합원의 2/3 가량은 비정규직의 정규직 전환과정에서 조직된 것으로 추산된다. 공공부문 노동자는 전체 임금노동자의 13%를 차지하지만, 공공부문 조합원은 민주노총 조합원의 40%를 차지한다(박준형, 2019).

10) 고용세습과 관련된 감사원의 「공공기관 비정규직 정규직 전환 관리실태 감사결과」(2019. 9. 30.)에 대해 민주노총과 공공운수노조는 '정규직 전환과정에 노조의 관여가 없었다는 사실이 확인됐고 이로써 『조선일보』와 자유한국당의 악의적 날조도 증명됐다'고 주장한 바 있다.

민주노총은 문재인 정부가 추진한 공공부문 비정규직의 정규직화 정책이 '직접고용뿐만 아니라 간접고용까지 전환대상에 포함했다는 점에서 진전되었지만, 애초 취지에 비춰 상당히 후퇴했다'고 평가했다.11) 그러면서 상시지속업무의 예외 없는 정규직 전환, 자회사 전환의 중단과 직접 고용, 임금차별 철폐 등의 '제대로 된 정규직화'를 요구했다.

'제대로 된 정규직화'는 전환 예외자를 최소화하고, 자회사 전환 대신 기존 공공기관이 직접 고용하도록 하며, 연공급 중심의 기존 정규직 임금체계에 편입되어 동일한 처우를 받도록 하는 것을 의미했다. 정규직 임금체계 개편 및 전환자 표준임금체계 도입에 대해서는 '직무급제 반대'의 입장에서 저지하는 데 주력하고, 정부의 재정투입을 대폭 확대하여 전환자 임금수준·임금체계를 기존 정규직과 동일하게 설정하는 것을 대안으로 제시했다(김동근, 2019).

이처럼 민주노총·공공부문노조의 '제대로 된 정규직화' 주장은 정규직 전환자를 기존 정규직과 동일한 임금체계에 편입하자는 주장이어서 실행가능성이나 정당성에서 모두 문제가 있었다. 실행가능성에서는 기존 정규직과 비정규직간 상이한 임금체계에 대한 문제가 제기되었는데, 전환과정에서 직무간·기관간·부문간 임금격차라는 3중의 난제를 동시에 해결해야 했다.12) 정당성에서는 공공기관의 고임금·고용안정을 목표로 취업준비생들이 치열하게 경쟁하는 상황에서 정부 정책을 통한 고용형태 전환이 공정하지 않다는 사회적 비판에 직면했다(박준형, 2019).

민주노총뿐만 아니라 사회운동 전반은 2020년 6월의 인천국제공

---

11) 민주노총은 광범위한 전환 예외, 자회사 및 무기계약직 전환 남발, 처우개선 미흡, 저임금 및 차별을 고착화하는 '표준임금체계' 추진, 민간위탁 정규직 전환 포기 등을 한계점으로 꼽았다.

12) 기관간 임금격차 축소에는 공공부문 산별(노정) 차원의 교섭, 민간과의 임금격차 축소에는 총연맹 차원의 교섭이 필요하다. 그러나 민주노총과 산하 산별노조는 대부분 기관 내 임금격차에 대해서만 문제를 제기할 따름이었다. 초기업-산업별 임금이라는 운동적 명분에도 불구하고 실제 상황에서는 기업(기관)별 임금을 주장한 것이다.

항 보안검색직군 정규직 전환 사례에서 단적으로 드러난 공정성 논란에 효과적으로 대처하지 못했다. 그 이유는 경제적 기여와 무관한 개인적 분배의 불평등을 강조하면서 재분배를 요구하는 최근의 세태, 달리 말해서 능력주의(meritocracy)를 부정하는 인민주의의 확산과 관련이 있다. 능력주의로서 분배정의를 대체할 논거로 벤섬의 공리주의가 부활하는 동시에 롤즈의 정의론이 유행하는 것도 비슷한 맥락에서 이해할 수 있다.13)

『후기: '인민의 벗이란 무엇인가'』(공감, 2020)에서 설명한 것처럼, 1970년대 이후 경제성장이 감속하고 성장의 한계에 접근하자 소득분배와 관련한 정의의 요구가 분출했다. 1인당 국민소득이 증가할 수 없는 상황에서 절대소득이 아니라 상대소득이 행복을 결정한다는 주장이 제기된 것이다. 그 결과 분배에 대한 관점도 '기능적 분배'(functional distribution)에서 '개인적 분배'(personal distribution)로 이행했다. 전자는 노동자와 자본가가 경제적 기여에 따라 임금과 이윤을 분배받는다는 의미인 반면 후자는 경제적 기여와 무관하게 개인에게 분배되는 소득이라는 의미이다.

『역사학 비판』(공감, 2013)에서 설명했듯이, 정의는 보편적 정의로서 합법성과 함께 특수한 정의로서 교환정의와 분배정의를 의미한다. 전자는 가치에 따른 교환, 즉 등가교환이다. 후자는 비례성을 의미하므로, '기여에 비례하는 분배'로서 능력주의 또는 '노동생산성에 비례하는 임금'으로서 생산성임금일 수밖에 없다.

『종합토론』에서 설명한 것처럼, 능력주의를 부정하는 인민주의와 반대로 마르크스는 능력주의를 긍정하면서 사회주의를 능력주의의 완성으로 정의했다. 마르크스가 『고타강령 비판』에서 말한 '능력에

---

13) 김도균은 사회정의로서 분배정의 문제에 접근하면서 롤즈의 '평등주의 정의관'에 주목한다(김도균, 2020: 25, 161). 그리고 사회정의의 원칙으로서 응분원칙, 필요원칙, 계약자유원칙, 평등원칙을 제시한다(김도균, 2020: 47). 그는 이상의 원칙을 롤즈의 복합적 분배원칙에 따라 기본적 필요 우선 원칙, 기본권과 기본적 자유의 최대한 평등 보장 원칙, 정치적 영향력을 행사할 수 있는 공정한 기회의 보장 원칙, 공정한 기회균등의 원칙, 차등 원칙(정당한 불평등 원칙) 순으로 구체화한다(김도균, 2020: 161-162).

따른 노동, 욕구에 따른 분배'로 특징지어지는 공산주의에 도달하려면 사회주의를 거쳐야 하는데, 그 원리가 바로 '능력에 따른 노동, 노동에 따른 분배'인 것이다. 마르크스가 볼 때, 자본주의에서 능력주의는 불완전하다. 혈연·지연·학연 같은 연고(緣故)의 제약 때문에 개인의 능력이 충분히 발전하지 못하기 때문이다. 반면 사회주의는 그런 제약으로부터 개인을 해방시켜 능력주의를 완성한다.

요컨대, 『2007-09년 금융위기 논쟁』에서 지적한 대로 '비정규직의 정규직화'는 '진지하지만 현실성 없는 희망'(pious hope)일 따름이다. 마르크스가 강조한 것처럼, 자본주의에서는 실업자나 비정규직 같은 산업예비군이 소멸할 수 없다. 이들의 소멸은 곧 공산주의의 실현을 의미한다. 따라서 비정규직의 정규직화나 실업자의 취업자화가 노조의 당면과제가 될 수는 없다. 그런 과제를 위해서 투쟁하는 노조는 결국 '총체적으로 실패'할 수밖에 없다.[14]

이른바 '매판노조'와 구제금융의 악순환

소득주도성장을 둘러싼 논란이 제기되던 2018년 5월에 지엠대우(한국지엠)가 군산공장을 폐쇄했다. 경영진의 입장은 군산공장의 회생이 불가능하며, 한국정부가 지원할 경우에는 지엠 본사도 추가적 투자를 통해 나머지 부평1·2공장과 창원공장을 계속 가동하겠지만

---

14) '비정규직의 정규직화'뿐만 아니라 '노동시간단축과 일자리나누기' 전략도 전혀 논거가 없다는 사실을 지적해야 한다. 『위기와 비판』에서 설명했듯이, 문재인 정부는 노동시간단축과 일자리나누기를 위해 잔업과 특근을 구별하지 않고 노동주를 52시간으로 단축하는 대신 단위기간을 6개월로 연장하는 '탄력적 근로시간제', 즉 변형근로제 확대 방안을 추진하고 있다. 그러나 『금융위기와 사회운동노조』에서 설명한 것처럼, 노동시간단축과 일자리나누기는 변형근로제를 통한 저임금·장시간·고강도노동으로 귀결되기 마련이다. 노동시간과 임금의 이러한 개별화는 집단노동자의 해체를 의미한다. 자본가가 추구하는 노동의 신축화라는 경향을 역전시키려는 시도의 출발점이 바로 정규직과 비정규직의 단결이고, 이런 단결을 실현할 수 있는 최소한의 조건이 바로 임금격차를 축소하는 연대임금인 것이다.

그렇지 않을 경우에는 완전철수도 고려한다는 것이었다. 석 달 동안의 교섭 끝에 경영진·노조·산업은행 사이에 타협이 이루어졌다(정홍준 외, 2018).15)

고용충격을 우려한 정부의 개입으로 완전철수의 위기는 넘겼지만 지엠대우의 지속가능성은 여전히 불확실하다. 지엠 본사는 산업은행과의 합의대로 2023년까지 지엠대우의 지분을 유지하겠지만 단기 수익 위주의 경영과 저강도구조조정을 지속하면서 5년 후 다시 최종적 판단을 내릴 것으로 예상된다(정홍준 외, 2018).

『재론 위기와 비판』(공감, 2018)은 외국계 자동차회사에 대한 구제금융의 악순환과 관련하여 지엠대우 노조가 '매판노조'일 수 있다는 문제를 제기했다. 1억에 가까운 고액 연봉을 유지하기 위해 구제금융을 요구한 노조가 외국자본인 지엠 본사와 한편이 되어 문재인 정부를 겁박한 셈이었기 때문이다. 2019-20년에는 역시 외국계 자동차회사인 르노삼성과 쌍용차에서도 대동소이한 상황이 재연되었다.

『2007-09년 금융위기』(공감, 2009)에서 지적한 것처럼, 민주노총이 외국계 자동차회사에 대한 구제금융·구조조정 과정에서 '정리해고 반대'로 일관한 것이 과오의 핵심이었다. 외국자본이 경영권을 포기한 상태에서는 결국 정부와 채권자인 산업은행이 구제금융을 제공할 수밖에 없다. 그러나 구제금융을 통해 회생한 자동차회사가 독자적으로 생존할 가능성은 희박하다. 그 결과 국내에 원매자가 없는 상황에서 외국인에게 인수·합병될 수밖에 없는 것이다. 문제가 발본적으로 해결되는 것이 아니라 악순환이 반복될 따름이다.

이런 악순환을 단절하기 위해서는 지배구조개혁과 구조조정이라는 쟁점을 제기했어야 했다. 지배구조개혁은 구제금융의 조건으로서 소유자 청산과 관리자 교체를 요구한다는 것이 핵심이다. 구조조

---

15) 교섭 결과 산업은행이 8천억 원을 투자형식으로 지원하는 대신 지엠 본사는 대출금을 출자로 전환하고 신차 2종을 부평2공장과 창원공장에서 생산하기로 했다. 노동조합도 희망퇴직 실시, 임금 동결, 복리후생 삭감에 동의했다. 이로써 군산공장은 폐쇄하되 나머지 다른 공장은 계속 가동할 수 있게 되었다(정홍준 외, 2018).

정은 국제하청에서 탈피한다는 것이 핵심이다.

쌍용차든 지엠대우든 외국자본의 기술이전이나 자금전용 때문에 회사가 파산했다는 민주노총의 주장은 어불성설이었다. 신자유주의 시대에 인수·합병의 목적이 기술이전이나 자금전용에 있다는 사실은 경제학의 상식이기 때문이었다. 애초부터 외국인의 인수·합병을 허용한 것 자체에 대해 비판을 제기했어야 했다. 민주노총의 가장 큰 문제는 신자유주의에 대한 투쟁을 거시경제적 차원이 아니라 미시경제적 차원에서 인식했다는 데 있다. 쉽게 말해서 금융화에 대한 투쟁은 무시하고 정리해고에 대한 투쟁에 몰두했다는 것이다.

지배구조개혁의 문제를 차치한다고 해도 산업구조의 문제가 여전히 존재했다. 삼성전자는 물론이고 현대자동차도 국내시장이 아니라 세계시장에 의존하고 있다. 게다가 쌍용차나 지엠대우는 독자적으로 생존할 수 없는 국제하청공장에 불과하다. 국유화를 한다고 해도 독자적으로 생존하기 어렵다. 독자생존이 곤란한 경우에는 청산이 불가피할 수 있다. 그럴 경우 해고노동자나 지역경제 문제는 구제금융과 다른 방식으로 해결하는 것이 합리적이다.

결론적으로 쌍용차투쟁의 가장 큰 한계는 구제금융에 대한 유효한 비판이 별로 없었다는 데 있다. 그런 비판을 통해 구제금융의 악순환을 단절하려고 노력할 수 있었을 뿐만 아니라 한 걸음 더 나아가 자본주의가 무엇이고 신자유주의가 무엇인지에 노동자나 지역주민에게 교육하려고 시도할 수도 있었다. 정리해고에 반대하는 투쟁만이 능사는 아니었다는 말이다. 그러나 그렇게 하려면 무엇보다도 먼저 민주노총을 사회운동노조로 개조해야만 했다.

임금이든 고용이든 경제투쟁의 직접적 성과에 매몰된 쌍용차투쟁은 '총체적으로 실패'했다. 노동자의 단결이 아니라 경쟁만 심화시켰기 때문이다. 2010년에 인도 마힌드라에 의해 인수·합병된 쌍용차의 2016년 평균임금은 지엠대우와 비슷한 8400만원이었다. 2007-09년 금융위기를 계기로 민주노총이 사회운동노조로 개조되면 좋겠다는 기대는 이렇게 무산되고 말았다.

게다가 민주노총은 쌍용차투쟁의 실패로부터 아무런 교훈도 얻지 못한 것 같다. 민주노총은 이번에도 지엠 본사의 '먹튀' 행각을 규탄하면서 정부·산업은행이 노동자의 생존권을 지키는 방향으로 지엠을 압박하고 산업·노동정책을 수정하라고 주장했을 따름이다. 한국지엠의 부실을 초래한 핵심 원인은 지엠 본사의 고의적인 비용·전가이며 이를 감시해야 할 정부와 산업은행의 책임이 결코 가볍지 않다는 이유에서였다(오민규, 2018).

나아가 한상균 전 위원장은 지엠대우와 르노삼성에 이어 쌍용차에서 위기가 재발하자 지엠대우, 르노삼성, 쌍용차의 통합국유화를 대안으로 제시하기도 했다. 지엠대우, 르노삼성, 쌍용차가 각각 소형, 세단, 중대형/스포츠범용차(SUV)에서 비교우위를 가지므로 외국인에게 재매각하지 않고 통합국유화할 경우 시너지 효과를 낼 수 있고, 장차 전기차로 이행할 때도 정부가 자율적인 자동차산업정책을 시행할 수 있다는 것이다. 그는 이런 국유화 모델을 프랑스의 르노와 독일의 폴크스바겐으로 설정했다(한상균·오민규, 2020).

노동자운동의 국유화론은 공기업의 '진보성'을 부당 전제한다. 그러나 『2010-12년 정세분석』에서 지적한 것처럼, 공기업은 자본주의의 선진성이 아니라 후진성을 상징하는 것이다.[16] 『한국자본주의의 역사: 한국사회성격논쟁 30주년』(공감, 2015)에서 설명했듯이, 이러한 후진성의 대표적 사례가 바로 프랑스로, 전후 프랑스경제에서는 기업집단보다 오히려 공기업이 지배적이었다. 이때 프랑스의 공기업을 대표한 것이 바로 1945년에 국유화된 르노자동차였는데, 그러나 1996년에 또다시 민유화되었다.[17]

---

16) 1980-90년대에 전세계적으로 국민소득의 생산에서 공기업이 차지하는 비중은 10%에서 6%로 하락했다. 선진국은 6%에서 5%로 거의 불변인 반면 중진국은 10%에서 6%로 1/2 정도 하락했고 후진국은 16%에서 5%로 2/3 정도 하락했다.

17) 프랑스에서는 국유화와 함께 민족기업(national champion, 국민기업), 즉 민족경제를 수호할 기업을 육성하는 산업정책도 실행되었다. 굳이 남한에서도 '민족기업'을 꼽아야 한다면, 지엠대우·르노삼성·쌍용차가 아니라 현대·기아차라는 것은 당연한 일이다.

『2007-09년 금융위기 논쟁』에서 비판한 것처럼, 국유화를 주장하는 구좌파는 국가에 의한 몰수를 의미하는 프롤레타리아적 국유화와 국가에 의한 주식구매, 즉 민간자본에 대한 국가의 지분참여를 의미하는 부르주아적 국유화를 구별하지 않는다. 또 국유화가 반드시 국영화를 의미하지 않고 국가소유와 민간경영이 결합될 수 있다는 사실에도 별로 주목하지 않는다. 나아가 마르크스가 『자본』에서 공산주의의 경제적 토대로 제시한 노동자연합(평의회)에 의한 '소유의 사회화'와 『공산주의자 선언』에서 이행강령으로 제시한 국유화 개념을 구별하지 않는다.

현실사회주의의 실패는 전위정당이 주도하는 국유화나 계획경제가 마르크스적 의미의 사회화, 즉 노동자연합에 의한 소유의 사회화와 양립할 수 없다는 점을 반증한 바 있다. 국유화론을 고수하는 구좌파는 국가자본주의의 권력기관으로 변형된 전위정당의 모델을 답습할 따름이다. 정세적 조직으로서 전위정당을 원칙적 조직으로 격상하면서 노동자운동을 도구주의적으로 사고하기 때문이다.

2015년 최초의 직선제 선거에서 한상균 쌍용차지부장을 위원장으로 옹립하여 이른바 '민중총궐기'를 기획한 민주노총 활동가들이 여전히 쌍용차투쟁이 유효했다고 오판하는 것은 아닌지 우려스럽다. 민주노총의 노선이 노스(Douglass North)가 강조한 바 있는 '폭력과 지대의 교환'으로 정착했다는 증거일 수 있기 때문이다.

북한 비핵화 문제

민주노총은 2018년 남북·북미정상회담을 평화와 통일을 향한 결정적 전환점으로 인식했다. 이것은 소득주도성장의 폐기로 인한 실망에도 불구하고 민주노총이 문재인 정부에 대한 전면적 비판에 나서지 못한 원인이 되었다. 특히 민주노총 김명환 집행부는 친정부적인 동시에 친북적인 입장에서 통일운동과 반미·반일투쟁을 전개했다. 북한 비핵화라는 '외세공조'가 아니라 남북관계 개선이라는 '민족공조'를 주장하면서 문재인 정부의 통일·외교정책에 대한 '비판적 지지'를 견지했던 것이다.

이러한 친북 내지 민족공조 노선이 주류를 형성한 가운데 남한 노동자운동은 북한사회주의의 타락과 핵무장, 남한 인민정과 북한 절대군주정의 연방제통일이라는 쟁점에 대해 적합한 비판과 대안을 제시하지 못했다. 동시에 '제국주의의 적은 사회주의의 친구'라고 강변하는 사이비 마르크스주의자가 친북세력과 구별되는 좌파를 자처하기도 했다. 북한 비핵화인가, 한반도 비핵화인가, 아니면 전세계 비핵화인가라는 공리공담이 있었을 뿐, 완전한 비핵화인가, 불완전한 비핵화인가라는 핵심적 쟁점은 토론조차 되지 않았다.

친북·연중주의

민주노총은 2016-17년 남한의 '촛불혁명'과 북한의 '핵무력 완성'을 한반도 정세의 핵심 요인으로 평가했다. 물론 후자가 더 결정적인데, '미국본토에 대한 선제공격·보복공격 능력을 과시함으로써 미국과 사실상 세력균형을 이루어 낸 것'을 남북·북미회담의 성사 배경으로 간주했기 때문이다. 이에 따라 민주노총은 남북정상회담이 외세공조에 입각한 '한반도 비핵화'의 장이 아니라 민족공조에 입각한 '남북관계 개선'의 장이 되도록 문재인 정부를 압박·견인할 것을 주장했다(민주노총통일위원회, 2018).

친북적 관점에서 제기된 이러한 입장은 사태를 완전히 오판한 것이었다. 『재론 위기와 비판』에서 설명했듯이, 2016-17년과 비교할 때 김정은 위원장의 태도가 급변한 배경으로는 그로서도 더 이상 무시할 수 없는 경제위기가 있었기 때문이다. 이른바 '고난의 행군'과 거의 동일한 경제위기의 원인은 물론 핵무력 건설과 그에 따른 경제 제재였다. 따라서 김 위원장이 정상회담의 대가로 경제제재 해제와 경제원조 제공을 요구했던 것이다.

그런데 문제는 미국이 주장해온 '완전하고 검증가능하며 복구불가능한 [핵]폐기'(CVID)로서 '비핵화'(denuclearization) 내지 '핵군축'(nuclear disarmament)에 북한이 동의할 리 없다는 데 있었다. 북한은 핵폐기(nuclear dismantlement)로 귀결되는 완전한 비핵화가 아니라 핵무장을 전제로 한 불완전한 비핵화, 즉 '핵동결'(nuclear freeze) 내지 '핵감축'(nuclear reduction)을 수용할 따름이었다.

민주노총은 핵무장을 전제로 한 핵동결이나 핵감축이라는 북한의 비핵화 정의를 충실히 따랐다. 이들은 '한반도 비핵화'가 북의 핵무기만이 아니라 미국의 핵우산 및 대북적대도 폐기하는 것을 의미한다며 북한의 '일방적' 비핵화를 거부했다. 민주노총은 북한의 핵실험장 폭파와 미사일시험장 폐쇄를 확고한 선(先)비핵화 의지의 표명으로 평가했다. 그리고 종전선언, 평화협정 체결과 한미동맹 폐기, 주한미군 철수를 주장했다(민주노총교육원, 2018).

민주노총은 북한의 핵무장이 체제의 안전을 보장하기 위한 불가피한 선택이라고 부당 전제했다. 그러나 『재론 위기와 비판』에서 설명한 것처럼, 핵무장을 통해 보장하려는 것은 체제의 안전이 아니라 이른바 '백두혈통'의 안전이었다. 김정은 위원장으로 3대세습이 강행되면서 결국 사회주의가 절대군주정으로 타락했음을 부정할 수 없게 되었기 때문이다.

란코프(Andrei Lankov) 교수가 분석한 대로, 북한이 핵무장을 포기할 리 없는 것은 이라크의 후세인과 리비아의 가다피를 반면교사로 삼는 김정일 위원장과 김정은 위원장 부자에게 핵무장이야말로 체제보존을 위한 '실존적'(existential) 조건이었기 때문이다. 물론 그들에게 체제란 백두혈통과 동일시될 수밖에 없었다.[18]

---

18) 란코프 교수에 따르면, 김정은 위원장에게 2010-12년 '아랍의 봄'에서 가다피 몰락의 교훈은 반체제운동에 대한 외국의 군사지원을 억지할 수 있는 유일한 수단이 바로 핵무장이라는 사실이었다. 김정일 위원장도 마찬가지였는데, 그는 2003년 이라크전쟁이 발발한 직후인 2004년에 고이즈미 총리에게 '생존권'을 지키기 위해서는 핵무장을 포기할 수 없다고 주장하면서 북일 국교정상화를 포기했다고 한다.

북한 핵무장에 동조하는 친북노선과 달리 구좌파는 북한 핵무장을 비판했는데, 대신 미·일 제국주의에 초점을 맞출 따름이었다(장혜경, 2019; 김영익, 2020). 그러나 제국주의라는 적의 적은 사회주의의 친구라는 사이비 논리는 마르크스주의와 아무런 관련도 없다.

남북정상회담에서 채택된 9·19공동선언에 '민족경제의 균형적 발전'이라는 구절을 삽입하면서 문재인 정부는 급기야 연방제통일이라는 전망을 제시했다. 민주노총은 9·19공동선언을 '남북간 종전선언, 교류협력과 민족경제 발전을 위한 실천적 이행선언'으로 평가했다. 따라서 '노동존중사회에 대해 우유부단한 문재인 정권이라도 평화번영·통일의 길에서는 협력을 아끼지 말아야 한다'고 주장했던 것이다(김장호, 2018).

그러나 『종합토론』에서 지적한 것처럼, 김정은 위원장 시대에 와서는 민족해방파의 북한사회주의 추종적 연방제통일론은 물론이고 민중민주파의 북한사회주의 비판적 연방제통일론도 적합한 것은 아니다. 남한에서 변혁 전망이 사라진 데다 북한에서 사회주의가 타락하여 급기야 절대군주정이 출현했기 때문이다. 설사 남한의 변혁이 가능하더라도 북한과의 통일은 어불성설이다. 사회주의와 절대군주정이 양립할 리 없기 때문이다.

민주노총을 비롯한 사회운동은 미·일 제국주의를 비판하면서도 시진핑 주석의 '중국몽'(中國夢), 특히 '강군몽'(强軍夢)에 대해서는 함구하고 있다. 민주노총은 미국의 인도-태평양전략을 대중국 포위압박전략이라고 비판하지만, 동중국해와 남중국해에서 중국의 군사적 도발에 대해서는 비판하지 않는다.[19] 민주노총을 비롯한 사회운동이 문재인 정부의 소위 '3불 정책', 즉 사드 추가배치 거부, 미사일 방어체계 불참, 한·미·일 군사동맹 반대를 지지한다는 사실은 친중(親中) 내지 연중(聯中) 노선을 취하는 방증이라고 할 수 있다. 이러

---

[19] 『후기』에서 설명했듯이, 시진핑은 선제공격 내지 예방공격을 위한 작전을 수립한다는 의미의 '적극적 방어전략'을 채택하고, 핵과 미사일의 현대화도 추구하고 있다. 시진핑의 목표는 2010년대에 제1도련을 넘고 2020년대에 제2도련을 넘어서 2030년대에는 하와이까지 진출한다는 것이다.

한 모습은 중국 주도의 아르셉(RCEP, 역내포괄적경제파트너십)에 대한 무대응에서도 확인된다. 민주노총 등 사회운동이 과거 한미자유무역협정이나 그것을 표준으로 미국·일본이 주도한 범태평양파트너십(TPP) 참여를 반대했던 태도와는 확연히 대비되는 것이다.

『역사학 비판』에서 설명한 것처럼, 개혁·개방 이후 중국경제는 국가자본주의로 이행했다.[20] 그러나 국내 일각에서는 미국의 쇠퇴와 중국의 부상을 부당 전제하며 '워싱턴 컨센서스'에 대한 대안으로 '베이징 컨센서스'에 주목했다. 나아가 중국공산당을 '선의의 독재자'(benevolent dictator)로 간주하기도 했다.

그러나 중국의 국가자본주의는 미국·일본의 민간자본주의에 비해 후진적이다. 신자유주의적 이행전략을 요약한 '워싱턴 컨센서스'는 단지 경제적 개혁에 국한되는 것이 아니라 소유권과 법치를 보장하는 제도적 개혁, 나아가 권위주의의 민주화를 보장하는 정치적·이데올로기적 개혁도 요구한다. 시진핑을 '선의의 독재자'로 간주할 수도 없는데, 군수공업화로서 중화학공업화를 추진하던 유신 시절 박정희 대통령과 유사하기 때문이다.

중국경제의 전망도 낙관적이지 않다. 『후기』에서 언급했듯이, 퍼킨스(Dwight Perkins)는 중국경제가 자본축적을 통한 경제성장의 한계에 도달할 가능성과 함께 경착륙 내지 장기침체에 빠질 위험성을 지적한 바 있다. 요컨대 미국·일본에 대한 비판이 그들에 미달하는 중국에 대한 지지로 귀결될 수는 없다는 것이다.

반미·반일주의

이른바 '하노이 노딜' 이후 민족해방파는 문재인 정부에게 대북정책의 독자성이 거의 없다고 판단했다. 남북 평화공존노선은 있으나,

---

20) 물론 덩샤오핑은 이를 사회주의의 건설이라고 강변했는데, 초기사회주의로서 '온포(溫飽)사회'와 이행기로서 '소강(小康)사회'를 거쳐서 선진사회주의로서 '부유(富裕)사회'로 발전한다는 주장이었다.

통일은커녕 남북간 합의된 '평화조항'을 준수할 의지도 매우 박약하다는 것이었다(민중당정책위원회, 2019c).[21] 하지만 문재인 정부에 대한 비판은 유보되었는데, 대신 반미·반일노선이 한층 강화되었다. 특히 2019년 7월부터 시작된 일본의 대남 경제제재를 '경제보복과 평화방해'로 규정하고 '한·미·일 삼각동맹을 파탄내고 미국의 동북아 패권구상을 좌초시킬' 기회로 인식했다.

민주노총은 '하노이 노딜' 이후의 정세를 반일 평화세력과 친일 적폐세력의 대립으로 판단했다. 2019년 한·일 갈등 국면은 위기에 처한 미·일 제국주의의 생존전략 차원에서 조성되었고 아베 정권의 '군국주의 부활' 기도도 더욱 노골화할 것으로 예상되었던 바, 한·미, 한·일간 갈등이 심화할 수밖에 없었다는 것이다. 이런 인식에 따라 '1965년체제 해체, 한·미·일동맹 해체'를 기조로 식민지지배 사죄와 배상, 대한(對韓) 무역제재 철회, 한일군사정보보호협정 파기, 한미 워킹그룹 해체 등을 주장했다(민주노총대외협력실, 2019).

그러나 아베 정부가 추진한 보통국가화를 군국주의 부활로 규정하는 것은 심각한 오류였다. 아베 총리는 야스쿠니신사 참배를 자제하면서 보통국가화를 군국주의 부활과 동일시하려는 시도를 차단한 바 있다. 또한 아베 총리는 트럼프 대통령이 파기한 범태평양파트너십을 유지하고 나아가 트럼프 대통령을 설득하여 인도-태평양전략을 구체화하는 등 전세계 자유주의 진영에서 오바마 대통령의 후계자 역할을 자임했다. 친북적 입장을 견지하는 와다 교수가 주장한

---

21) '하노이 노딜' 직후 남한의 민족해방파는 김정은 위원장과 마찬가지로 회담 결렬을 '협상국면의 완전한 파탄'이 아니라 '좀 더 다듬어진 결과물을 만들어내기 위한 과정'으로 이해했다(민중당정책위원회, 2019a). 이들은 한미정상회담과 북한최고인민회의가 개최된 2019년 4월에도 협상의 모멘텀이 유지된 것으로 판단했는데, 남북관계에서 민족자주 원칙을 강조한 김정은 위원장과 마찬가지로 문재인 정부에게 '중재자' 내지 '촉진자'가 아니라 '당사자'로서 남북관계 진전을 위한 새로운 길에 나설 것을 촉구했다(민중당정책위원회, 2019b). 민족해방파가 '하노이 노딜' 이후의 정세를 '일시적 소강국면'이 아니라 '근본적 교착국면'으로 판단한 것은 2019년 6월경이었는데(민중당정책위원회, 2019c), 그러나 이들은 또다시 6월 30일 북·미정상의 판문점 '번개 만남'을 '세계사적 평화 이정표'로 오판했다.

것처럼, 일본의 재무장을 비판하기 전에 남·북한이 일본처럼 전쟁을 위한 군비 내지 무력(군사력)을 포기해야 하고, 특히 북한은 핵무력을 포기해야 할 것이다.

민주노총은 한일위안부합의 파기와 징용피해자 배상 문제에도 적극 관여했다. 2019년 말에는 문희상 국회의장이 발의한 '1+1+α법'[22]을 이른바 '친일매국노법'으로 규정하고 일본의 진정한 사죄와 배상을 촉구하기도 했다. 그러나 이 대목에서 민주노총 등의 통일운동·반일투쟁이 친북노선과 상충한다는 사실에 주목해야만 한다.

통일운동·반일투쟁은 북일국교정상화를 위한 김정일-고이즈미 회담에서 식민배상금/독립축하금과 위안부 문제 모두 1965년 한일국교정상화에 준해 합의되었다는 사실을 인식하지 못하는 것 같다. 『재론 위기와 비판』에서 설명했듯이, 김정일-고이즈미 회담에서도 위안부 문제는 1965년 당시와 마찬가지로 거론되지 않았고, 식민배상금/독립축하금도 1965년 남한에 지불된 5억달러에 해당하는 100억달러로 합의되었다.

마찬가지로 2015년 한일위안부합의에 대한 정대협(한국정신대문제대책협의회)의 거부도 북일국교정상화를 통해 경제위기를 탈출하려는 북한의 구상과 충돌하는 것이었다. 이것은 정대협 내부에서 민족해방파와 급진페미니즘 사이의 모순을 반영했다. 달리 말해서 배상금이 중요한 주사민족해방론과 소녀상이 중요한 급진페미니즘의 모순을 반영했다는 것이다.

북한경제는 '우카이'(鵜飼い, 가마우지 낚시)에 유비되기도 한다. 일본공산당 출신의 조총련 간부였던 장명수 씨는 재일교포가 외화조달을 위한 '인질'이었다고 폭로한 바 있는데, 문재인 정부에서는 재일교포를 대신하여 남한인민이 새로운 인질이 된 셈이라고 할 수 있다. 하지만 북한이 추구하는 대안은 결국 국교정상화에 따른 일본

---

22) 이는 '기억·화해·미래재단'을 설립하는 법안과 징용피해 조사 및 배상을 위한 개정법안 등 두 개 법안으로, 한일 양국 기업과 국민으로부터 자발적 성금을 모아 재단을 세워 강제징용 피해자들에게 보상한다는 내용을 골자로 한다.

의 배상금일 수밖에 없다.

총선 직후 '윤미향 사태'에서도 이러한 역설이 다시 한 번 확인되었다. 윤미향 당선인이 정계진출이라는 사익을 위해 위안부를 이용했다는 의혹과 더불어 기부금을 둘러싼 회계부정 의혹이 제기되었다. 그러나 한국여성단체연합을 비롯한 여성운동과 민주노총을 비롯한 사회운동은 변호나 침묵으로 일관했다. '친일·반민족세력의 공격'(민중당)이라는 음모론을 논외로 하더라도, 대체로 위안부 운동의 역사적 성과를 계승·발전시켜야 한다고 생각했기 때문이었다. 일각에서 비판이 제기되었지만, 회계부정에 초점을 맞추면서 위안부 운동의 대정부·기업 자율성이나 재정 투명성을 촉구할 따름이었다. 정대협 내부에서 주사민족해방론과 급진페미니즘의 '불행한 결합'이라는 근본적 쟁점은 일절 거론되지 않았던 것이다.

『역사적 마르크스주의: 이념과 운동』(공감, 2004)에서 지적한 것처럼, 현대 정치이념으로서 페미니즘에서는 사회주의와 달리 봉건적 조류 같은 것은 존재할 수 없다. 그래서 페미니즘의 역사는 유토피아 사회주의를 거쳐 프랑스혁명까지만 소급할 수 있는 것이다. 반면 반(反)자본주의로서 사회주의에는 봉건적 조류도 존재하는데, 주사민족해방론은 그 변종이라고 할 수 있다. 가부장제적 수령론을 본질로 하는 주사민족해방론과 페미니즘, 그 중에서도 특히 남성의 성욕을 여성 억압의 주요 원인으로 지목하면서 성폭력을 주요 쟁점으로 제기하는 급진페미니즘은 절대 양립할 수 없는 것이다.[23]

---

23) 급진페미니즘은 남성의 성욕을 여성 억압의 주요 원인으로 지목하면서 성폭력을 주요 쟁점으로 제기한다. 급진페미니즘은 공격적·능동적 남성성욕('가해자')과 방어적·수동적 여성성욕('피해자')을 대립시키면서, 성폭력의 문제를 법적·제도적 개선의 문제로 환원한다. 여성권을 위한 페미니즘이 아니라는 점에서 급진페미니즘은 자유주의페미니즘과 그것을 지양하려는 사회주의페미니즘에 미달하는데, 자세한 비판은 『페미니즘 역사의 재구성: 가족과 성욕을 둘러싼 쟁점들』(공감, 2003)을 참조할 수 있다. 한편 『역사학 비판』에서 설명했듯이, 북한사회주의는 극단화된 스탈린주의로 규정된다. 북한의 유일사상체계로서 주체사상의 핵심은 수령론인데, 이는 스탈린의 개인숭배를 넘어 김일성 주석과 그 백두혈통을 '신화화'하기에 이른다.

민주노총은 북한이 개성의 공동연락사무소를 폭파한 이후 정세를 '비상시국'으로 인식하고 대북제재 해제의 관건으로서 한미워킹그룹 해체를 주장하기도 했다. 김정은 위원장의 여동생 김여정 '당중앙'(후계자)이 2020년 6월 담화에서 밝힌 '상전[미국]이 강박하는 한미 실무그룹'이 남북관계를 방해하는 주범이라는 비판을 정부·여당은 물론이고 노동자운동도 그대로 수용한 셈이었다.

그러나 문재인 정부에게 워킹그룹은 북미 협상에서 배제되는 것을 막고 9월 평양공동선언의 이행을 협의하기 위한 틀이라는 의미를 갖는 것이기도 했다. 워킹그룹이 없었다면 한국은 남북경제협력 과정에서 발생할지도 모를 제재('세컨더리 보이콧') 면제를 논의하기 위해 미국 재무부·상무부·법무부 등을 일일이 찾아다녀야 했을 것이다. 남한 정부가 나서서 워킹그룹을 해체한다면, 남한 기업·단체·개인이 제재 대상이 되는 사태가 발생할 것이다(박원곤, 2020).

완전한 비핵화 문제

북한 비핵화에서 핵심 쟁점은 완전한 핵폐기 여부였는데, 남한 사회운동에서는 비핵화의 내용에 관한 논쟁이 전무했다. 볼턴의 회고록으로 다시 한번 확인된 것처럼, 북미간 비핵화에 대한 이견이 협상 결렬의 핵심 이유였다. '중재자'(arbiter, 심판자)를 자처한 문재인 정부는 사실 '중개자'(middleman, 중매자)였을 따름인데, 트럼프 대통령과 김정은 위원장 양자가 문재인 대통령을 '원망'하는 것도 결국 비핵화의 의미를 혼동했기 때문에 자초한 일이었다.

『후기』에서 지적했듯이, 이른바 '하노이 노딜' 이후 미국에서 한국과 일본의 핵무장에 대한 대안으로 핵공유가 제안되었다는 사실에도 주목할 필요가 있다. 핵공유(nuclear sharing)란 핵의 소유권은 미국이 독점하되 사용권은 미국의 후견(custodianship/guardianship) 아래 공유한다는 의미다. 이것은 북미정상회담 이전의 '핵전쟁게임'이 여전히 지속되고 있다는 방증이기도 하다.

『위기와 비판』에서 설명한 대로, 핵전쟁게임의 핵심은 핵억지력 (nuclear deterrence), 즉 상호확증파괴(MAD)를 위한 대량살상무기 (WMD)로서 핵무기가 전쟁을 단념시키는 힘이라는 개념이다. 보복이 최선의 전략이라는 것인데, 그 결과는 우연하고 사소한 실수로 인한 공멸이다. 핵전쟁이 발발하지 않은 것은 핵억지력 때문이 아니라 오히려 '핵무기에 대한 터부'(nuclear taboo) 때문이었다. 그리고 핵터부는 '히로시마의 비극'에서 촉발된 평화운동·연구의 결과였다.

핵공유를 제시한 국방대학보고서에 따르면, 1990년대 이후 미국에서 탈냉전의 낙관주의가 지속되면서 핵억지력(nuclear deterrence) 개념이 정체 내지 퇴보한 반면 2010년대에 들어와 러시아와 중국 같은 '잠재적 적성국'으로부터의 핵위협은 증가해왔다. 게다가 북한까지 가세하면서 북·중·러의 북방동맹이 형성되었다.

오바마 대통령은 비핵화의 기준으로 'CVID'를 설정하고 이 기준을 수용한 이란과 핵협정을 체결한 반면 거부한 북한에 대해 경제제재를 발동했다. 정반대로 트럼프 대통령은 이란과의 핵협정에서 탈퇴하는 동시에 북한과의 핵협상을 개시했다. 이런 상황에서 2018년 2월에 발표된 『핵태세검토보고서』가 하나의 '변곡점'을 상징했는데, 하노이 노딜 이후 그것의 작전운용화(operationalizing)를 통한 핵억지력 개념의 부활을 제안하는 국방대학보고서가 발표된 것이다.

『후기』에서 경고했듯이, 북한이 핵무장을 포기할 리 없는 상황에서 일본과 남한에서 핵무장의 필요성이 제기되는 것은 불가피한 일이다. 미국이 북한의 핵공격을 감수하면서까지 일본과 남한에게 핵우산을 제공하지는 않을 것이라는 우려 때문이다. 방위비분담금을 5-6배 인상하라는 트럼프 대통령의 요구가 핵공유를 위한 사전포석일지 모른다. 미국정부가 이제까지 핵억지력의 대안으로 견지해온 확장억지력(extended deterrence), 즉 핵무기 이외에도 핵추진항공모함·핵추진잠수함·전략폭격기 등 전략자산과 미사일방어체계(MD)를 결합하는 억지력의 비용을 분담하는 것이 남한과 일본에게 부담스럽다면 오히려 핵공유가 경제적일 수 있다는 것이다.

'CVID'와 함께 오바마 대통령의 '핵무기 없는 세상'에도 주목할 필요가 있다. 현재 공식적 핵보유국은 미국·소련/러시아·영국·프랑스·중국인데, 이 5개국은 2차 세계전쟁의 승전국이자 국제연합(UN) 안전보장이사회의 상임이사국(P5)이기도 하다. 그런데 1968년 핵확산방지조약(NPT) 체결 이후에도 인도(1974), 이스라엘(1979), 파키스탄(1998) 같은 비공식적 핵보유국이 출현했다. 북한은 2003년에 핵확산방지조약에서 탈퇴하고 2006년부터 핵실험을 개시했다. 또 1991년에 부시 대통령의 지원 아래 노태우 대통령이 주도한 한반도 비핵화공동선언은 김정일-김정은 위원장에 의해 무효화되었다.

공식적 핵보유국도 비핵화 내지 핵군축을 추진할 수 있다. 영국과 프랑스는 각각 핵폐기와 핵동결을 추진했고, 미국은 그 중간인 핵감축을 추진했다. 반면 러시아와 중국은 소극적인데, 핵무기로 전략자산과 미사일방어체계의 열세를 보완할 수 있기 때문이었다. 냉전의 특징이 곧 핵군비경쟁이었으므로, 오바마 대통령의 핵군축은 탈냉전의 완성을 위해 불가피한 조치였다.

이런 상황에서 북한의 핵무장을 용인하는 것은 국제표준으로서 핵확산방지조약(NPT)에 중대한 예외를 설정하는 것이다. 인도·이스라엘·파키스탄은 이란·북한과 달리 국제적 행동규범을 무시하는 '불량국가'(rogue state)가 아니기 때문이다. 어떤 이유로든 북한 핵무장은 용인될 수 없다는 것이다.

검찰개혁 문제

문민화 이후 노무현 정부까지 검찰개혁론은 검찰의 독립성과 중립성이 쟁점이었다. 그러나 노무현 대통령의 자살을 계기로 인민주의적 검찰개혁론이 부상했다. 이들은 '제왕적 대통령'에 종속된 검찰의 행태를 '검찰파쇼'로 오해하고 검찰에 대한 '민주적 통제'를 주장했다. 하지만 문재인 정부 초기에는 적폐청산이 핵심 과제로 대두되면서 검찰개혁은 주변화되었고 오히려 검찰이 강화되었다.

하노이 노딜로 시작된 문재인 정부 3년차의 귀결은 역시 '조국 사태'였다. 이 와중에 검찰개혁이라는 쟁점이 급격히 부상했다. 문재인 대통령은 노무현 대통령의 유언·유훈의 완수를 검찰개혁의 명분으로 제시했지만, 실은 하노이 노딜과 권력형 비리의 폭발이라는 정세 변화가 검찰개혁의 배경이었다. 그 결과 검찰은 적폐청산의 '영웅'에서 청산되어야 할 적폐, 즉 '악당'으로 전락했다.

그러나 노동자운동은 조국 사태와 검찰개혁에 침묵으로 일관했다. 이는 노동자의 특수한 이익으로서 '사익' 이외에 민족 전체의 보편적 이익으로서 '공익'에 무관심한 노동자주의의 방증이기도 했다. 다만 노동자운동 좌파 일부가 논쟁에 관여했는데, 이들은 대개 조국 사태나 검찰개혁 논쟁을 부르주아 정치분파 또는 억압적 국가장치 내부의 갈등으로 환원했다. 이는 법치(rule of law)나 정의(justice) 개념에 대한 노동자운동 일반의 맹목을 방증하는 것이다.

결국 검찰개혁 논쟁은 노동자운동 외부에서 전개되어 왔다. 조국 사태에서 검찰개혁까지 인민주의·진보주의 성향의 민변·참여연대와 정의당은 정부·여당을 일관되게 지지했다. 반면 자유주의 성향의 경실련은 정부·여당과 얼마간 쟁점을 형성했는데, 그러나 검찰권 견제라는 맥락에서 검찰개혁에는 동조했다. 결과적으로 진보정당과 시민운동 전반이 문재인 정부의 검찰개혁을 지지했던 셈이다.

검찰개혁 과정에서 자행된 정부·여당의 검찰 장악과 윤석열 검찰총장 퇴진운동은 사실상 '사법방해'였다. 검찰개혁론자 내부에서 일부 문제제기가 있었지만, 공수처(고위공직자범죄수사처) 출범이라는 공동의 목표 속에서 유야무야되었다. 검찰에 대한 '민주적 통제'를 목표로 추진된 문재인 정부의 검찰개혁은 사법체계의 파괴와 법치의 훼손, 제왕적 대통령제의 강화로 귀결되었다.

인민주의적 검찰개혁론

노무현 대통령의 자살을 계기로 인민주의적 검찰개혁론이 부상했다(문재인·김인회, 2011; 하태훈 외, 2011; 최강욱 외, 2017). 문재인 대통령은 노무현 정부 당시 검찰개혁의 핵심 과제는 검찰의 정치적 중립이었다고 회고했다(문재인·김인회, 2011: 366-368).[24] 그러나 이명박 정부에서 노 대통령에 대한 수사와 그의 자살을 거치면서 검찰개혁론의 중심은 검찰에 대한 '민주적 통제' 내지 '검찰 권력의 분산과 견제'로 이동했다(문재인·김인회, 2011: 65-67, 368-371).[25]

인민주의적 검찰개혁론은 한국의 검찰이 세계에서 가장 막강한 권한을 가지고 있음에도 어떤 견제나 통제도 받지 않는 '치외법권'에 존재한다는 인식에 기초했다(하태훈 외, 2011: 134-135, 147-148). 수사와 기소를 독점하는 검찰의 '무소불위의 권력'이 정검유착 나아가 검언유착의 원인이라는 것이었다(문재인·김인회, 2011; 이호중, 2013). 이들은 영미법계 사법체계를 검찰개혁의 모델로 사고했다.

검찰개혁론의 목표가 변화하면서 그 수단도 재평가되기 시작했다. 예컨대 민주적 통제의 관점에서 검찰의 인사권·예산권 독립은 바람직하지 않게 되었다. 또 검찰 중립의 중요한 방안으로 여겨지던 '법무부장관의 수사지휘권 배제'는 기각되었고, 오히려 법무부장관의 수사지휘권이 민주적 통제의 중요한 수단으로 간주되었다.[26]

문 대통령은 노 대통령에 대한 수사를 '정치검찰의 복수극'으로 규정하고, 노 대통령의 유언이자 유훈인 검찰개혁의 완수를 자임했다(문재인·김인회, 2011: 393, 412). 그 핵심은 역시 검경수사권 조정과 공수처 설치였다. 문재인 정부는 검찰개혁을 핵심 공약으로 제시했는데, 그러나 집권 1-2년차에 검찰개혁은 유명무실했다. 집권 2년

---

24) 노무현 정부의 검찰개혁은 정치적 중립과 더불어 검경수사권 조정, 고위공직자비리수사처 설치, 법무부의 탈검찰화, 검찰의 인권화, 과거사 정리 등의 의제로 구성되었는데, 이 모두가 검찰의 중립에 도움이 되는 것이면서 검찰의 중립이 보장되면 쉽게 달성할 수 있는 과제라는 것이었다.

25) 물론 이러한 문제의식은 노 대통령 본인으로부터 시작되었는데, 그는 참여정부 검찰개혁의 한계를 '검경수사권 조정과 공수처 설치를 밀어붙이지 못한 채 정치적 중립을 보장하려 한 것'이라고 평가했다.

26) 일례로 하태훈 외(2011)는 법무부장관의 수사지휘권과 관련하여 제도의 순기능을 살리기 위해 검사에 대한 일반적 지휘·감독권은 존치하고 역기능을 극복하기 위해 검찰총장에 대한 지휘·감독권은 폐지해야 한다고 주장한 바 있다(하태훈 외, 2011: 253-255).

차부터 북한 비핵화에 몰두하면서 개헌을 포기했고, 게다가 적폐수사를 명분으로 특수부를 증설하는 등 검찰을 강화했던 것이다.

그런데 하노이 노딜 이후 2020년 총선 전망이 암울해지고, 또 조국 교수 일가와 유재수 부산부시장, 송철호 울산시장의 비리에 대한 수사가 진행되면서 문재인 대통령은 검찰개혁이라는 명분으로 검경 수사권 조정과 공수처 설치를 강행하고 검찰의 '해편'(해체적 수준의 개편)을 시도했다.

인민주의적 검찰개혁론은 현대 사법체계에 대한 올바른 이해를 결여하고 있다. 대표적으로, 문재인 대통령은 검찰을 사법부가 아니라 행정부라고 간주했다. 따라서 사법부인 법원에 본질적으로 요청되는 소극성·공평성이라는 조직구성 원리와 적극적·능동적으로 국가의 정책을 집행해야 하는 행정부인 검찰의 조직구성 원리가 질적으로 다르다는 것이었다(문재인·김인회, 2011: 56-59).

그러나 이것은 삼권분립에 대한 중대한 오해다. 행정(行政) 내지 행법(行法)은 법을 집행한다는 의미인 반면 사법(司法)은 법의 위반이라는 문제를 해결한다는 의미다. 달리 말해서 사법은 정의를 관리하는 'administration of justice'이며, 따라서 법원뿐만 아니라 검찰도 사법부(司法府)일 수밖에 없는 것이다. 이때 법무부든 사법부(司法部)든 검찰의 부처(部處) 편제는 중요한 쟁점이 아니다. 예를 들어 미국과 달리 대법원이 없는 프랑스에서는 법원이 검찰과 함께 사법부(司法部), 즉 법무부에 소속되어 있다.

또한 문 대통령은 검찰이 경찰과 동일한 수사기관일 따름이라고 주장했다. 검찰은 경찰과 동일한 수사기관임에도 경찰과의 차이점을 극대화함으로써 경찰을 통제하고, 행정부 공무원임에도 법원과의 공통점을 극대화함으로써 법관과 동일한 특권적 지위를 보장받으려고 한다는 것이었다(문재인·김인회, 2011: 64-65).

그러나 이는 판·검사가 문관인 반면 군·경은 무관이라는 기초적 사실조차 무시하는 것이다. 『후기』에서 지적했듯이, 현대의 검사는 1789년 프랑스혁명 이후 판사로부터 분리되었고, 현대의 경찰은 그

100년 뒤인 1889년 영국 런던부두노조 파업을 계기로 군대로부터 분리되었던 것이다.

문재인 대통령은 결국 검찰의 독립을 부정하기에 이르렀다. 검찰의 정치적 중립이 정치적 독립, 조직적 독립, 인사권·예산권의 독립을 거쳐 완전한 독립으로 발전한다면 그것은 곧 '재앙'이라는 것이었다. 문 대통령은 검찰에게 필요한 것은 독립이 아니라 중립, 그리고 선출된 권력으로서 대통령에 의한 '민주적 통제'라고 강변했다(문재인·김인회, 2011: 65-67).

그러나 독립성이 없는데 중립성이 있을 리 만무하다. 검찰의 '민주적 통제'라는 쟁점을 올바르게 판단하기 위해서는 내무부–경찰청 관계와 법무부–검찰청 관계를 구별해야 한다. 후자는 대법원/법원행정처–법원 관계와 유사한 반면 전자는 국방부–합동참모본부 관계와 유사하기 때문이다. 달리 말해서 내무부장관이나 국방부장관이 경찰이나 합참에 개입하는 것은 문민통제인 반면 법무부장관이나 대법원장/법원행정처장이 검찰이나 법원에 개입하는 것은 사법방해나 법원모독이라는 것이다.

검경수사권 조정과 공수처 설치

대다수 검찰개혁론은 '검찰사법'을 부당 전제한다. 그러나 이것은 남한 사법제도의 역사에 대한 무지의 소치다. 검찰사법이 확립되지 못한 상황에서 검찰개혁이 경찰사법의 부활로 귀결될지도 모른다는 우려가 제기되기도 한다.[27]

『후기』에서 설명했듯이, 해방 이후 사법개혁의 핵심은 사법제도

---

27) 검찰개혁론자 중에는 중국의 경찰인 '공안'을 검경수사권 조정의 모델로 설정하는 경우도 있다. 중국의 형법은 개혁·개방과 함께 1979년에 비로소 제정되었는데, 중국 사법제도의 중심은 개혁·개방 이전과 마찬가지로 여전히 경찰이다. 중국 공안을 모델로 한 검찰개혁론은 고문에 의한 자백, 불법 구금, 그로 인한 오판 등 중국 경찰사법의 폐해에도 불구하고 검경간 '견제와 균형관계'라는 취지를 수용하자고 주장한다(박지성, 2017).

를 현대화하기 위해 경찰에서 검찰 내지 법원으로 그 중심을 이전하는 데 있었다. 그 결과 차츰 경찰이 약화되고 검찰이 강화되었지만, 그러나 경찰사법에서 검찰사법으로 이행한 것은 아니었다. 법원과 달리 검찰은 여전히 인사권과 예산권이 제왕적 대통령에게 종속되었기 때문이다. 이런 상황에서 검경수사권 조정이 추진되었는데, 여기서 경찰을 검찰의 대안으로 간주한다는 사실을 알 수 있다.

그러나 이 문제는 단순히 수사권·기소권을 기능적으로 분리하는 차원이 아니라 사법체계를 선택하는 차원과 관련된다는 사실을 지적해둘 필요가 있다. 대륙법계에서 수사는 권력분립상 행정작용이 아니라 사법작용에 해당하며, 수사권은 사법관이나 준사법관에게 귀속된다. 수사는 범죄 발생 이후 국가 형벌권의 존부를 규명·확정하는 절차인 검찰권(Justiz)에 속하는 권능으로, 치안유지 내지 위험방지 등을 목적으로 하는 경찰권(Polizei)과는 근본적으로 다른 것이다. 대륙법계 형사소송에서 사법관으로서 검찰관(검사)과 재판관(판사)은 각각 소추 시점 이전 사실규명 및 이후 사실확정의 책임을 분담한다(정웅석, 2017a; 2017b).

반면 사인(私人)소추제도·당사자주의·공판중심주의를 근간으로 한 영미법계는 국가라는 형벌권의 주체를 별도로 상정하지 않고 형사재판도 민사소송처럼 사인간 분쟁으로 파악한다. 범죄를 국법질서 침해행위가 아니라 피해자에게 가한 일종의 불법행위로 파악하기 때문에 수사기관이 범죄자를 수사대상으로 삼아 혐의를 조사하고 법원에 기소하는 것은 당사자주의에 반하는 것으로서 허용되지 않는다. 또한 피해자나 그를 대리하는 소추인의 고발에 따라 법정에서 진실을 규명하는 공판중심주의가 필연적으로 수반된다. 따라서 검사도 기소대리인 자격의 일방 당사자 지위에 불과한 것이다(정웅석, 2017a; 2017b).

성문법을 특징으로 하는 대륙법계의 국가사법 내지 관료사법을 존속시킨 채, 관습법을 특징으로 하는 영미법계의 자치사법 내지 시민사법의 일부를 이식하는 것은 사법체계 내부에서 근본적 모순을 야기한다. 자치사법 내지 시민사법의 전제조건은 관습에 기초한 개인, 나아가 이러한 개인의 집합인 시민사회의 존재이다. 그러나 예컨대 '수도는 서울'이라는 자명한 사실로서 관습헌법조차 부정되는 현실에서 이러한 전제조건이 충족될 리 없다.

또한 검찰의 수사권·기소권 독점은 우리에게 특수한 것이 아니라 프랑스혁명 이래 대륙법계에서 보편화된 제도이다. 규문주의에서 탄핵주의로 이행하는 과정에서 검찰관이 출현함에 따라 사법권 중 수사권과 기소권은 검찰관이 독점하고 재판권은 재판관이 독점하게 되었다. 그 결과 사법관은 검찰관(검사)과 재판관(판사), 사법부는 검찰(청)과 재판소(법원)로 구성되었던 것이다. 그리고 수사 보조를 위해 행정경찰과 구별되는 사법경찰에게 검사의 수사지휘를 근거로 수사권이 부여되었다.[28] 다만 대륙법계에서도 재판관 중심의 사법과 검찰관 중심의 사법이라는 차이가 존재하기는 했다.[29]

검찰과 달리 직무 독립성이나 신분을 보장받지 못하는 경찰이 사법경찰과 행정경찰을 혼효하여 수사권을 행사하는 것은 제왕적 대통령의 '수사방해'를 제도적으로 허용하는 결과를 초래한다. 이러한

---

28) 독일의 경우 재판관이 수사·기소·재판을 모두 담당하던 규문주의에서 검찰관의 기소 없이 법원 스스로 재판할 수 없는 탄핵주의로 전환하는 과정에서 수사를 담당하던 법원의 경찰관이 검찰관의 지휘 아래 포섭되었다. 이 수사요원, 즉 사법경찰은 검찰관의 '늘어난 팔'(verlängerter Arm)이라 불렸다. 이는 사법경찰도 검찰의 기관이며 그 소속과 무관하게 원리상 검찰이라는 기관의 일부라는 의미이다. 이러한 사법경찰은 행정경찰과 구별되며 경찰조직의 각급청장은 사법경찰이 아니므로 사법경찰의 수사 임무에 지휘·감독권을 근거로 개입할 수 없다(김성룡, 2018).

29) 예컨대 프랑스는 검찰에 비해 법원의 권한이 강한 사례인데, 형사법원에 재판을 담당하는 판사와 별도로 예심절차를 담당하는 예심수사판사를 두고 있다. 예심수사판사는 수집된 자료를 심사하는 예심절차에 그치지 않고 추가로 증거를 수집하는 수사절차를 개시할 수도 있다(한제희, 2017). 우리의 경우 법원은 상대적으로 권한이 취약한 반면 정치적으로 독립되어 있고, 반대로 검찰은 상대적으로 권한이 강력한 반면 정치적으로 종속되어 있다. 따라서 사법권 독립을 위해 검찰의 독립성 보장과 더불어 검찰의 수사권을 '수사청'으로 독립시키는 방안을 고려할 수 있는 것이다. 법무부 내에 기소권을 독점하는 검찰청과 함께 수사권을 독점하는 수사청을 병행 설치하는 방안에 대해서는 정승환(2019)을 참조할 수 있다.

경찰사법의 예시적 형태로서 문재인 정부의 경찰 편향은 이미 치명적 결함을 드러낸 바 있다. 조국 민정비서실에서 '경찰총장'으로 불리던 윤규근 총경의 비리, 송철호 시장 비리와 관련한 황운하 울산청장의 개입, 박원순 서울시장 성폭력 수사와 관련한 서울경찰청의 정보누출 등은 법치의 심각한 위반 사례였다.

따라서 검찰개혁론자에게 검경수사권 조정보다 더욱 중요한 것은 공수처 설치였다고 할 수 있다. 공수처는 법률상 독립행정기관으로 규정되는데, 그러나 헌법기관인 검찰청 위에 법률기관인 공수처를 설치하는 것은 위헌이다. 게다가 독립행정기관이라는 외형에도 불구하고 실제로 정치적 독립·중립을 확보하기 어려워 제왕적 대통령의 '보이지 않는 손'으로 변질될 우려가 크다(장영수, 2017). 대륙법계에서 공수처 같은 독립행정기관을 설치한 사례는 발견되지 않는다. 여당의 공수처법안이 참고한 홍콩 염정공서(廉政公署) 등의 사례는 검찰의 부패수사 기능이 약했던 영미법계 소규모 도시국가에서 발견되는 예외적 현상일 따름이다(김태우, 2017).

문재인 정부의 검찰개혁이 우발적이었다는 사실을 확인할 수 있는 대목이다. 당초 공수처를 설치할 의도가 있었다면 집권 초 개헌이 불가피했다. 일종의 반(反)사실적(counterfactual) 가정인데, 검찰의 수사권이 형해화되었다면 일련의 권력형 비리에 대한 수사도 없었을 것이고, 그렇다면 검찰개혁이 적어도 이런 방식으로 전개되지는 않았을 것이다. 달리 말해서 문재인 정부의 공수처 설치의 목적은 권력형 비리에 대한 사법방해에 있었고 그 본성은 제왕적 대통령제에 있었던 것이다.

이른바 '조국 사태'와 검찰개혁 논쟁

문재인 정부 검찰개혁을 추동한 민변·참여연대나 그 주변의 법률가·폴리페서는 조국 사태의 본질을 법치의 위반이 아니라 검찰의 반동으로 규정했다. 이를테면 윤석열 검찰체제가 검찰사법을 넘어 '검찰정치'를 시도했다거나(오병두, 2020a), 정치검찰을 넘어 '검찰국가'를 지향했다는 식이었다(김인회, 2020).

정의당은 '검찰개혁·선거제도개혁 패스트트랙 개혁연대'를 명분으로 조국 사태와 검찰개혁 논쟁에서 정부·여당을 무비판적으로 지지했다. 정의당 심상정 대표는 조국 사태에 즈음하여 '대통령의 임명권을 존중하고 사법개혁에 대한 검찰의 조직적 저항에 대해 단호히 책임을 물을 것'이라고 선언한 바 있다. 그리고 '소수 정치검사들이 정치권력과 결탁해 민주주의를 농단하고 국민주권 위에 군림하는 행태를 용납할 수 없다'는 구실을 내세워 선거법개정과 검경수사권 조정 및 공수처 설치를 교환했다.

조국 사태와 이후 검찰개혁에 상대적으로 비판적인 태도를 견지한 것은 경실련이었다. 경실련은 조국 법무부장관 후보자의 자진사퇴를 주장하고, 추미애 법무부장관의 검찰직제 개편안이 '경제권력과 정치권력에 대한 견제를 약화시키는 결과를 가져올 수 있다'고 비판했다. 그러나 경실련도 '검찰권의 견제'라는 광범위한 검찰개혁 공감대 속에서 검경수사권 조정과 공수처 설치를 지지했다.

조국 사태나 검찰개혁 논쟁에서 민주노총은 침묵으로 일관했다. 민주노총은 논쟁이 폭발하던 2019년 8-10월에 조국 사태나 검찰개혁에 관해 공식 성명이나 논평 등 그 어떤 형태로도 입장을 발표하지 않았다.[30] 이는 협소한 경제적 이익이라는 사익 이외에 광범위한 정치·사회적 운동의 공익에 대한 민주노총의 무관심을 보여주었다. 나아가 법치에 대한 노동자운동 전반의 맹목을 보여주었다.

대신 노동자운동 좌파 일부가 검찰개혁 논쟁에 개입했는데, 그러나 사법체계나 사법제도의 역사에 대한 무지로 인해 검찰개혁 논쟁의 핵심 쟁점에는 접근하지 못했다.

구좌파는 검·경이 본질적으로 동일한 억압적 국가기구이기 때문에 그 어떤 검찰개혁도 '공상'이나 '허구'에 불과하다고 치부한다. 노

---

30) 민주노총의 2019년 「하반기 정세와 과제」 문서에서 '국회 일정의 최대 변수는 9·9 문재인 대통령의 조국 법무부장관 임명 강행에 따른 여야 정면 충돌 상황임'이라는 언급이 유일한 사례일 것이다.

동자연대(다함께)는 검경수사권 조정이나 공수처 설치 같은 검찰권력의 분산이 지배계급의 상이한 분파 사이의 권한 분배에 불과하며, 공수처·경찰·검찰이 상호 견제하더라도 진정한 '민주적 통제'는 요원하다고 강변했다. 국가장치 내에서 공상적 개혁을 추구하기보다 계급권력에 도전해야 하는데, 억압적 국가장치 중 일부를 약화시키더라도 억압적 기능 자체가 자본주의 국가에서 소멸되거나 축소될 수 없기 때문이라는 것이다(김문성, 2017; 2018; 2019a; 2019b). 변혁당(노동자의힘)도 인민의 통제를 받지 않는 억압적 국가장치 사이의 권력 배분은 무의미하며(이주용, 2019), 노동자계급은 대통령과 검찰총장 누구도 지지해서는 안 된다고 주장했다(김태연, 2019).

그러나 『후기』에서 국가보안법 비판의 결함에 대해 설명했듯이, 마르크스주의자나 공산당원과 같은 '국사범' 내지 '사상범'에게 경찰사법과 검찰사법의 차이가 무의미한 것이 아니다. 일본은 다이쇼민주주의 시기에 치안유지법을 제정했는데, 이것은 러시아혁명 이후 마르크스주의의 보급과 공산당의 출현에 대응한 반공법을 핵심으로 하는 것이었다. 그리고 반공법의 핵심은 마르크스주의자나 공산당원 같은 국사범을 사상범으로 취급하여 처형이 아니라 전향을 유도한다는 데 있었다. 치안유지법의 담당부서는 사법성(司法省)이었고, 사법성의 핵심은 재판관이나 행정관이 아닌 검찰관이었는데, 그 결과 경찰사법이 검찰사법으로 이행했던 것이다.

조국 사태나 검찰개혁 논쟁에서 노동자운동이 무력할 수밖에 없었던 것은 결국 법치나 정의 개념에 대한 맹목 때문이다. 하지만 애덤 스미스가 갈파한 것처럼 정의 없는 사회는 존재할 수 없다. 타인의 행복을 증진하는 긍정적(positive, 적극적) 덕성으로서 인애(仁愛, beneficience/benevolence) 없는 사회는 있어도 타인의 행복을 손상하지 않는 부정적(negative, 소극적) 덕성으로서 정의 없는 사회는 없기 때문이다. 마찬가지로 법치, 즉 '법의 지배'(rule of law)를 부정하는 사회도 지속될 수 없다. '법은 만인에게 평등하므로' '법은 만명에게 더 평등하다'는 것은 부조리하기 때문이다.

검경수사권 조정 및 공수처 설치 법안이 국회를 통과한 이후에도 논란은 지속되었다. 추미애 장관을 필두로 검찰, 특히 윤석열 총장에 대한 정부·여당의 공세가 노골화되면서 검찰개혁론 내부의 균열이 발생하기도 했다. 법무부장관의 지휘·감독과 법무부의 인사권·예산권·감찰권 행사가 검찰을 정권의 시녀로 전락시킬 수 있다는 우려가 제기되었던 것이다(한상희, 2020). 급기야 추 장관이 윤 총장의 측근인 한동훈 검사장을 겨냥해서 피의자의 휴대전화비밀번호 제공을 강제하는 법률 제정을 지시하자, 민변·참여연대마저 위헌적이고 반(反)인권적인 처사라고 규탄하기도 했다.

그러나 공수처 설치라는 공동의 목표를 공유한 정부·여당과 검찰개혁론자들의 동맹은 고수되었다. 민변과 참여연대는 공수처법이 '검찰분권화 모델'이 아닌 '부패방지형 모델'을 참고한 결과, 공수처의 권한이 제한되었다며 법령의 개정을 주장했다.31) 그러나 연일 권력형 비리가 폭로되는 상황에서 부패방지형 공수처법을 검찰분권화 모델로 개정하자는 것은 공수처가 검찰 수사를 회피하기 위한 구실에 불과했다는 사실을 고백한 셈이기도 했다.

결국 여당은 공수처장 후보에 대한 '야당의 비토권'마저 무력화하는 공수처법 개정 절차에 돌입함으로써 공수처가 대통령의 '보이지 않는 손'이 될 것이라는 우려를 현실화했다. 또 대공수사를 포함한 국가정보원의 국내업무를 경찰에 이관·통합하는 법안을 상정함으로써 경찰사법의 부활이라는 우려를 현실화하기도 했다. 나아가 추 장관은 윤 총장을 해임·구속하기 위한 절차로서 직무정지·징계청구를 감행했는데, 여론조사에서 대권주자 선두그룹에 합류한 윤 총장이 인민주의에 대항하는 자유주의·보수주의 연합의 핵이 될 것이라는 이른바 '윤석열 대망론'에 대한 문 대통령의 불안을 반영한 정치공작이라고 할 수 있을 것이다.

---

31) 검찰의 권한 분산과 견제를 위해 공수처 수사대상 전체에 대해 기소권을 부여하고(오병두, 2020b), 또 공수처 규모를 확대하고 공수처장 직급을 검찰총장과 동일한 장관급으로 격상하는 등 공수처 권한을 전반적으로 강화해야 한다는 것이었다(최용근, 2020).

코로나19발 경제위기 대응과 4·15총선

총선에서 압승한 이후 문재인 정부는 'K방역·경제·평화'라는 일대 소동을 벌였다. 그러나 문재인 정부와 운명공동체를 형성한 사회운동은 적합한 비판을 제시하지 못했다. 코로나19의 대유행 속에서 치러진 4·15총선 전후로 사회운동의 존재감은 지극히 미미했다.

이런 가운데 민주노총은 코로나19발 경제위기 대응을 위한 노사정협정을 거부했다. 민주노총 출신 문성현 위원장을 경사노위 수장으로 발탁한 것에서 알 수 있듯이 문재인 정부의 노동정책은 민주노총과 '동반자적 관계'를 구축하는 데 핵심이 있었다. 문성현 위원장과 친화성이 있는 김명환 집행부의 등장도 비슷한 맥락에서 해석할 수 있었다. 하지만 이런 시도는 끝내 무위로 돌아갔고 민주노총과 문재인 정부 사이에는 비가역적 균열이 발생했다.

코로나19발 경제위기 대응

민주노총은 코로나19발 경제위기에 대응하여 모든 노동자의 해고금지와 전국민고용보험을 주장했다. 해고금지는 '대통령이 헌법 제76조의 긴급재정·경제 명령으로 모든 기업에서 6개월간 한시적 해고금지 조치를 내려야 한다'는 주장이었다(이주호, 2020). 그밖에 전국민고용보험을 비롯한 민주노총의 요구는 대개 정부의 재정지원을 바탕으로 노동자의 피해 구제에 초점을 맞췄다. 확장적 재정정책을 통한 수요진작 및 취약계층 보호, 그리고 공공부문 확대를 통한 고용안정을 주장했던 것이다(민주노총민주노동연구원, 2020).

그러나 해고금지 주장은 코로나19발 경제위기에서 고용위기의 현실을 충분히 반영하지 못했을 뿐더러 취업자와 실업자를 포괄하는 전체 노동자계급의 요구로서도 부적합했다. 평시임에도 불구하고 의회를 무시하고 제왕적 대통령의 권위에 호소하는 긴급재정·경제명령은 초헌법적 발상이었다.[32] 정부의 시장개입을 만능으로 간주하는 이러한 반(反)경제학적 태도는 정부·국가에 대한 의존도를 심화하고 노동자운동의 자율성을 침식하는 결과를 초래할 것이다.

『현대경제학 비판』(공감, 2011)에서 설명했듯이, 시장이 모든 문제를 해결할 수 있는 것은 아니지만 그 반대로 정부가 모든 문제를 해결할 수 있는 것도 아니다. 달리 말해 정부의 정책적 개입은 '시장실패'(market failure) 영역에 국한해야 한다. 그렇지 않을 경우에는 오히려 '정부실패'(government failure)가 발생할 것이기 때문이다.

민주노총은 경기침체와 적자재정의 악순환 속에서 '지속가능한 국채비중'이라는 문제나 원이 달러·유로 같은 기축통화가 아니라는 사실을 무시했다. 더욱 심각한 문제는 국채발행 자체가 계급간·세대간·민족간 불의(unjustice)라는 사실에 맹목적이었다는 데 있다. 민주노총은 현재세대 노동자계급이 부담해야 할 인플레이션조세이자 역진세도, 미래세대 노동자계급이 부담해야 할 원리금도, 나아가 민족경제가 외국인에게 지불해야 할 원리금도 고려하지 않았다. 경제성장의 전망이 불확실한 현정세에서 미래세대로의 부담 전가는 현재세대의 '탐욕의 표현'(해로드)일 따름이다.

공공부문 확대 주장도 다분히 관성적이었다. 『사회과학 비판』에서 설명했듯이, 공공부문 확대는 지방정부에 의한 여성고용의 확대를 의미한다. 이것은 가계가 자급하던 서비스가 공공부문을 통해 공급되면서 화폐로 평가되는 국민소득이 증가하는 착시효과를 유발할 뿐, 진정한 의미의 경제성장이라고 할 수 없다.

그런데 민주노총에서는 사태가 전혀 예상치 못한 방향으로 전개되었다. 민주노총 김명환 위원장이 이상의 요구를 바탕으로 '코로나

---

32) 국회의 소집을 기다릴 여유가 있고 법률을 제·개정할 시간이 있다면, 당연히 국회의 의결을 거쳐 법률을 제·개정하여 집행하여야 하고, 긴급재정·경제명령을 발동하는 것은 헌법에 반하는 것이다(송기춘, 2008).

19 위기 극복 원포인트 사회적 대화'를 제안했지만, 내부 논쟁은 파
국으로 치달았다.33) 민주노총 내부에서는 노사정 협의 과정에서 해
고금지 등 민주노총의 핵심요구가 수용되지 않았는데도 집행부가
졸속으로 노사정합의를 강행하려 한다는 비판이 광범위하게 제기되
었다.34) 결국 '코로나19 위기 극복을 위한 노사정합의안'은 민주노
총 임시대의원대회에서 60%가 넘는 반대로 부결되었고 김명환 집
행부는 사퇴할 수밖에 없었다.

문재인 정부 출범에 발맞춰 '투쟁과 교섭의 병행노선'을 제시하며
당선된 김명환 집행부는 노동존중사회를 위한 사회적 대화에 주력
했다(김명환·이주환, 2018). 그러나 사회적 대화 참여 시도는 번번이
무산되었다. 김명환 집행부의 입장에서는 2018-19년 노사정대표자
회의·경사노위의 경우 정부·여당이라는 외적 요인35)이, 2020년 노
사정협상의 경우 정파 갈등이라는 내적 요인36)이 각각 악영향을 끼
쳤다고 볼 수 있다. 하지만 애당초 실행가능성 없는 요구를 제기하

---

33) '코로나19 위기 극복을 위한 노사정대표자회의'에 민주노총이 제출한 주
    요 의제는 '재난기간 모든 해고 금지, 생계소득 보장'과 '전국민고용보험 도
    입, 사회안전망 전면확대'였다.
34) 민주노총 중앙집행위원 공동 성명에는 민주노총부위원장 7명 중 6명, 금
    속노조·공공운수노조 등 산별노조/연맹위원장 6명, 민주노총지역본부장 16
    명 전원이 참여했다. 또 민주노총의 핵심 산별노조인 금속노조는 중앙집행
    위원회 전원의 명의로 '민주노총이 목표한 내용을 담지 못했을 뿐만 아니
    라 교섭의 과정이 적절하지 못했다'는 이유로 임시대의원대회 소집을 반대
    했다. 임시대의원대회 직전에는 민주노총 대의원의 과반이 넘는 810명이
    '노사정합의안 폐기를 위해 투쟁하는 대의원 및 중집위원' 명의로 공동성
    명을 발표하여 집행부가 상정한 안건의 부결을 예고한 바 있다.
35) 이주호(2019)는 '사회적 대화' 참여와 관련한 '중요 고비 때마다 터져 나온
    최저임금 산입범위 개악, 탄력근로제 개악 시도, 노동정책 후퇴, 민주노총
    비난 발언 등이 악영향을 끼쳤다'고 평가했다.
36) 김명환 위원장은 임시대의원대회 안건 제안 동영상에서 '정파 조직이 대
    중조직 위에 군림하거나 줄 세우기를 하고 있다'고 공개적으로 비판했다.
    그러나 이번 안건에 대해서 주요 정파뿐만 아니라 금속노조 등 주요 가맹
    조직과 전체 산하조직(지역본부)이 반대했다는 사실에 비추어 일부 강경파
    의 영향이나 정파 갈등으로 환원할 수 없는 지도력의 위기 내지 민주적 조
    직운영의 실패로 보는 견해도 상당수 존재했다.

면서 그것이 수용되지 않을 경우에 발생할 곤란을 충분히 예상치 못했다는 점에서 집행부와 반대파 모두 책임을 모면하기 어렵다.

김명환 집행부의 선출과 운영에 직·간접적으로 관여하면서 문재인 정부의 북한 비핵화에 협조한 민족해방파가 사회적 대화에 미온적이었던 이유는 불명확했다. 그러나 결과적으로는 이들의 노사정협정 거부가 김명환 집행부의 사퇴와 더불어 문재인 정부와 민주노총 사이의 균열을 야기한 핵심 변수로 작용한 셈이었다. 민주노총 내부에서 친정부노선과 친북노선간의 갈등은 정치이념과 무관한 노동자주의의 발로로 해석될 수 있을 것이다.

그러나 단순한 노사정협정 거부나 코퍼러티즘 반대가 대안이 될 수는 없다. 『역사적 마르크스주의』와 『금융위기와 사회운동노조』에서 이탈리아제1노총(CGIL)의 사례를 들어 설명한 것처럼, 사회운동노조는 노조로 조직된 노동자들의 특수한 이익을 방어하는 코퍼러티즘을 지양하고 노동자의 숙련·직종·산업에 따른 격차와 지적·성적 차이에 따른 분할을 극복하는 보편주의를 추구한다. 나아가 사회운동노조에게 노사정협정이란 원칙적 문제가 아니라 정세적 문제일 따름인 것이다.[37]

민주노총의 노사정협상 소동은 노동자의 보편적 이익을 대표하기는커녕 조직 내부의 갈등조차 민주적으로 조정하지 못하는 무능력을 표상했다. 또한 집행부 반대파는 노사정협상에서 코퍼러티즘을 지양하는 대안을 능동적으로 제출한 것이 아니라 노동자의 특수한 이익을 수동적으로 방어하는 데 몰두하면서 노사정협상 자체에 대한 반대와 거부로 일관했을 따름이다.

자영업자와의 갈등을 초래한 최저임금인상부터 고용세습·매판노조 논란을 불사한 공공노조·자동차노조의 지대추구적 행위, 그리고 '스스로 차린 밥상을 반찬이 마음에 들지 않는다고 걷어찬'(문성현

---

37) 이탈리아제1노총(CGIL)은 평의회노조를 바탕으로 1975년 노사정협정에서 연동제(scala mobile)를 도입했던 반면 1993년 노사정협정에서는 신자유주의와 전투적 코퍼러티즘의 부상 속에서 '신축적 연동제'(연동제 폐지와 소득정책 채택)를 수용할 수밖에 없었다.

위원장) 코로나19발 경제위기 대응 노사정협상까지 민주노총의 태도는 한마디로 말해서 '사익의 최대화'라고 할 수 있다. 노동자의 특수한 이익을 강조하는 민주노총의 노동자주의는 문성현 위원장이 추구하는 코퍼러티즘에도 미달하는 것이다.

한편, 정의당은 코로나19발 경제위기에 대한 정책대응으로 정부가 국민소득 5% 규모인 100조원 수준의 민생직접지원을 신속히 추진할 것을 제안했다. 정부의 재난지원금 10조원의 다섯 배가 넘는 51조원을 재난기본소득으로 책정하자는 것이었다. 또 향후 경기회복을 위해 3년간 150조원의 예산을 투입할 것을 주문했다.

미국의 '코로나 지원·구제·경제안보법'(CARES Act)과 비교할 때 정의당이 요구하는 재정정책은 신중하지 못하다. 미국의 재정정책과 정반대로 정의당은 재정의 구성에서 '경제안보'보다 개인에 대한 '재난지원'이나 '실업구제'에 치중했다.[38] 또한 미국의 재정정책이 경제안보에 집중하면서 경기부양에는 신중하게 접근하는 데 반해 정의당은 단기부양에 막대한 예산을 투여할 것을 주문했다.

버냉키가 경고한 대로, 예방약(백신)과 치료약(항바이러스제)이 개발되지 않은 상황에서 경제정책의 완화만으로 코로나19발 경제위기를 해결할 수는 없다. 게다가 보건의료체계가 붕괴하는 보건의료위기까지 발발한다면, 더 큰 규모의 경제위기가 초래되어 결국 경제체계도 붕괴할 수밖에 없다.

민주노총·정의당 등은 아직 도래하지 않은 최악의 상황을 대비해서 신중을 기하지도 않고 또 정책의 실행가능성이나 지속가능성을 고려하지도 않았다. 다만 자본가가 아니라 노동자에게 지원과 구제를 집중할 것을 요구했을 뿐이다. 경제의 현상유지도 불투명한 상황에서 언감생심 경기부양을 추구하는 것은 경제학적 문맹을 고백하는 것일 따름이다.

---

38) 미국의 경우 지원(aid)과 구제(relief)보다 경제안보(economic security)에 집중했다고 할 수 있다. 또 지원은 보편적인 반면 구제는 피해자 특수적이라는 차이가 있다.

4·15총선과 정의당

정의당은 민주노총의 카운터파트였던 민주노동당을 우여곡절 끝에 계승했는데, 그러나 결국 '민주당 2중대'로 타락했다. 코로나19의 대유행 와중에 치러진 총선에서 '선거제 개혁을 통한 교섭단체 구성'을 목표로 한 정의당의 선거전략은 완전히 실패했다(김용신, 2020).

『후기』에서 지적했듯이, 문재인 정부 이후 정의당은 '민주당의 비례전문위성정당'이라는 지위를 고수하려고 민주당 2중대라는 비난에도 아랑곳하지 않았다. 그 대표적 사례는 조국 교수를 비호한 것이었다. 또 정의당은 여당과 결탁하여 선거법개정과 검찰개혁을 교환했는데, 정당정치와 의회정치를 부정하는 폭거에 동참한 셈이었다. 심상정 대표가 '국민은 그 산식(算式)을 이해할 필요 없다'면서 강행 처리한 선거법개정에도 물론 문제가 많았는데, 단적으로 '연동형 비례대표제'는 위헌 소지가 컸기 때문이다.

심상정 대표는 총선 이후 조국 사태와 선거법개정 과정에서 드러난 당의 '정체성 후퇴'에 대해 자책하기도 했다. 그러나 만일 여당의 비례위성정당이라는 '복병'을 만나지만 않았다면, 그 자책은 자화자찬으로 바뀌었을 것이 분명하다(이광일, 2020).

총선 전후 정의당 내부의 좌파는 공통적으로 민주당과 구별되는 노선 정립이라는 문제를 제기했다. 양경규 외(2020)는 민주당이 정권 재창출을 위해 촛불혁명과 대선의 약속에서 계속 이탈할 것이고 정의당은 이 새로운 거대여당 체제에서 독자적 진보정당의 길을 걸어야 한다고 주장했다. 장석준(2020)은 민주당-진보정당 교차투표층을 정의당을 포함한 진보정당의 '민주당 2중대' 노선의 딜레마라고 지적했는데, 그러나 민주당이 거대여당이 되고 촛불혁명을 배신할 것으로 예상되는 향후 국면에서는 '민주대연합' 노선과 단절하고 민주당의 '자유주의' 노선과 구별되는 진보정당 노선의 정립이 필요하다고 주장하기도 했다.

민주당의 노선을 자유주의로 규정하는 것은 그래야 정치구도상 자신들이 진보를 자임할 수 있기 때문이었다. 그러나 이들은 진보의 의미를 여전히 확정하지 못했다. 정의당이 '문재인 정부의 개혁을 선도하는 예인선'(심상정)이라거나 '2중대가 아닌 선봉중대'(김종대)라고 하면서도 여전히 2중대에 머무르는 것은 진보의 내용을 확정하지 못했기 때문이다.

『종합토론』에서 설명했듯이, 진보주의에는 두 가지 의미가 있다. 영국에서 진보주의는 사민주의, 즉 19세기 고전적 자유주의가 현대화한 것으로서 케인즈주의를 의미했다. 반면 미국에서 진보주의는 인민주의가 현대적 자유주의로 대체되는 과정에서 과도적 역할을 수행했다. 남한의 진보주의도 마찬가지인데, 예를 들어 케인즈주의를 원용하는 경우에도 케인즈-새뮤얼슨의 케인즈주의가 아닌 칼레스키-로빈슨의 포스트케인즈주의와 친화성이 있다. 남한에서 진보주의가 자유주의에 미달하는 것은 이 때문이다.

현실 사회주의의 붕괴 이후 공산주의의 재건이나 마르크스주의의 쇄신을 위한 노력을 동반하지 않는 한 진보주의는 일종의 알리바이에 불과하다. 경제학 비판과 자유주의 비판이 불가능한 '진보'는 존재 이유가 없다. 경제학과 자유주의에 대한 거부나 반대는 인민주의의 본성인데, 자유주의는 물론이고 보수주의에게조차 미달할 수 있음을 유념해야 할 것이다.

심상정 대표가 총선 패배의 책임을 지고 퇴진한 뒤 정의당은 혁신비상대책위원회를 거쳐 새 지도부를 선출했다. 김종철 신임 대표는 당내에서 좌파, 즉 '선명한 독자노선과 비교적 강한 진보 정체성'을 대표하는 것으로 평가되었다.[39] 그러나 당 쇄신에 대한 안팎의 기대에도 불구하고, 김종철 체제의 전망은 밝지 않은 것으로 보인다. 추미애 법무부장관과 윤석열 검찰총장 사이의 갈등에서 중립을 지키면서 공수처의 신속한 출범을 지지하는 것이 단적인 사례다. 민주당 2중대라는 오명을 탈피하기 위해서는 무엇보다도 먼저 원내 진

---

39) 「'과감하게 단단하게' 정의당 새 대표에 김종철」, 『레디앙』, 2020. 10. 10.

출을 위해 선거법 개정과 공수처 설치를 교환함으로써 문재인 정부에 협력한 과오를 자기비판했어야만 했다.

정의당 외부의 좌파도 전망이 어둡기는 마찬가지다. 코로나19발 경제위기에서도 구좌파의 전형적인 대안은 전위당 건설과 국유화였을 따름이다. 변혁당(2020)은 코로나19발 경제위기에 대응하여 국유화를 사회주의적 이행의 경로로 제시했다. 전위당 건설의 경우, 최근에는 정의당의 민주당 2중대 노선을 대체할 '명실상부한 사회주의 대중정당 건설'(김태연, 2020) 내지 '사회주의 정치세력화'(고민택, 2020)가 주장되었다. 이전과 달라진 것은 선거 참여를 얼마간 고려하기 시작했다는 점일 따름이다.

그러나 『재론 위기와 비판』에서 지적한 것처럼, '비전향'이 능사는 아니다. '비전향 18년'을 자부한 일본공산당은 장기수를 앞세워 '추궁자로서의 자격'을 포기하지 않았지만 결국 자멸의 길을 걸었다. 비전향자라고 할지라도 역시 자기비판이 필요한 것이다.

신좌파를 대표하는 사회진보연대의 경우, 『한국자본주의의 역사』 이후 여러 차례 그 난맥상이 지적된 바 있다. 주축 활동가가 X세대에서 Y세대로 이행하는 중인데, 정의당이나 구좌파와 구별 정립하여 독자적으로 존속할 수 있는 근거가 무엇인지 심각하게 자문하지 않을 수 없는 상황이기 때문이다.

부동산정책 실패와 피케티 현상

총선 압승 직후 윤미향 스캔들에 이어 박원순 서울시장의 자살로 정부·여당의 지지율이 급락했다. 이 과정에서 특히 부동산 정책 실패가 부각되었다. 정권재창출에 위기감을 느낀 정부·여당은 수도 이전과 이른바 '임대차 3법'으로 정국 반전을 꾀했다. 이들은 서울/강남 또는 주택소유자/임대인을 지방/비(非)강남 또는 무주택자/임차인과 대립시키며 기득권세력인 전자를 후자의 '적'으로 규정하는 인민주의적 프레임을 유포했다.

문재인 정부의 부동산 정책 실패를 가장 예리하게 비판한 것은 경실련이었다. 경실련은 투기수요를 비난하던 정부가 오히려 대규모 개발로 투기를 조장하고 있으며, 주택공급 측면에서도 분양가상한제 도입이나 임대사업자세제혜택 폐지 같은 정책을 외면하고 있다고 비판했다. 종합부동산세 인상의 경우에는, 법인소유자에 대한 특혜를 유지한 채 개인소유자에 대해서만 '징벌적 과세'를 부과하는 방안이라고 비판했다. 또 수도 이전이란 부동산 정책 실패를 면피하려는 임시방편에 불과하고, '서민·중산층 주거안정 지원방안'으로 제시한 전세임대·매입임대 정책도 현실성 없는 '가짜 임대정책'이라고 일축했다.[40]

정의당의 부동산 정책은 문제의 원인을 투기로 환원하며 소유권 제한에 초점을 맞추는 정부·여당의 인민주의적 정책과 본질적인 차이가 없었다.[41] 오히려 정부·여당의 '임대차 3법' 등이 투기 근절이나 임차인 보호에 미흡하다는 이유로 정부의 개입을 더욱 강화할 것을 주장하기도 했다.[42] 수도 이전에 대해서는 국가균형발전을 명분으로 찬성한다는 전제 하에 개헌에 준하는 국민투표 실시를 통해 정치적 정당성을 보완할 것을 요구했다.

그러나 주택수요를 투기심리로 환원할 수만은 없다. 국부에서 주

---

40) 경실련의 부동산 정책 기조는 1989년 출범 당시 제시된 원칙, 즉 '비생산적인 불로소득은 소멸되어야 한다'와 '토지가 재산 증식의 수단으로 보유되어서는 안 된다'는 원칙에 기초한다(윤순철, 2009). 이런 원칙은 이른바 '토지공개념'으로 집약되는데, 절대지대를 소멸시키려는 부르주아적 토지 국유화의 변종이라고 할 수 있다. 마르크스적 지대론에 대해서는 『마르크스의 '자본'』을 참조할 수 있다.

41) 2020년 총선에서 정의당은 '부동산 투기 근절'을 핵심 목표로 설정하고, 종부세율 인상 및 다주택 중과세, 전월세상한제·계약갱신청구권 도입(세입자 9년 안심거주 보장), 장기공공임대주택 10만호 공급 등의 공약을 제시했다(정의당, 2020).

42) '임대차3법'은 계약갱신청구권제·전월세상한제·전월세신고제 도입을 골자로 하는 여당의 주택임대차보호법 및 부동산거래신고법 개정안이다. 정의당은 계약갱신청구권을 4년(=2년×2회)에서 9년(=3년×3회)으로 확대하고 전월세상한을 5%가 아니라 물가상승률에 연동할 것을 주장했다.

식이 아니라 부동산, 그 중에서도 주택의 비중이 높다는 사실은 '금리생활자민족'이 아닌 '노동자민족'이라는 한국경제의 현실을 반영할 따름이다. 또한 주택소유에 불로소득이라는 요소가 있더라도, 주택소유권 자체는 소유자의 경제적 능력과 기여의 결과라는 사실을 부정해서도 안 된다. 주택이 아니라 주식이 투기를 대표한다는 것은 경제학적 상식인데, 케인즈가 안락사시키자고 주장한 '금리생활자'(rentier)는 주택소유자가 아니라 주식투기자이다.

『마르크스의 '자본'』에서 설명했듯이, 소유권에 대한 마르크스의 '규정적 비판'은 단순히 소유권을 부정하는 것이 아니라 노동권이라는 대안을 제시하는 것이다. 자유주의적 정치이념의 기초로서 로크의 개인적 소유론은 자기노동에 기초한 소유인 동시에 자기의 노동력에 대한 소유, 즉 자기소유를 의미한다. 그런데 자본주의에서 노동자는 현상적으로 노동력의 소유자인 반면 본질적으로는 노동력의 소유자일 수 없고, 그 결과 불안전과 대량실업이라는 이중적 의미의 궁핍화에 노출된다. 마르크스는 자유주의의 모순을 해결하는 공산주의를 사회적 소유를 토대로 하는 개인적 소유의 재건으로 정의한 바 있다. 이는 곧 생산수단에 대한 사회적 소유권과 결합되는 노동력에 대한 개인적 소유권, 간단히 말해서 노동권을 의미한다. 따라서 마르크스는 자기소유를 완성하는 노동권이 바로 공산주의의 핵심이라고 주장한 셈이다.

정의당은 부동산정책의 기조를 피케티를 원용하여 '세습자본주의' 타파로 설정했는데, 소득불평등보다 자산불평등이 더욱 심각하다는 이유로 기본소득 대신 기본자산을 주장하는 것도 이 때문이다. 정의당의 기본자산제는 정부가 모든 20세 청년에게 3천만원을 지급하는 것을 골자로 하는 청년기초자산제로 구체화되었다.[43]

『일반화된 마르크스주의 세미나』(공감, 2014)에서 설명했듯이, 피

---

43) 청년기초자산제는 심상정 의원이 대표 발의한 청년사회상속법안(2018년)에서 기원하는데, 최근 대선과 총선에서 정의당의 핵심 공약으로 제시된 바 있다.

케티 현상은 금융위기 이후 프랑스와 남한에서 유행하고 있는 최신판 '프랑스 이데올로기'라고 할 수 있다. 그런데 정작 피케티 본인은 밀과 케인즈를 계승하는 자유주의 경제학의 주류에 속한다는 사실은 간과되는 것 같다. 마르크스주의적 이념과 운동이 쇠퇴하면서 결국 이론도 쇠퇴했음을 알 수 있는 대목이다.

피케티는 20세기와 달리 21세기에는 성장률이 하락하고 불평등도 악화할 것으로 예상한다. 그 결과 경제성장의 결과로 불평등이 개선된다는 쿠즈네츠의 '역(逆)U자형 가설'을 비판하는 'U자형 가설'을 제시한다. 피케티는 21세기 사회를 상속재산, 즉 유산(遺産)이 중요한 'partrimonial society'로 특징짓는데, 이는 자본축적이 아니라 자본상속이 중요한 사회라는 의미이다.

이처럼 상속자 또는 불로소득자가 지배하는 사회에 대한 피케티의 해법은 밀이나 케인즈의 해법과 동일한 것이다. 그는 성장률이 하락하는 상황에서 불평등을 개선하려면 밀처럼 부유세(상속세·재산세)를 통해 이윤율을 하락시키거나 케인즈처럼 금리로 생활하는 불로소득자를 안락사시키자고 제안한다.

그러나 피케티의 주장은 경제학적 개념을 혼동하는 동시에 경제적 메커니즘을 부정하는 것이다. 피케티는 자본과 부를 구별하지 않고 불평등에 초점을 맞춰 토지·주택을 포함한 부에 주목한다. 그러나 마르크스주의나 현대경제학은 자본과 부를 구별하고 경제성장에 초점을 맞춰 고정자본과 금융자본 같은 자본에 주목한다. 자본과 부를 개념적으로 구별하는 것은 경제적 메커니즘에서 수행하는 역할에 차이가 있기 때문이다.

또 피케티는 쿠즈네츠 곡선을 비판하면서 비경제적 메커니즘을 대안으로 제시한다. 그러나 『후기』에서 지적했듯이, 쿠즈네츠나 밀라노비치가 주목한 불평등을 감축시키는 '좋은 힘'(benign force)은 본질적으로 경제적 메커니즘이다. 경제성장으로 1인당 국민소득이 상승하면 지니계수가 상승하다가 결국 하락하는데, 이것은 루이스(Arthur Lewis)가 제시한 전환점(turning point) 이후 노동력 부족으로 임금이 상승하고, 나아가 경제성장 덕분에 대중교육과 복지국가 등 다양한 개혁이 가능해진 결과이다. 불평등 감축을 위한 피케티의 대안은 코퍼러티즘, 그것도 스웨덴 같은 사회코퍼러티즘이 아니라 국가코퍼러티즘이 지배하는 프랑스의 특수성을 보편화하는 오류를 범하는 것이다.

동시에 자유주의자로서 피케티가 궁극적으로 능력주의의 복원을 주장한다는 사실을 지적할 수 있다. 상속으로 인한 개인적 불평등이 학력으로 정당화할 수 있는 기능적 불평등을 초월함으로써 자본주의의 위기를 자초한다는 문제에 주목하기 때문이다. 하지만 정의당은 피케티의 능력주의 내지 자유주의가 아니라 국가코퍼러티즘적 대안을 선별적으로 수용할 따름이다. 정의당의 진보주의가 마르크스주의 내지 자유주의가 아니라 국가코퍼러티즘 내지 인민주의와 더욱 친화성이 있다는 사실이 확인되는 대목이다.

참고문헌

고민택 (2020), 「사회주의 정치세력화 방안과 경로」, 『진보평론』, 83호.

김기덕 (2017), 「노동적폐와 노동행정 개선과제와 방향」, 토론회 자료집 『문재인 정부, 노동존중사회를 향한 우선 이행과제』, 민주노총·한국노총.

김도균 (2020), 『한국 사회에서 정의란 무엇인가』, 아카넷.

김동근 (2019), 「공공부문 비정규직 정규직화 평가」, 『계간 사회진보연대』, 가을호.

김명환·이주환 (2018), 「김명환 민주노총 위원장 인터뷰」, 『노동사회』, 198호, 한국노동사회연구소.

김문성 (2017), 「문재인의 검찰 '개혁'을 지지해야 할까?」, 『노동자연대』, 215호.

──── (2018), 「문재인의 권력기관 개혁안: 통치 효율화를 위한 재편」, 『노동자연대』, 236호.

──── (2019a), 「검찰은 개혁될 수 없다」, 『노동자연대』, 298호.

──── (2019b), 「노동계급은 여야 모두로부터 독립적이어야」, 『노동자연대』, 300호.

김성룡 (2018), 「청와대의 '수사권 조정안'과 검찰개혁」, 『형사정책』, 30권 2호.

김영익 (2020), 「미국과 한국 정부는 대북 압박 중단하라」, 『노동자연대』, 328호.

김용신 (2020), 「총선평가와 정의당의 과제」, 토론회 자료집 『21대 총선 평가와 정의당의 과제』, 정의당정의정책연구소.

김유선 (2017), 「노동시장 양극화 해소방안과 우선과제」, 토론회 자료집 『문재인 정부, 노동존중사회를 향한 우선 이행과제』, 민주노총·한국노총.

──── (2018), 「문재인 정부 노동정책 1년: 일자리정책, 최저임금, 노동시간」, 토론회 자료집 『문재인 정부 노동정책 1년 평가와 과제』, 한국노동사회연구소.

──── (2019), 「문재인 정부 노동정책 2년 평가와 과제」, 토론회 자료집 『문재인 정부 2주년 경제산업·노동정책 평가 및 2020 총선 의제』, 민주노총.

김인회 (2020), 「문재인 정부 검찰개혁 중간평가」, 『민주변론』, 113호.

김장호 (2018), 「평화·번영·통일시대의 등장과 노동자 자주통일운동의 과제」, 『이슈페이퍼』, 4호, 민주노총.

김태연 (2019), 「윤석열 검찰총장을 넘어설 수 없는 문재인 대통령」, 『변혁정치』, 96호.

──── (2020), 「노동자투쟁과 사회주의 대중정당 건설」, 토론회 자료집 『노동자 투쟁과 사회주의 대중정당 건설운동』, 노동해방투쟁연대·사회변혁노동자당.

김태우 (2017), 「고위공직자비리수사처 입법론 검토」, 『형사법의 신 동향』, 54호.

노광표 (2019), 「문재인 정부 1기 노동정책 평가 및 향후 과제」, 『이 슈페이퍼』, 116호, 한국노동사회연구소.

노중기 (2018), 「문재인 정부 노동정책 1년: 평가와 전망」, 토론회 자 료집 『문재인 정부 1년 노동정책 평가와 과제』, 민주노총정책연구 원·한국비정규노동센터·한국산업노동학회.

─── (2019), 「'사회적 대화 중간평가 및 향후 전망' 토론문」, 토론 회 자료집 『사회적 대화 중간평가 및 향후 전망』, 민주노총정책연 구원.

문재인·김인회 (2011), 『검찰을 생각한다』, 오월의 봄.

민주노총 (2019), 「민주노총 신규 조합원 현황 (2017-19년 4월)」, 『이 슈페이퍼』, 6호.

─── (2020), 「민주노총 21대 총선 21대 요구안」, 『정책보고서』, 1호.

민주노총교육원 (2018), 「평화와 통일의 새 시대, 노동자가 열어가 자!」, 『민주노총 교육지』, 8호.

민주노총대외협력실 (2019). 「한반도·동북아질서 대전환기, 일본 무 역제재가 함축하고 있는 정세」, 『정세해설서』, 9호.

민주노총민주노동연구원 (2020), 『코로나19 정세와 국내외 대응 분 석' 종합 보고서』.

민주노총정책연구원 (2016), 『노동분할시대, 노동조합 임금전략』.

민주노총통일위원회 (2018), 「'한반도 대전환의 정세' 노동자들의 주 동적 역할을 높이자!」.

민중당정책위원회 (2019a), 「2차 북미정상회담 분석」, 『정책과 논점』, 8호.

─── (2019b), 「한미정상회담과 북한 최고인민회의」, 『정책과 논 점』, 13호.

─── (2019c), 「한반도, 잃어버린 기회들」, 『정책과 논점』, 21호.

박근혜정권퇴진비상국민행동 (2017), 「2017 촛불권리선언과 100대 촛불개혁과제」.

박원곤 (2020), 「북한의 6월 공세: 의도, 의문점, 전망과 대응」, 『이슈 브리프』, 21호, 아산정책연구원.

박준형 (2019), 「2020년 민주노총은 무엇을 해야 하나」, 『계간 사회 진보연대』, 겨울호.

박지성 (2017), 「중국 검경관계가 한국 수사권 조정에 주는 시사점」, 『경찰학연구』, 17권 3호.

변혁당 (2020), 「코로나 19 이후 한국사회의 과제」, 『이슈페이퍼』, 1호.

송기춘 (2008), 「긴급재정·경제명령권에 관한 소고」, 『헌법학연구』, 14권 4호.

양경규 외 (2020), 「평가 통해 '새로운 사회계약을 위한 100가지 길'을 만들자」, 『레디앙』, 2020. 5. 15.

오민규 (2018), 「한국GM 부실의 진짜 원인, 실사에서 과연 밝혀질 까?」, 토론회 자료집『한국지엠 부실 진짜 원인 규명』, 민주노총·박찬대·김관영·정동영·노회찬·김종훈.

오병두 (2020a), 「문재인 정부 3년 검찰을 말하다」, 『문재인 정부 3년 검찰 보고서』, 참여연대사법감시센터.

────── (2020b), 「공수처, 어떻게 설치되고 운영되어야 하나?」, 토론회 자료집『고위공직자범죄수사처 설치 현황 점검』, 박주민·참여연대사법감시센터·민변사법센터.

윤순철 (2009), 「경실련의 부동산 운동」, 『시민과 세계』, 참여연대참여사회연구소.

윤효원 (2020), 「최저임금 인상해야 서민들이 버틴다」, 『민중의 소리』, 2020. 7. 3.

이광일 (2020), 「애도하지 못하는 자들의 부상과 몰락: 21대 총선 관전기」, 『황해문화』, 여름호.

이병훈 (2019), 「문재인 정부의 노동정책 변화에 관한 연구」, 『한국 사회정책』, 26권 4호.

이주용 (2019), 「'조국 내전' 이후」, 『변혁정치』, 94호.

이주호 (2019), 「민주노총과 사회적 대화」, 토론회 자료집 『사회적 대화 중간평가 및 향후 전망』, 민주노총정책연구원.

───── (2020), 「코로나19 위기극복을 위한 민주노총 요구」, 토론회 자료집 『코로나 대응 노사정 사회적 대화를 위한 노동의 과제』, 한국산업노동학회·민주노총·한국노총.

이주희 (2017), 「민주적 노정/노사관계 개선방향과 과제」, 토론회 자료집 『문재인 정부, 노동존중사회를 향한 우선 이행과제』, 민주노총·한국노총.

이호중 (2013), 「검찰개혁의 방향, 과제, 전망: 박근혜 정부의 검찰개혁논의에 부쳐」, 『법과 사회』, 44호.

장석준 (2020), 「제21대 총선 평가와 진보정치 전망」, 토론회 자료집 『2020년 4·15 총선 평가』, 민주노총 공공운수노조 정치위원회.

장영수 (2017), 「검찰개혁과 독립수사기관(고위공직자비리수사처)의 설치에 관한 검토」, 『형사정책연구』, 28권 1호.

장혜경 (2019), 「북·미 대화 경색국면, '반제국주의·반핵'의 관점을 분명히 할 때」, 『변혁정치』, 83호.

정승환 (2019), 「국가 수사청 신설의 의미와 방향」, 토론회 자료집 『국가 수사청 신설』, 곽상도·정종섭·한국형사소송법학회.

정의당 (2020), 『제21대 국회의원선거 정의당 정책공약집』.

정웅석 (2017a), 「검찰개혁의 바람직한 방향」, 『형사법의 신동향』, 54호.

───── (2017b), 「고위공직자범죄수사처의 신설에 관한 비판적 고찰」, 『형사법의 신동향』, 57호.

정흥준 외 (2018), 『한국지엠의 구조조정과 고용대책』, 한국노동연구원.

조성재 (2017), 「노동존중사회 실현의 의의와 정책방향」, 『월간 노동리뷰』, 8월호, 한국노동연구원.

최강욱 외 (2017), 『권력과 검찰: 괴물의 탄생과 진화』, 창비.

최경수 (2018), 「최저임금 인상이 고용에 미치는 영향」, 『KDI FOCUS』, 90호, 한국개발연구원.

최용근 (2020), "'고위공직자범죄수사처 설치 및 운영에 관한 법률' 관련 법령의 보완 과제」, 토론회 자료집『고위공직자범죄수사처 설치 현황 점검』, 박주민·참여연대사법감시센터·민변사법센터.

하윤정 (2013), 「최저임금 만원」, 토론회 자료집『최저임금 만원』, 알바연대.

하태훈 외 (2011), 『검찰공화국, 대한민국』, 삼인.

한국개발연구원 (2018), 『KDI 경제동향』, 9월호.

한상균·오민규 (2020), 「인터뷰: 미래를 보고 쌍용차 국유화하자」, 『프레시안』, 2020. 8. 14.

한상희 (2020), 「검찰개혁과 법무개혁」, 『문재인 정부 3년 검찰 보고서』, 참여연대사법감시센터.

한제희 (2017), 「프랑스 검사의 지위와 기능」, 『형사소송 이론과 실무』, 9권 1호, 한국형사소송법학회.

부록: 4·15총선 전후[*]

윤 소 영

전쟁과 기근과 질병이라는 세 가지 환난(患難, sufferings)은 이미 '우리 문 앞에, 아주 가까이에'(à la porte, et à deux doigts de nous, 알튀세르) 와 있습니다. 전쟁과 기근의 조짐인 북핵 위기와 '노동자 민족'으로의 전락은 1996-99년 북한의 '고난의 행군'과 1997-98년 남한의 경제위기로 소급하는 것이지요. 또 코로나19를 계기로 비로소 주목된 감염병도 조류독감이라는 선례가 있었는데, 다만 2008년의 촛불집회와 광우병소동 속에서 간과되었던 것이고요.

그러나 코로나19의 대유행과 코로나19발 경제위기 속에서 치러진 4·15총선에서 민주당의 압승과 총선 전후에 벌어진 이른바 'K방역·경제·평화' 소동에 당면한 남한 운동권은 쇠망(decline and fall)의 길을 재촉했을 따름입니다. 수라도(修羅道), 축생도(畜生道), 아귀도(餓鬼道)가 혼재하는 것이 현재의 남한사회라고 한다면, 그 미래는 70년 전에 경험했었던 한국전쟁 같은 아비규환(阿鼻叫喚)의 지옥도(地獄道)가 될지도 모르겠어요.

---

[*] 이 글은 4·15총선 결과가 확정된 4월 16일에 작성한 노트에다 총선 이후의 상황과 몇 가지 논거를 보충한 것이다.

4·15총선까지

3월 중순에 세계보건기구(WHO)가 '코로나19의 대유행'(COVID-19 pandemic)을 선언했습니다. 동시에 다우지수가 폭락하면서 미국의 연준(Fed, 연방준비제도)을 비롯한 관련 당국이 정책대응을 개시하자 '코로나19발 경제위기'(COVID-19 economic crisis)가 공론화되었지요. 국외의 정세가 이렇게 급변하는 동안 국내에서는 4월 초부터 4·15총선 선거운동이 개시되었는데, 그 결과는 누구도 예상치 못한 것이었어요. 국회선진화법을 무력화하고 심지어 개헌도 시도할 수 있는 수준으로 여당이 압승했거든요.

코로나19의 대유행

2019년 12월 말 중국 후베이성 성도인 우한에서 발생한 코로나19(속칭 '우한폐렴')가 이란과 이탈리아를 거쳐 유럽 전역과 미국으로 확산되자 뒤늦게 세계보건기구가 대유행을 선언한 것에 대해서는 최빈국으로 전락한 '혁명민주주의'(RD) 국가 에티오피아 출신으로서 세계보건기구 최초의 직선제 사무총장에 당선된 거브러여수스가 자신의 후견자 격인 시진핑 주석에게 보답한 것이라는 비판이 있어 왔습니다. 이런 맥락에서 트럼프 대통령이 4월 초에 세계보건기구에 대한 자금지원을 잠정적으로 중단할 수 있다고 경고했던 것이고요. [7월 초에 트럼프 대통령은 급기야 세계보건기구에서 탈퇴하겠다고 선언했다.]

감염성질병에 대한 정책대응은 감염병의 '창궐'(outbreak)을 '봉쇄'(containment)하고 그 '확산'(spread, 전파)을 '완화'(mitigation)함으로써 예방약(백신), 나아가 치료약(항생제/항바이러스제)을 개발할 시간을 확보하는 데 핵심이 있습니다. 수학적으로 말해서, 신규확진자 수는 종(鐘)모양의 곡선이고 누적확진자 수는 S자형의 곡선, 즉 로지스틱 곡선인데, 주요국의 곡선은 위키피디아를 참고하세요. 감염병의 봉쇄와 완화란 로지스틱 곡선의 변곡점에 해당하는 종모양 곡선의 꼭지점이 보건의료체계의 '수용능력'(carrying capacity)을 초과하지 못하도록 관리한다는 의미이지요.

따라서 감염병의 봉쇄와 완화에 성공하면, 보건의료체계에 대한 '과잉부하'(overload)를 회피할 수 있습니다. 반면 실패할 경우에는 과잉부하 때문에 보건의료체계가 붕괴하는데, 중국·이란부터 미국·유럽까지 모두 그런 경우라고 할 수 있어요. 중국보다 미국의 피해가 더 큰 이유로는 정치문화적 차이로 인해 중국과 달리 미국에서는 '사회적 거리두기'(social distancing)를 강제할 수 없었다는 사실, 기타 등등을 지적할 수 있겠지요.

세계보건기구가 유포하는 프레임에도 불구하고, 이른바 'K방역', 즉 '3T'(검사·추적·치료)를 중심으로 하는 한국의 방역을 글로벌 스탠더드로 설정하는 데 문제가 있다는 사실은 대만의 방역과 비교해 보면 쉽게 알 수 있습니다. 시진핑 주석을 수호하려는 거브러여수스 사무총장에 부화뇌동하지 말아야 한다는 것인데, 대만 최초의 여성 총통인 차이잉원 총통이 2020년 1월 선거에서 시진핑 주석의 일국 양제론의 대안으로 평화공존론을 주장하면서 재선에 성공했기 때문에 대만 대신 한국을 홍보하는 프레임을 유포한 것 같아요.

대만과 달리 한국은 중국과의 국경을 폐쇄하지도 않았고 마스크의 생산과 수출을 통제하지도 않았습니다. '중국의 아픔은 한국의 아픔'이라고 공언한 문재인 정부의 정책대응 실패에도 불구하고 보건의료체계가 붕괴하지 않은 것은 사회적 거리두기의 효과말고도 민간보건의료의 발전으로 수용능력이 제고된 덕분이었지요. 김대중 정부 이후 건강보험의 지속적 확대, 최우수 이과생의 공대가 아닌 의대로의 진학, 기타 등등의 결과였다는 것이에요.

한국이나 대만의 경험을 통해 보건의료에서 민간중심인가 아니면 국가중심인가라는 쟁점을 제기하는 것은 오류임을 알 수 있습니다. 유비하자면, 2차 세계전쟁에서 군비생산을 주도한 것은 군수산업이 아니라 민수산업이었다는 사실에도 주목할 수 있겠지요. 2차 세계전쟁에서 미국과 독일의 군비경쟁을 상징한 것이 바로 제너럴모터스 미국 본사와 독일 지사(오펠)의 경쟁이었다는 평가가 있거든요.

나아가 코로나19가 인구의 절반이 밀집한 서울·경기가 아니라 대구·경북에서 창궐·확산한 것도 보건의료체계가 붕괴하지 않은 요인이었습니다. 인구밀도를 보면, 서울이 대구의 6배이고 경기도가 경상북도의 9배거든요. 또 신천지신도의 집단감염으로 인한 창궐·확산이라는 특징에도 주목해야 합니다. 위키피디아에 따르면, 2월 하순에 시작하여 3월 초에 정점에 도달한 신천지신도의 집단감염은 3월 중순부터 안정화되었지요. 그런데 신천지신도의 누적확진자는 5000명이었던 반면 전국에서 대구로 집결한 자원봉사의료진은 연인원 1만명이었던 것이에요. 마찬가지로 대구·경북 차원의 감염도 3월 중순부터 7500명 수준에서 거의 안정화되었고요.

반면 전국 차원의 감염은 3월 중순 이후에도 안정화되지 못했다는 사실에 주목해야 합니다. 그 결과 4·15총선 선거운동이 시작되던 4월 초에 누적확진자가 1만명에 도달했던 것이지요. 반면 대만의 경우는 4월 초에도 350명 수준이었는데, 대만의 인구가 한국의 절반 이하임을 고려하여 환산하면 750명 수준이었던 셈입니다. 사망자를 비교하면, 한국 180명 대 대만 5명(환산하면 10명 약간 초과)으로 더 분명하게 대비된다는 사실을 알 수 있고요.

전국 차원의 감염과 관련해서는 특히 미국·유럽과의 국경을 폐쇄하지 않은 것이 문제인데, 중국과의 국경을 폐쇄하지 않았던 것에 대한 비판을 모면하기 위한 고육지책이라는 비판이 있어 왔습니다. 그런데 중국에서의 유입자와 달리 미국·유럽에서의 유입자는 다수가 서울·경기에 거주한다는 사실에 주목해야 하겠지요. 대구·경북에 이어 서울·경기에서 코로나19가 창궐·확산할 경우에는 미국·유럽과 비슷한 상황이 전개될 것이라는 예상이 있었던 것은 이 때문이에요. 참고로, 1918독감(1918-flu, 속칭 '스페인독감')은 1918년 1월부터 1920년 12월까지 세 차례 유행했었지요.

코로나19발 경제위기

2019년 말에 29,000에 접근하다가 2020년 2월 말부터 하락하기 시작한 다우존스가 3월 초에 25,000(2017-18년 2차 반도체호황이 종료할 때의 수준)으로 폭락하자 연준은 금리를 0.5%포인트 인하했습니다. 또 대유행 선언 직후에 21,000(2차 반도체호황 이전의 수준)으로 폭락하자 1%포인트 인하하여 결국 2015년 말 이전의 제로금리정책(ZIRP)으로 복귀했지요. 또 연준은 0.5조달러의 국채와 0.2조달러의 주택담보부증권(MBS)을 구매하여 2017년 말 이전의 수량완화정책(QE)을 재개했어요.

다우존스와 비교하자면, 2000과 2200 사이에서 변동하다가 2월 말부터 하락하기 시작한 코스피도 대유행 선언 직후에 1500으로 폭락했습니다. 외견상 다우존스와 유사하면서도 한국증시가 세계경제의 '자동현금인출기'(ATM)라는 사실의 방증이기도 한데, 노무현 정부가 타결한 한미자유무역협정 이후 노동자민족으로 전락한 한국에서 코스피의 운동에 주목할 필요가 없는 것은 이 때문이에요.

버냉키는 옐런과 공동으로 집필한 『파이낸셜 타임즈』의 기고문과 후속 인터뷰·강연에서 주식시장의 '과잉변동성'(volatility)에 대한 해석을 제출한 바 있습니다. 금융위기의 조짐이 아니라 코로나19의 대유행으로 인한 '실물경제의 피해'(economic damage)라는 '기저난제'(underlying challenge, 기본적 난제) 내지 '기저우려'(underlying concern, 기본적 우려)의 반영이라는 것이 그의 주장이었어요.

고혈압이나 당뇨 같은 기저질환(underlying disease, 지병)을 가진 사람이 코로나19의 피해자가 될 가능성이 높은 것과 마찬가지인 셈입니다. 2017-18년 2차 반도체호황 등으로 인한 착시에도 불구하고, 미국의 실물경제가 2007-09년 금융위기에서 완전히 회복한 것은 아니었어요. 실물경제가 여전히 부실한 이런 상황에서 2차 반도체호황 등으로 인한 금융호황의 한계가 코로나19의 대유행을 계기로 폭로된 셈이었지요.

실제로 3월 중순부터 미국에서 실물경제의 충격이 발생했습니다. 소비와 생산이 급감하고 실업이 급증하는 동시에 예상인플레이션율은 하락했던 것이지요. 그 결과 2분기 경제성장률이 연율 −30%를 하회할 것이라는 예상까지 나왔고요. 참고로, 2007-09년 금융위기 당시 최악의 상황은 2008년 4분기의 연율 −8.4%였어요.

나아가 3월 하순에 다우존스가 19,000까지 하락하자 연준은 '무제한의'(unlimited) 수량완화정책을 실행하겠다고 선언했습니다. 국채와 주택담보부증권의 구매 규모에 제한을 두지 않는 동시에 회사채도 구매하겠다는 것이었지요. 연준이 정부·국책기관이 아닌 민간에서 발행한 증권을 구매한 것은 이번이 역사상 최초의 사례라는 사실에 주목할 필요가 있어요.

동시에 백악관과 상원도 '코로나지원·구제·경제안보법'(CARES Act)에 합의했습니다. 재난지원을 위한 0.3조달러(성인 1인당 1200달러, 아동 1인당 500달러), 실업구제를 위한 0.25조달러, 경제안보를 위한 1조달러(소상공인 대상 0.5조달러, 기업 대상 0.5조달러)를 핵심으로 하면서 보건의료체계 지원 0.15조달러, 지방정부 지원 0.15조달러도 포함하는 2.2조달러 규모의 완화적 재정정책이었어요. 지원(aid)과 구제(relief)보다는 오히려 경제안보(economic security)에 집중했다고 할 수 있지요.

세계보건기구가 코로나19의 대유행을 선언한 직후 영국의 경제정책연구소(CEPR)는 *Mitigating the COVID Economic Crisis*(국역: 매일경제신문사, 2020. 4.)를 발표했는데, 가장 주목할 대목은 보건의료위기(healthcare crisis)와 경제위기 사이에 '교환'(trade-off)이 존재한다는 사실입니다. 쉽게 말해서 보건의료체계가 붕괴하는 보건의료위기를 회피하기 위해 경제체계가 붕괴하지 않는 한도 내에서 경제위기를 감수해야 한다는 것이지요. 경제위기와 보건의료위기의 교환에 대한 수학적 모형과 관련 문헌은 Martin Eichenbaum et al., "The Macroeconomics of Epidemics"(*NBER Working Paper*, April 2020)를 참조할 수 있어요.

그런데 트럼프 대통령은 1월 말에 중국과의 국경을 폐쇄하겠다고 선언한 다음에는 2월 말까지 코로나19의 봉쇄와 완화를 위한 후속 조치에 아주 소극적이었습니다. 달리 말해서 11월 초 대선을 앞두고 경제위기를 회피하기 위해 보건의료위기를 방치한 셈이었어요. 3월 초에도 100명에 미달하던 누적확진자가 중순에는 2000명에 도달하자 비로소 국가비상사태를 선언했는데, 그러나 이미 실기하여 4월 초에 누적확진자가 30만명에 도달했던 것이지요.

물론 트럼프 대통령의 '기질'(habit of mind)로 인한 무지와 망상(妄想, 거짓된 생각)도 작용했습니다. 위키피디아의 「미국에서 코로나19의 대유행」 항목과 연결된 것으로 일반적 차원의 「코로나19의 대유행과 관련된 오보(misinformation)[및 가짜뉴스(disinformation, 역정보)]」 항목과 함께 특별히 「도널드 트럼프 대통령 발언의 진실성(veracity)」 항목까지 있을 정도이거든요.

버냉키의 지적처럼, 예방약과 치료약이 개발되지 않은 상황에서 경제정책의 완화만으로 코로나19발 경제위기를 해결할 수는 없습니다. 완화적 경제정책은 결국 코로나19를 봉쇄·완화하여 보건의료위기를 회피하기 위해 감수해야 할 '필요악'인 경제위기를 완화하려는 정책대응일 따름이거든요. 그런데 코로나바이러스의 선행 사례인 사스(SARS)와 메르스(MERS)처럼, 코로나19도 예방약과 치료약의 개발이 난망하다는 예상도 있어요. [그러나 11월 초 미국대선 이후 개발에 성공한 예방약의 몇몇 사례가 보도되었다.]

이 때문에 만일 보건의료체계가 붕괴하는 보건의료위기가 발발한다면, 더 큰 규모의 경제위기가 초래되어 결국 경제체계도 붕괴할 수밖에 없습니다. 2007-09년 금융위기에 대처하면서 오바마 대통령이 우려하던 '2차 대불황'이 이렇게 트럼프 대통령에 의해 시작되는 것일지도 모르겠다는 생각이 들어요. 그래서 버냉키가 현정세를 '역사상 극소수의 선례가 있을 따름인'(that has very few precedents in history) '아주 아주 힘들고 무서운'(very, very tough and scary) 시기라고 경고한 것이지요.

4·15총선

이상에서 정리한 것이 4·15총선 선거운동이 시작된 4월 초까지 국내외 정세의 핵심이었다고 할 수 있습니다. 그러나 결과는 뜻밖에도 범여권이 서울·경기와 호남의 몰표를 기반으로 국회선진화법을 무력화할 수 있는 180석을 초과한 190석을 확보한 것이었어요. 예를 들어 장관급 '검찰총장'을 차관급 '검찰청장'으로 격하하는 검찰청법 개정을 시도할 수 있게 되었다는 것이지요. 게다가 정치공작을 통해 범야권을 분열시켜 10석만 추가하면 개헌을 시도할 수 있게 되었는데, 헌법기관인 검찰청을 지배하는 공수처(고위공직자범죄수사처)를 사후적이나마 헌법기관으로 격상해야 하기 때문이에요.

의석수 분포를 정리해보면, 범여권은 민주당 180(=지역구의원 163+비례대표의원 17), 열린민주당 3(=0+3), 친여 무소속 1(=1+0), 정의당 6(=1+5), 호남기반군소정당/민생당 0(=0+0)이었습니다. 반면 범야권은 자유한국당/미래통합당 103(=84+19), 친야 무소속 4(=4+0), 국민의당 3(=0+3)이었지요. 따라서 자유한국당/미래통합당과 국민의당의 패배와 함께 호남기반군소정당/민생당은 물론이고 정의당의 패배에도 주목할 필요가 있다는 것이에요.

그러나 4·15총선의 유일한 승자는 사실 민주당도 아니고 '문프[문재인 대통령]께 모든 권리를 양도해드린'(공지영 작가) '깨시민'(깨어 있는 시민)이었을 뿐입니다. 이른바 '하노이 노딜'과 '조국 사태' 이후 한국갤럽조사에서 1년 내내 40%대를 유지하던 문 대통령 지지율은 신천지신도/대구·경북의 감염이 안정화된 3월 중순에 50%에 접근하고 4월 중순에는 급기야 60%에 접근했지요. 그런 여론이 4·15총선에 반영된 셈인데, 민주당의 180석은 전체 의석 300석의 60%이었거든요. 그래서 유일한 승자는 깨시민뿐이었다는 것이에요.

4·15총선의 결과를 '여당 심판론'이 아니라 '야당 심판론'을 지지한 민심으로 해석할 수는 없습니다. 오히려 선거제란 이성적 시비

(是非, 옳고 그름)가 아닌 감정적 호오(好惡, 좋고 싫음)를 반영하는 한계가 있기 때문에 심지어 오락성 예능경연대회에서조차 능력제적 요소를 가미할 수밖에 없는 이유에 대해 숙고해볼 필요가 있다고 할 수 있지요. 장차관급 정치인으로서 국회의원을 선출한 4·15총선이 TV CHOSUN의 '내일은 미스터트롯'보다 못한 결함이 있었다고 할 수밖에 없기 때문이에요.

물론 4·15총선의 결과에는 김무성 의원 등 자유주의자가 거세된 야당의 수권능력에 대한 회의도 작용했을 것입니다. 그러나 보수주의자가 옹립한 황교안 대표에 대한 대중적 비호감이 더 큰 문제였는데, 그가 박근혜 대통령이 법무부장관·국무총리로 발탁한 공안검사 출신의 변호사였다는 사실, 기타 등등 때문이었지요. 또 황 대표의 리더십 부재도 문제였는데, 국회의원으로서 정치경험이 전무했다는 사실, 기타 등등 때문이었어요.

이런 맥락에서 로마의 군주선출제도에서 유래한 선거제가 민주주의의 충분조건은 물론이고 필요조건도 아니라는 사실을 강조해두겠습니다. '1인 1표'(one man, one vote)로 상징되는 평등투표(equal vote)는 자코뱅의 인민주의 내지 벤섬의 공리주의를 특징지을 따름이었지요. 반면 공리주의에서 자유주의로 전향한 존 스튜어트 밀은 '대중의 폭정/다수의 횡포'(tyranny of the masses/the majority)에 대한 토크빌의 비판을 수용하면서 차등투표(weighted vote)를 지지했던 것이고요.

밀의 차등투표제에서는 재산 내지 소득이 아니라 능력 내지 지식이 차등의 기준이었으므로 그가 지향한 것이 금권주의(plutocracy)가 아니라 능력주의(meritocracy)였음을 알 수 있습니다. 나아가 마르크스주의적 대안도 평등투표가 아니라 차등투표일 것인데, 다만 능력이나 지식에 대한 평가에서 자유주의와 차이가 있겠지요. 쉽게 말해서 학자 밀이나 정치인 글래드스턴-디즈레일리보다 학자 마르크스나 정치인 레닌의 투표권 내지 발언권이 더 커야 한다는 데 찬성하는 사람이 마르크스주의자라는 것이에요.

마르크스와 엥겔스가 발자크 다음으로 좋아한 리얼리즘 작가인 디킨즈에 대해서도 언급해두겠습니다. 그의 대표작 『어려운 시절』(*Hard Times*, 1854; 국역: 창비, 2009)은 공리주의 비판가인 칼라일에게 헌정되었는데, 그 주제는 역시 프랑스 '철학자'(philosophe)의 후예인 공리주의자의 풍자였습니다. 바운더비와 그래드그라인드를 벤섬과 아버지 밀로 해석하고, 루이저와 씨씨를 아들 밀과 해리엇으로 해석할 수 있거든요. 물론 디킨즈도 해리엇과 해후한 이후의 밀처럼 공리주의를 기각하고 자유주의를 지지하는 입장이었고요.

어쨌든 대만과 비교해보면, 한국도 미국과 비슷한 상황이라는 사실을 알 수 있습니다. 우선 총선을 앞둔 문재인 대통령이 경제위기를 회피하기 위해 보건의료위기를 방치했다는 사실을 지적할 수 있는데, 이 때문에 정부와 의료계의 이견이 종종 노출되었던 것이지요. 물론 그의 기질적 무지와 망상도 작용했는데, 게다가 그는 중국과의 국경조차 폐쇄하지 않았어요. 그런데도 트럼프 대통령과 달리 문 대통령의 지지율이 상승한 것은 역시 미국정치보다 한국정치가 더욱 인민주의화되었다는 사실의 반영이겠지요.

문재인 대통령이 시진핑 주석의 눈치를 보면서 아부하는 속내는 하노이 노딜 이후 그나마 대북정책에 대한 지지를 기대할 수 있는 나라가 중국뿐이라는 사실일 것입니다. 중국에 대한 한국의 높은 경제의존도는 변명이 될 수 없는데, 실은 대만의 경제의존도가 더 높기 때문이에요. 홍콩까지 포함한 대중 수출의존도가 40%인 데다가 인구의 4%가 중국에 거주할 정도라고 하거든요.

물론 초기 방역에 성공한 대만은 보건의료위기를 회피하기 위해 경제위기를 감수할 필요도 없었습니다. 게다가 재벌의 부재로 인해 한국보다 경제의 '체질'(habit of body)이 우수하고, 한국처럼 노동자 민족으로 전락하지 않아 '기저질환'도 없고요. 『조선일보』 같은 보수언론처럼 소득주도성장론자만 탓해서는 안 된다는 것인데, 좀 더 자세한 설명은 오윤미, 「대만의 코로나19 사태 대응과 시사점」(대외경제정책연구원, 2020. 6.)을 참고하세요.

'저 나라는 늙은이들이 살 만한 나라가 아닐세.'

4·15총선은 그 결과가 국내외 정세와 무관했다는 점에서도 역시 1948년 5·10총선을 재연했다고 할 수밖에 없습니다. 소득주도성장과 북한 비핵화에 대한 몰인식이 코로나19의 대유행과 코로나19발 경제위기에 대한 몰인식으로 재생산되면서 조국 사태를 계기로 여당에게 불리해졌던 여론이 오히려 호전되었거든요. 그래서 선거운동 과정에서 민주당은 '조국 수호'를 표방한 열린민주당을 핍박한 반면 총선 직후 '완장 찬 졸개들'(정희성 시인)이 필요한 문재인 대통령은 '세상이 바뀌었다는 것을 확실히 느끼도록 갚아주겠다'고 방정을 떤 최강욱 당대표에게 '격려와 안부인사'를 전했던 것이지요.

2016년 이른바 '촛불혁명' 직전에 타계한 이호철 작가의 자전소설 『소시민』(1964-65; 동아출판사, 1995)에서 국내외 정세에 무관심한 '풍속과 세태'(ethos/mores/custom)의 풍자를 발견할 수 있습니다. 황순원 선생의 제자이면서 재일교포 이회성 작가의 『금단의 땅』(1976-79; 국역: 미래사, 1988)을 번역·소개하기도 한 바 있는 그는 휴전협상부터 이른바 '부산정치파동'까지 1951-52년의 부산을 배경으로 전향한 '바닥빨갱이' 김 씨가 대표하는 일련의 소시민을 창조했는데, 당시의 부산은 1960년대의 남한만이 아니라 전향한 386세대가 주류로 진입한 문재인 정부의 남한에 대한 알레고리도 되겠지요.

여기서 소시민은 얼치기 문학비평가가 오해하듯 프티부르주아가 아니라 엥겔스가 '독일의 불행'을 초래한 중간계급(Mittelklasse, 부르주아)과 그 결합으로 주목한 'Spießbürgertum', 즉 사익(私益)만 아는 천민부르주아적 속물성입니다. 이 점에서 『소시민』은 한국전쟁 발발 직전에 타계한 백릉(채만식)의 「치숙」(痴叔, 멍청한 아저씨)과 「소망」(少妄, 젊은이의 망령)에 나온 『잘난 사람들』(보고사, 1996), 즉 속충(俗蟲, 벌레 같은 속물들)의 풍자를 계승한 셈이었어요.

사실 「치숙」과 「소망」의 배경인 중일전쟁 발발 전후의 조선조차 문재인 정부의 남한에 대한 알레고리라고 할 수 있습니다. 1930년대 대불황기의 일본은 1929–33년 대공황에서 맨 처음 회복한 자본주의 국가였는데, 만주 진출이 하나의 계기가 되었지요. 마치 남한이 중국 진출을 통해 1997–98년 경제위기에서 회복한 것처럼 말이에요. 물론 한미자유무역협정에 유비할 수 있는 '내선일체' 덕분에 만주는 조선에게도 '기회의 땅'이 되었고요. 낙성대학파의 식민지현대화론이 주목한 것도 1930년대 대불황기의 조선이라는 『태평천하』(1938; 문학과지성사, 2005)였다는 사실을 지적해두겠어요.

오늘 횡보(염상섭)는 물론이고 그와 '겨루던'(김윤식 선생) 백릉이 그리운 것은 우연이 아닙니다. 386세대 중에 제대로 된 작가가 없기 때문인데, 1989–91년 소련 붕괴 이후 리얼리즘소설 내지 풍자소설은 커녕 전향소설도 희귀하다는 것이 그 방증이지요. 하다못해 제대로 된 '후일담소설'(김윤식 선생)조차 없어요. 386세대 출신의 대표적 깨시민인 공지영 작가에게 기대를 건 것은 애당초 어불성설이었고, 『창작과비평』의 인민주의를 포스트모더니즘으로 대체한『문학동네』의 간판이었던 신경숙 작가는 논외로 할 수밖에 없겠지요. 하기야 1989년에 문학사상사에서 국역된 무라카미 하루키의 『상실의 시대』 (원제: 『노르웨이의 숲』, 1987)가 그 대용물이었을지도 모르고요.

총선 결과를 보고 '저 나라는 늙은이들이 살 만한 나라가 아닐세' 라고 개탄하던 예이츠의 시구가 생각났습니다. 갓 환갑을 지내고 쓴 「비잔티움으로의 항해」(Sailing to Byzantium, 1926)라는 시의 첫 번째 연 첫 번째 행인데, 황순원 선생의 아들이기도 한 황동규 시인/ 교수의 「[단]선적인 진전: 예이츠의 후기시 '비잔티움 항해'를 중심 으로」(『인문논총』, 8집, 1982)를 참고하여 번역해보겠어요.

> 저 나라는 늙은이들이 살 만한 나라가 아닐세.
> 젊은이들은 서로 껴안고,
> 새들은—저 언젠가 죽을 생명들은—나무 위에서 노래하며,
> 연어는 폭포에서 도약하고, 고등어는 바다에서 회유(回游)한다네.
> 한 여름 내내 물고기나 날짐승이나 길짐승[젊은이]은
> 태어나고 죽는 모든 생명을 기린다네.
> 그들 모두 저 육욕의 음악에 취해
> 영원불멸의 지식의 기념비들은 못 본 체하면서.

늙은이는 그저 넝마,
막대기 위에 걸어놓은 낡고 해진 옷일 뿐일세.
정신이 손뼉치며 노래하지 않고,
낡고 해진 옷 조각 하나하나를 위해 더 크게 노래하지 않는다면,
또는 정신 그 자신의 장엄함을 기리는 [지식의] 기념비들만을
공부하는 노래 학교가 없다면 말일세.
그래서 나는 바다를 건너
여기 거룩한 도시 비잔티움으로 왔다네.

That is no country for old men. The young
In one another's arms, birds in the trees,
—Those dying generations—at their song,
The salmon-falls, the mackerel-crowded seas,
Fish, flesh, or fowl, commend all summer long
Whatever is begotten, born, and dies.
Caught in that sensual music all neglect
Monuments of unageing intellect.

An aged man is but a paltry thing,
A tattered coat upon a stick, unless
Soul clap its hands and sing, and louder sing
For every tatter in its mortal dress,
Nor is there singing school but studying
Monuments of its own magnificence;
And therefore I have sailed the seas and come
To the holy city of Byzantium.

　세 번째와 네 번째 연은 생략하고 첫 번째와 두 번째 연만 번역한
것인데, 여기서 예이츠는 1차 세계전쟁을 경험한 1920년대의 유럽이
야만인들에게 정복당한 로마처럼 '영원불멸의 지식' 대신 수욕주의
(獸慾主義, animalism)를 믿으면서 늙은이들을 '넝마'(낡고 해져서
입지 못하게 된 옷)로 취급한다고 개탄했지요. 물론 '진보의 의지로
과학적 지식을 대체했던' 48세대(Forty-Eighters)와 결별하고 '제 갈
길을 갔던' 마르크스라는 또 다른 늙은이에게서 대안적 지식을 추구
하려는 시도도 있었는데, 결국에는 실패했으니 여기서 굳이 거론할
필요가 없겠고요.

이른바 '윤미향 사태'

4·15총선 최대의 스캔들은 물론 윤미향 당선인이었습니다. 총선 직후 정대협(한국정신대문제대책협의회) 공동대표 출신인 이용수 위안부가 민주당 비례대표의원으로 당선된 윤미향 정대협 상임대표에 대한 비판을 제기했는데, 그 핵심은 윤 당선인이 정계진출이라는 사익을 위해 위안부를 이용했고 나아가 기부금과 관련된 의혹도 있었다는 것이지요. 이후 언론을 통해 회계부정과 관련된 무수한 의혹이 제기되었는 바, 자세한 내용은 역시 나무위키를 참고하세요.

그런데 회계부정 의혹은 윤 당선인이 정대협을 주도하기 시작한 노무현 정부 시절부터 고 심미자 위안부에 의해 제기되던 것입니다. 이번 사태를 계기로 『조선일보』 등이 발굴하여 보도한 바에 따르면, 심 위안부를 비롯한 수십 명의 위안부들은 정대협을 '언제 죽을지 모르는 위안부 할머니들을 역사의 무대에 앵벌이로 팔아 배를 불려온 악당들'이라고 규탄한 바 있지요.

그러나 인민주의자와 '반일애국주의 경쟁'에 몰두해온 보수주의자처럼 정대협에 대한 비판을 회계부정 의혹으로 환원할 수만은 없습니다. 윤 당선인은 자신을 조국 교수와 유비하고 있는데, 일리가 있거든요. '윤미향 사태'를 '조국 사태'의 아류로 인식할 때 조 교수의 인민주의 내지 공리주의가 자유주의에 미달한 것과 마찬가지로 윤 당선인의 주사파적 민족해방론(NL) 내지 급진주의적 페미니즘(rf)도 역시 자유주의에 미달했다는 사실을 확인할 수 있어요.

다만 인민주의와 공리주의의 경우와는 달리 주사민족해방론과 급진페미니즘은 양립할 수 없다는 데 문제가 있습니다. 주사민족해방론의 가부장제적 본질은 일체의 페미니즘, 더군다나 급진페미니즘과는 상극이기 때문이지요. 『역사적 마르크스주의: 이념과 운동』(공감, 2004)에서 이미 지적한 바 있듯이, 봉건적 페미니즘이란 존재할 수 없어요. 반면 봉건적 사회주의는 존재하는데, 주사민족해방론은 그 대표적 변종이지요.

이런 맥락에서 『조선일보』가 보도한 와다 하루키 교수의 인터뷰에 주목할 필요가 있습니다. 그는 윤 당선인이 2015년 한일위안부합의에 적극적으로 참여하여 배상금 지불을 요구하다가 일본이 그 반대급부로 소녀상 이전을 요구하자 갑자기 합의에 반대했다는 사실을 지적하고 있지요. 그래서 2015년 합의의 핵심이던 배상금 지불과 소녀상 이전의 교환이 실패했다는 주장인 셈이에요.

이제 『재론 위기와 비판』에서 지적한 역설을 설명할 수 있습니다. 2015년 합의에 대한 정대협의 거부가 일본과의 국교정상화를 통해 수백억 달러의 배상금을 확보하려는 북한의 구상과 상충한다는 역설은 정대협의 내부 모순, 즉 배상금이 중요한 주사민족해방론과 소녀상이 중요한 급진페미니즘의 모순을 반영한다고 말이에요.

윤 당선인 아닌 와다 교수가 일관되고 이성적인 친북주의자라는 사실을 알 수 있는 대목입니다. 2006-07년 1년 동안 『한겨레신문』에 연재된 회고록 『내가 만난 한반도』를 인터넷으로 찾아 읽어보세요. 반면 윤미향 당선인 딸의 미국유학은 낯설지 않을 수 없는데, 역시 '추락하는 것은 날개가 있다'(Jeder, der fällt, hat Flügel, 날개가 제 구실을 못해서 추락한다)는 말이 맞는 것 같아요.

이런 맥락에서 북한으로의 귀국/북송을 선택한 재일교포가 생각났는데, 코로나19 때문에 『데카메론』의 선남선녀 같은 '피병(避病) 생활'을 하면서 읽었던 소설 중에서 이성아 작가의 『가마우지는 왜 바다로 갔을까』(나무의자옆, 2015) 때문이었습니다. 국제적십자사가 중재한 북·일 두 정부의 협상, 나아가 조총련의 선전·선동에 따라 북한으로의 귀국/북송을 선택한 경상도 출신 재일교포 가족을 소재로 한 작품이었는데, 그 주제는 역시 '이념보다 인간/개인'이었지요. 세월호 침몰사건과의 유비 같은 하자는 무시할 수 있겠고요.

강재언 선생의 『재일 한국·조선인: 역사와 전망』(1994; 국역: 소화, 2005)에 따르면, 해방 당시 200만명 이상이던 재일교포 중 140만명 이상이 1946년 3월까지 귀국했습니다. 신탁통치를 둘러싼 갈등이 단정수립과 한국전쟁으로 귀결된 해방정국의 혼란으로 인해 나머지

60만명 중 50만명은 결국 일본 잔류를 선택했고, 재일 외국인에서 그 비중은 90% 정도로 압도적이었지요. 또 재일교포는 주로 경상도 출신이었는데, 남도 출신이 거의 40%였고 북도 출신은 20% 이상이었습니다. 물론 전라도 출신도 있었는데, 남도 출신이 10% 이상이었고 북도 출신은 거의 5%였지요. 제주도 출신도 많아서 10% 이상이었고요. 이들이 재일교포의 거의 90%였던 셈이에요.

1959년 12월에 시작되어 1986년 6월까지 지속된 귀국/북송사업의 절정은 1961년까지로 2년 동안의 귀국/북송자는 75,000명이었습니다. 한일국교정상화 직후인 1967년까지 14,000명이 추가되었고요. 그 후 중단되었던 사업이 재개된 것은 7·4남북공동성명 직전인 1971년 5월이었는데, 그러나 1986년까지 귀국/북송자는 5000명도 안 되었어요. 귀국/북송자 중에는 일본국적의 부인 2000명과 함께 자녀 5000명이 있었다는 사실도 주목해야 하겠고요.

1959–67년의 1차 귀국/북송자 중에는 숙련노동자·기술자 가족이 많았던 반면 1971–86년의 2차 귀국/북송자 중에는 자본가 가족이 많았습니다. 물론 예외도 있었는데, 김정은 위원장의 외가가 그랬지요. 1962년 귀국/북송자인 김 위원장 외조부는 제주도 출신으로 밀항선을 운영하다가 적발되어서 추방당할 상황이었다고 하거든요. 그래서 김일성 주석이 남로당계 외가를 둔 고 김정남 씨를 적손으로 인정한 반면 김정은 위원장은 서손으로 간주했던 것 같아요.

이성아 작가는 북한경제를 '우카이'(鵜飼い, 가마우지 낚시)에 유비했습니다. 또 이 작가가 참고한 『배반당한 지상낙원』(1991; 국역: 동아일보사, 1992)에서 일본공산당 출신의 조총련 간부였던 장명수 씨는 재일교포가 외화조달을 위한 '인질'이었다고 폭로한 바 있고요. 문재인 정부에서는 재일교포를 대신하여 남한인민이 새로운 인질이 된 셈인데, 다만 조총련과 달리 가족을 미국으로 도피시켰다는 차이가 있지요. 그런데 장명수 씨의 주장처럼, 북한이 추구하는 대안은 결국 국교정상화에 따른 일본의 배상금일 수밖에 없어요.

4·15총선 그 후

'K방역·경제·평화' 소동

세계보건기구의 'K방역' 프레임으로 총선에서 압승한 문재인 대통령은 급기야 자신의 'K경제'와 'K평화' 프레임을 통해 '베이징 컨센서스'를 보충할 '서울 컨센서스'를 제시했습니다. 포스트코로나19 시대에 중국·한국이 미국·유럽·일본의 (신)자유주의를 대체할 새로운 글로벌 스탠더드를 제시하려는 구상, 즉 '중국의 아픔[괴로움]이 한국의 아픔'이듯 '중국의 즐거움은 한국의 즐거움'이라는 구상이었지요.

그런 친(親)북·연(聯, 연합)중·비(非)미·반(反)일 구상을 실행할 능력은 논외로 하더라도, 'K정치', 즉 인민주의의 문제를 간과할 수는 없습니다. 먼저 K정치와 K방역의 모순에 주목해야 하는데, 문재인 대통령은 4월 중순에 서울·경기에서도 감염이 안정화되고 4·15총선 이후 2주간의 잠복기가 지난 다음에도 별다른 변화가 없자 4월 말부터 6일간의 연휴가 끝나는 대로 사회적 거리두기를 이른바 '생활 속 거리두기'로 완화하면서 학교·직장의 폐쇄를 중단했지요. 그 덕분에 지지율은 70%를 돌파했고요.

의료계에서는 물론 우려가 많았습니다. 4·15총선 이후처럼 황금연휴 이후에도 2주간의 잠복기를 기다릴 필요가 있었기 때문이지요. 그런 우려의 타당성은 연휴 동안에 시작된 이태원발 집단감염으로 입증되었는데, 신천지신도의 집단감염과 달리 미국·유럽에서 유입된 코로나19의 변종이 서울·경기를 중심으로 전파되기 시작했거든요. 황금연휴 이후 2주간의 잠복기가 지날 때까지 거의 200명에 접근한 이태원발 누적확진자의 90%는 서울·경기에 거주했고요.

이태원발 집단감염이 쿠팡발 집단감염으로 확산되면서 문재인 대통령은 결국 3주만인 5월 말에 생활 속 거리두기를 포기했습니다. 그러나 그 동안 누적확진자는 500명 이상 증가했고, 그 후에는 매주

300명 정도가 증가하여 서울·경기를 중심으로 2차 유행이 시작될 조짐이 보였지요. 지지율이 60% 수준으로 복귀한 6월 초에 문 대통령은 '한숨 돌리나 했더니 아니었다'면서 시민의식의 미숙을 지적했어요. 생활 속 거리두기의 실패를 시민의 '자발적 참여' 결여 탓으로 돌린 셈인데, 자신이 믿는다던 가톨릭의 「고백기도」(Confiteor)에 나오는 '제 탓이요'(mea culpa)와는 거리가 멀었지요.

K정치와 모순이 아니라 오히려 그 귀결인 K경제와 K평화야말로 문재인 대통령의 무지와 망상의 상징입니다. 세월호 침몰사고와 최순실 국정농단을 기화로 정권을 '줍다시피 한'(대통령직인수위원회 격인 국정기획자문위원회의 핵심인사) 문 대통령의 가장 큰 결함은 주변에 제대로 된 경제참모가 없다는 것이에요. 그래서 K경제를 특징짓는 소득주도성장론 같은 '경제학적 문맹 내지 사기'가 횡행한 것인데, 물론 차기 대선의 쟁점으로 부상하기 시작한 각양각색의 기본소득론에 비하면 그나마 나은 편이지만요.

게다가 김대중 대통령과 김정일 위원장의 6·15공동선언 20주년 기념일 전후로 K평화도 붕괴했습니다. 『종합토론』에서 지적했듯이, 2018년 9·19공동선언 직후 폼페이오 국무장관은 문재인 대통령에게 속았다고 생각해서 10월에 은행과 기업에 대한 '세컨더리 보이콧'을 경고한 데 이어 11월에는 세컨더리 보이콧 문제를 다룰 '워킹그룹'(실무회의)까지 출범시킨 것 같아요. 게다가 2018년 6월의 싱가포르 북미정상회담 직후부터 트럼프 대통령에 대한 의회의 견제가 개시되었는데, 자세한 내용은 『재론 위기와 비판』을 참고하세요.

반면 김정은 위원장은 문재인 대통령을 믿었던 것 같습니다. 물론 의심하기도 한 것 같은데, 연내 답방의 약속을 결국 지키지 않았거든요. 그러나 2019년 2월 하노이 노딜 이후 김 위원장의 반신반의도 역시 불신으로 심화되었지요. 『후기』에서 지적했듯이, 문 대통령이 9·19공동선언을 구체화한 2019년 8·15경축사에 대해 조평통(조국평화통일위원회) 대변인을 통해 '삶은 소대가리'도 웃을 '망발'(妄發, 거짓된 언행)이라고 비난했거든요.

문 대통령에 대한 김 위원장의 불신은 6·15 공동선언 20주년 기념일 전후로 더욱 심화되었습니다. 먼저 김 위원장의 '건강이상설'과 함께 급부상한 누이동생 김여정 '당중앙'(후계자)이 6월 초에 문재인 대통령을 '배신자'라고 규탄하고 대남 사업의 '대적(對敵) 사업' 전환을 예고했지요. 20주년 기념일 이튿날에 개성공단의 남북공동연락사무소를 폭파한 것은 그 전환을 상징한 일대 사건이었고요.

김여정 당중앙은 문재인 대통령의 20주년 기념연설을 '철면피한 궤변'이자 '오그랑수'(표리부동한 속임수)라고 비난하면서 '혐오감을 금할 수 없다'고 극언했습니다. 또 김대중 대통령의 넥타이를 빌린 사실도 지적했는데, 5월 말에 승진·복귀한 탁현민 비서관의 '쇼통'에 대한 거부감 때문이었겠지요. 그러나 문 대통령의 반응은 '실망감과 좌절감' 속에서도 '인내하겠다'는 것이었고, 다만 윤도한 국민소통수석을 통해 '기본적 예의'만은 지켜달라고 호소했을 따름이에요. K경제보다는 오히려 K평화가 정권재창출의 필요조건이거든요.

영어로 'arbiter'는 심판자로서 중재자 내지 헤게몬(hegemon)을 의미한다는 사실을 지적해두겠습니다. 2015년 위안부합의를 도출하기 위해 박근혜 대통령과 아베 총리를 설득한 사람이 바로 오바마 대통령인 것처럼요. 하기야 강경화 장관은 물론이고 문정인 교수도 영어 회화처럼 독해도 잘하는 것 같지는 않아요. 그래서 'arbiter'를 'middleman', 즉 중개자 내지 중매자로 오해했던 것 같은데, 말은 알아도 글은 모르는 '까막눈'이었던 셈이지요.

이런 맥락에서 2018년 4월부터 1년 반 동안 백악관 국가안보보좌관을 역임한 볼턴이 6월 말에 출판한 회고록『그 일이 일어났던 방』(The Room Where It Happened)에 주목할 수 있습니다. 그에 따르면, 북미정상회담은 양국 정부의 '외교 전략'보다는 문재인 정부의 '"통일" 일정표'('unification' agenda)와 더 많이 관련된 문 정부의 '창작품'(creation)이었지요. 'middleman'이 주제도 모르고 'arbiter'의 역할을 자임했다는 비판인 셈인데, '잘하면 술이 석 잔, 못하면 뺨이 석 대'라는 속담이 생각나는 대목이에요.

'K정치' 본색

'K방역·경제·평화'의 실패를 부인할 수 없게 되자 문재인 대통령은 'K정치'의 본색을 드러냈습니다. 군부독재를 종식시킨 6·29선언 33주년 기념일에 그의 직계인 김태년 민주당 원내대표가 '코로나19 국난'을 핑계로 국회상임위원장을 독식하는 '문민독재'를 선언했는데, '어째서 인민주의자가 민주주의를 팔아먹는가'라고 개탄할 수밖에 없는 대목이지요. '어째서 도적[땡추중(黨聚僧, 불량배 승려)]이 부처를 팔아먹는가'(云何賊人褌販如來, 『능엄경』)라는 성철스님의 '할'(喝, 큰소리로 꾸짖기)을 흉내내본 것이에요.

1981-93년의 정치적 격동기에 성철스님은 불교의 '큰스님'이면서 나라의 '큰어른'(박완서 선생)이기도 했습니다. 스님은 '본성을 깨달아 부처가 되는'(見性成佛) 자기구원을 지향하는 불교는 기독교처럼 '구세주에 의한 구원'(salvation)을 지향하지 않고, 나아가 불교를 비롯한 일체의 종교는 경세학이 아니라고 꾸짖었지요. 김택근 시인의 『성철 평전』(모과나무, 2017)과 원택스님의 『성철스님 시봉이야기』(개정증보판: 장경각, 2016)를 참고하세요.

어쨌든 사태의 핵심은 김대중-노무현 정부 이래 법제사법위원장을 대개 야당이던 소수당에게 양보해온 관습을 문재인 정부가 부정한 데 있었습니다. 법제사법위의 법제는 단원제 국회에서 다수당 내지 여당의 '폭정/횡포'를 견제하는 기능과 관련되고 사법은 법원·검찰의 '정치적 독립과 중립'을 감시하는 기능과 관련되지요. 따라서 절대다수의 의석을 차지한 여당인 민주당이 법사위원장도 장악하면 법원에 이어 검찰마저 정치적으로 편향되고, 심지어 종속되는 '제왕적 대통령제'가 강화되겠지요.

미국에서는 여야를 막론하고 다수당이 상임위원장을 독식한다는 것이 민주당의 구차한 변명인데, 역시 무지의 발로일 따름입니다. 미국은 양원제를 채택하므로 하원을 견제하는 상원이 존재하고 또

법원·검찰의 정치적 독립과 중립을 보장하는 '법원모독죄'(contempt of court)·'사법방해죄'(obstruction of justice, 수사방해죄)가 존재하거든요. 트럼프 정부가 아니라 문재인 정부가 삼권분립을 형해화하여 사법부·입법부를 지배하는 제왕적 대통령제의 사례라는 사실은 논란의 여지가 없어요.

그런데 제왕적 대통령제에 남은 마지막 장애가 있었으니, '사람에 충성하지 않는' 법치주의자 윤석열 검찰총장이었습니다. 더군다나 유재수·송철호 사건에 이어 신라젠·라임·옵티머스 등 권력형 비리 사건이 속출하는 상황이었지요. 그래서 문재인 대통령의 지지율이 50% 수준으로 복귀한 7월 초에 '천방지축' 추미애 법무부장관이 윤 총장에 대한 수사지휘를 강제하여 그가 반발하면 감찰을 통해 자진 사퇴를 유도하려고 시도한 것이에요. 그런데 전국검사장간담회에서 윤 총장에 대한 추 장관의 수사지휘가 '위법 또는 부당'한 직권남용 내지 수사방해라는 '공통된 의견'이 도출되었는데도 1주일만에 윤 총장은 추 장관의 수사지휘를 사실상 수용했어요.

윤석열 총장이 장고 끝에 추미애 장관의 수사지휘를 수용한 것을 보고 『사기』에 나온 포의(布衣, 평민) 시절 한신 장군의 고사가 생각났습니다. 철부지 불량배(屠, 백정)가 그를 겁쟁이라고 모욕하면서 '나를 칼로 찔러 죽이든지 아니면 내 가랑이 밑으로 지나가든지'라고 도발하자 '孰視之' 후에 가랑이 밑을 기어갔다는 것이지요. '그자를 한동안 노려보았다'는 의미의 '孰視之'에 주목한 이성규 교수의 해석처럼 한신 장군은 굴욕을 감수하면서 자중자애했던 것인데, 윤 총장의 의중도 마찬가지였을 것이라는 생각이 들어요.

이번 사태를 보면, 법원과 달리 검찰에는 '정의를 팔아먹는' 법비(法匪, 불량배 법조인)가 주류를 형성하지 못했다는 사실을 알 수 있습니다. 물론 법원과 달리 검찰에는 윤석열 총장이라는 탁월한 수장이 있는 덕분이기도 했고요. 그래서 검사장간담회에서도 윤 총장의 퇴진은 불가라는 공통된 의견이 도출되었던 것인데, '민주주의라는 허울을 쓰고 있는 독재와 전체주의[인민주의]를 배격하는 진짜 민주주의'(윤 총장)로서 자유민주주의의 마지막 보루가 바로 윤 총장이라는 검찰 전체의 판단을 반영했다고 할 수 있겠지요.

추미애 장관이 '군부파쇼'와 유사한 '검찰파쇼'에 대한 '문민·민주 통제'라는 구실을 내세워 문재인 대통령에게 과잉충성한 데는 이유가 있었는데, 2018년 지방선거에서 3선에 성공한 박원순 서울시장의 후임으로 여성 최초의 서울시장직을 요구한다는 설이 있었습니다. 그런데 공교롭게도 윤 총장을 '굴복'시킨 바로 그날 마치 '안이박김의 저주'가 부활하기라도 한 듯 박원순 시장이 자살하면서 차질이 발생했지요. 내후년 3·9대선의 전초전이 될 내년 4·7재보선의 공천이 쉽지 않을 것이기 때문이에요. [결국 서울시장직은 '세월호 변호사' 박주민 의원에게 양보하고 대신 총리직을 요구했다고 한다.]

9급비서가 '위력에 의한 성폭력'으로 고소한 박원순 시장과 인연이 있었는데―삼가 고인의 명복을 빕니다―그의 자살은 한두 가지 사실에 대한 주의를 환기했습니다. 먼저 정대협 사태와 마찬가지로 인민주의와 급진페미니즘은 '불행한 결합'(unhappy marriage)일 수밖에 없다는 사실이지요. 정대협의 주사파적 민족해방론이나 참여연대의 공리주의적 코퍼러티즘은 여성권에 별로 관심이 없거든요. 게다가 급진주의적 페미니즘도 여성권을 위한 페미니즘은 아니라는 측면에서 자유주의적 페미니즘(lf)과 그것을 지양하려는 사회주의적 페미니즘(sf)에 미달하는 것이지요. 권현정 외, 『페미니즘 역사의 재구성: 가족과 성욕을 둘러싼 쟁점들』(공감, 2003)을 참고하세요.

동시에 문재인 정부가 문민·민주통제하는 경찰의 실상, 나아가 사법개혁으로 부활시키려는 이승만―박정희 정부의 '경찰사법'의 정체가 새삼 드러날 수밖에 없었습니다. 경찰이 박원순 시장에게 실시간으로 고소 사실을 누설하여 박 시장이 자살하도록 방조했다는 정황적 증거가 아주 많아요. 단적인 예로, 박 시장은 오후 5시 고소인에 대한 경찰의 조사가 시작된 지 4시간만에 젠더특보·변호사·비서관과 대책회의를 가졌고 오전 2시 반 고소인 조사가 종료된 지 8시간만에 유서를 쓰고 북악산으로 올라갔다고 하거든요.

수도이전 재론

'박원순 사태'로 정권재창출의 장애가 조성되자 김태년 원내대표는 서울시장보선은 포기하고 대선에 올인하기라도 할 듯이 '행정수도 완성'이라는 형태의 천도(遷都), 즉 수도이전을 재론함으로써 돌파를 시도했습니다. 검찰개혁을 재론하면서 하노이 노딜이라는 장애를 돌파하려 한 것과 마찬가지였는데, 두 경우 모두 노무현 대통령의 유훈을 계승한다는 명분이 있었지요. 그러나 신뢰가 가지는 않는데, 집권 초 개헌을 통해 위헌 시비에 대비하지 않았기 때문이에요.

2004년이 '정치의 사법화'(judicialization of politics) 원년입니다. 헌법재판소가 5월에 노무현 대통령 탄핵소추를 기각한 데 이어 10월에는 수도이전이 위헌이라고 결정했거든요. 그런 상황에서 과천연구실도 '인기영합주의'라고 잘못 불리던 인민주의(populism)에 대한 연구를 진행하여 2005년 8월에 『인민주의 비판』을 출판했고요. 이 책의 한계는 자유주의에 반대한 정치이념으로서 인민주의에만 주목하여 정치체제(정체)로서 인민주의, 즉 민주정의 타락으로서 인민정은 간과했던 것이지요. 따라서 인민정이 자유민주정에 미달한다는 사실에 대한 인식도 부족했고요.

수도이전에 대한 헌재의 위헌 결정은 수도의 정의를 환기하면서 수도이전의 조건도 명시했습니다. 즉 수도(首都, capital city)란 최고헌법기관, 즉 대통령의 소재지이고, 수도가 서울이라는 것은 '서울에 수도를 둔다'는 '동어반복적' 헌법조항을 제정할 필요가 없는 '자명한 사실'이라는 의미의 '관습헌법'이라는 것이지요. 한글 서울이 한자 수도와 같은 뜻임은 초등학생도 알거든요.

어쨌든 수도이전을 위해서는 자명한 사실로서 관습헌법을 부정할 제정헌법의 명문조항이 필요하다는 것이 헌재의 결론이었습니다. 즉 '세종시에 수도를 둔다'는 조항을 신설하는 개헌을 해야 한다는 것이에요. 하기야 대법원과 '법비 경쟁'을 하는 헌재가 위헌 결정을 번복할 수도 있겠지만요. 나아가 국어사전에서도 수도인 보통명사 서울과 수도가 아닌 고유명사 서울을 구별해야 하겠지요. 하기야 '사흘'이 '4일'이라고 우기는 깨시민은 '서울말을 표준어로 한다'는 표준어규정을 폐기하자고 떼를 쓸지도 모르겠지만요.

문재인 정부가 갑자기 수도이전을 재론한 데는 물론 부동산정책의 실패라는 이유도 있습니다. 김태년 원내대표가 수도이전을 재론한 바로 이튿날에 한국은행과 통계청이 2019년 국민대차대조표를 발표했는데, 국민소득에 대한 토지자산의 배율은 노무현 정부에서 급등했다가(2001년 2.9 → 2007년 4.4) 이명박 정부에서 감소하여 (2013년 4.0) 박근혜 정부에서 안정을 유지했고(2017년 4.2) 문재인 정부에서 또다시 급등했지요(2018년 4.3 → 2019년 4.6).

국민대차대조표는 2014년에 작성되기 시작했는데, 당시 한국은행이 발행한 『한국의 국민대차대조표 해설』을 보면, 토지자산의 배율은 1997-98년 경제위기를 전후로 감소추세였습니다. 1995년에 3.9였던 것이 2001년에는 3.1이었거든요. 올해의 발표에서 2001년의 수치가 2.9로 하향조정된 것은 기준년이 변경되었기 때문이고요. 어쨌든 2001년이 역사적 저점이었고 2007년이 역사적 고점이었는데, 2019년에 역사적 고점이 갱신되었다는 사실을 알 수 있어요.

게다가 이명박-박근혜 정부에서 완화되던 토지자산의 수도권 집중(서울과 경기도는 거의 동일한 비중)이 문재인 정부에 와서 역전되었다는 것도 문제입니다. 2010년의 61.7%에서 2017년의 56.6%로 하락하던 토지자산의 수도권 비중이 2018년에는 56.9%로 상승하기 시작했거든요. 내년에 발표될 2019년의 수치는 더 크겠고요.

국민대차대조표로 노동자민족의 실태를 알 수 있습니다. 국부에서 부동산(=건설자산+토지자산)의 비중이 84.9%(=32.2%+52.7%), 또 주택(=주거용건물+부속토지)의 비중은 30.4%(=10.3%+20.1%)나 되거든요. 반면 경제학적으로 진정한 국부인 고정자본(기계·설비)의 비중은 5.5%일 뿐이고요. 국부의 56.0%가 가계의 소유이고 26.4%가 정부의 소유인 반면 기업과 은행은 15.4%와 2.2%를 소유할 따름인데, 특히 가계 소유의 국부에서 주택은 50.8%이고 그 밖의 부동산은

25.2%이지요. 국민대차대조표에 기업과 은행의 민족적 소유는 반영되지 않는데, 상당 부분을 외국인이 소유하고 있어요.

전세계 국부에 대한 투자은행 크레디트스위스의 *Global Wealth Report*는 위키피디아에 요약되어 있는데, 간단하게 소개해두겠습니다. 2019년 한국의 국부는 7.3조달러인데, 미국의 7%, 일본의 16%, 대만의 180%에 해당하고, 인구를 고려하여 1인당국부로 환산하면, 미국의 40%, 일본의 70%, 대만의 80%에 해당하지요. 또 총자산에서 금융자산의 비중은 미국이 74%, 일본이 61%, 대만이 66%인 반면 한국은 37%에 불과하고요. 코로나19발 경제위기의 와중에 코스피를 지지해온 이른바 '동학개미'는 저금리에 미혹되어 노동자민족을 금리생활자민족으로 혼동한 깨시민일 따름이에요.

서울이라는 '천박한 [아파트] 도시'를 버리고 세종시를 '품위 있고 문화적으로 성숙한 도시'로 만들자는 이해찬 당대표의 망언도 간과할 수는 없습니다. '나라가 니 꺼냐? [니 맘대로 하게…]'라는 야유는 차치하고, 정약용의 가훈(家誡)에서도 알 수 있듯이, 서울이 본래부터 천박한 것이 아니라, 조선의 망국과 일제의 강점, 특히 한국전쟁과 남북분단 탓이 크지요. 일제강점기의 총독부나 박정희-전두환 시대의 군부독재조차 지방민의 난입 때문에 서울의 난개발을 용인할 수밖에 없었거든요. 사실 이 대표 집안도 신림동에서 고시(考試)책방과 설렁탕집으로 터를 잡은 지방민인데, 중종의 서자이면서 선조의 생부인 덕흥군의 후손으로 세종시 인근인 충남 청양 출신이에요.

조선 최초의 서출·방계 군주였던 선조의 열등감은 유명했습니다. 그런데 덕흥군을 보면 선조의 열등감도 당연하다는 생각이 들어요. 덕흥군은 어릴 때부터 주색에 빠져서 29세에 요절했다고 하거든요. 게다가 나무위키에 인용된 『조선왕조실록』에 따르면, '무식한 왕족'(宗室無識者)으로서 '품행이 경망하고 교만하며 포악하여 사대부를 능욕했다'(性行躁妄驕縱悖戾, 陵轢宰相歐打士類)고 하지요. 유시민 작가의 경우처럼 이해찬 대표의 경우도 역시 '씨도둑은 못 한다'는 속담의 사례라고 할 수 있어요.

코로나19의 재확산

7월 중순부터 문재인 대통령에 대한 지지율이 원상으로 복귀했습니다. 4월부터 7월 초순까지 3개월 정도 지속된 기이한 지지열기가 점차 식어가면서 2019년 1년 내내, 또 2020년에 들어와서도 3월까지 유지되던 찬반 백중세가 다시 출현한 것인데, 이런 추세는 11월 말까지 지속되고 있지요.

지지열기가 식어가는 상황에서 문재인 대통령은 두 번째로 생활 속 거리두기를 결정했습니다. 7월 말부터 시작되는 여름휴가 성수기, 나아가 광복절 연휴를 앞두고 코로나19의 재확산에 대해 의료계가 경고했음에도 불구하고, 4월 말 5월 초 연휴 직후에 제기된 재확산 우려가 7월부터 완화되자 K방역에 대한 확증편향이 강화되었던 탓이지요. 물론 취약한 경제에 대한 고려도 작용했고요.

게다가 문 대통령은 2017-18년에 추진하다 실패한 공공보건의료 정책을 부활시켜 의대정원 확대 및 지방공공의대 설립을 시도했습니다. 코로나19의 재확산에 대비하기는커녕 오히려 의료계와의 대결을 자초했던 셈이지요. 문 대통령이 정책관련 비서관을 거쳐 국정상황실장으로 발탁한 이진석 교수는 『보건의료: 사회·생태적 분석을 위하여』(공감, 2006) 집필을 위한 세미나에도 참여한 바 있는데, 아무래도 저희와는 생각이 많이 다른 것 같아요.

보건의료의 공공성을 담보하는 수단은 건강보험이라는 것이 학계의 통설입니다. 건강보험에 그치지 않고 보건의료생산까지 국가화하는 극단적 경우가 바로 영국의 국가보건의료서비스제도(NHS)인데, 스웨덴도 비슷한 경우이지요. 그런데 코로나19의 대처에서 영국과 스웨덴은 실패했다고 할 수밖에 없어요. 반면 대만과 남한에서 보건의료생산의 민간 비중은 각각 80%와 90%를 초과하고요.

이런 소동의 배경으로 1차 유행의 신천지교회처럼 2차 유행에는 사랑제일교회라는 '희생양'이 있었다는 사실을 지적할 수도 있을 것입니다. 그런데 광복절 연휴 이후 2주 동안이나 '네 탓이오'로 허송 세월하면서 차일피일 미뤄지던 사회적 거리두기로의 복귀는 8월 말에 정은경 질병관리본부장/청장이 보건의료체계의 붕괴를 경고한 다음에야 겨우 결정될 수 있었지요.

새로이 3단계로 분류된 사회적 거리두기에서 생활 속 거리두기는 완화된 거리두기인 1단계에 해당하는 반면 3단계에 해당하는 강화된 거리두기에는 학교·직장의 폐쇄(closure/shutdown)와 통행금지(quarantine/lockdown)가 명시되었습니다. 8월 말부터 시행되는 거리두기는 2단계와 3단계의 중간이었고요.

11월부터 거리두기를 5단계로 더욱 세분하면서 그 기준을 대폭 완화했습니다. 올 겨울의 3차 유행에 대비하여 K방역을 수정하려는 것 같아요. 위키피디아에 실린 신규확진자와 누적확진자의 그래프를 보면, 8월의 2차 유행 이후 9월에 100명 안팎으로 감소하던 신규확진자가 9월 말부터 시작된 추석 연휴와 그 직후에 결정된 세 번째 생활 속 거리두기를 계기로 증가세로 돌아서서 11월에는 500명 안팎으로 급증했고, 그 결과 8월 말에 20,000명에 접근했던 누적확진자도 11월 말에는 35,000명에 접근했거든요.

8월 이후 방역의 모델을 둘러싼 대만과 한국의 경쟁은 더 이상 의미가 없습니다. 사망률(인구 10만명 당 사망자 수)을 기준으로 할 때 두 나라의 격차는 더욱 분명해졌는데, 위키피디아에 따르면, 11월 말 이탈리아 90명, 영국 87명, 미국 81명, 프랑스 78명, 스웨덴 66명, 독일 20명인 반면 대만은 세계 최저인 0.03명, 중국 0.3명, 한국 1.0명, 일본 1.6명이에요. 일본과 비슷한 한국이 오히려 대만에게 돌아갈 방역모델을 참칭하면서 중국을 지원해온 셈이지요.

K방역의 결함과 관련하여 문재인 정부가 백신(예방약) 확보를 방기했다는 사실도 지적해두겠습니다. 『조선일보』에 따르면, 초민족제 약사가 개발 중인 백신을 확보하려면 선(先)구매를 해야 하는데, 선(先)입금 형식으로 백신개발에 자금을 투자해야 한다는 뜻이지요. 또 백신개발이 실패해도 선입금을 환불받을 수 없다는 뜻이고요.

이미 여름에 백신을 확보한 미국·유럽·일본과 달리 한국은 백신

개발이 보도된 11월에도 확보 실적이 0인 이유를 예산과 책임이라는 측면에서 지적할 수 있습니다. 먼저 방만한 재난지원금 때문에 선입금할 자금이 없었는데, 문 대통령의 말마따나 재난지원금으로 쇠고기를 사먹었으니 '백신과 쇠고기의 교환'인 셈이었지요. 나아가 선입금을 환불받을 수 없을 경우에 책임을 추궁 당할지도 모르는데, 문 대통령의 기질상 그런 모험을 감수할 리가 없었고요.

신라젠·라임·옵티머스 비리가 폭발하던 10월에 윤석열 검찰총장이 국회에 출석했습니다. 4·15총선 이후 처음 열린 국정감사에서 윤 총장은 '사람[문재인 대통령]에 충성하라'고 강요하는 민주당에 맞서 법원과 함께 사법부를 구성하는 검찰의 독립과 중립을 옹호하면서 자유민주주의를 수호하려는 결의를 표명했지요. 윤 총장을 보면서 역시 법학과 출신이 서울대를 대표한다는 사실을 인정하지 않을 수 없었어요. 홍장표 수석이나 김상조 실장 같은 경제학과 출신은 자유민주주의에 미달하는 인민주의를 추종하니까요.

가장 인상 깊었던 것은 '검찰총장은 법무부장관의 ['명을 받거나'(受命) '명을 받드는'(遵命)] 부하가 아니다'라는 사실확인 발언이었는데, 정부조직법과 기타 법령에 따르면, 검찰총장은 법무부장관과 동일한 장관급이기 때문입니다. '추미애 장관의 수사지휘권 발동은 [수사방해에 해당하므로] 위법·부당하다', '추미애 장관의 인사권 행사는 [검찰총장과의 협의를 생략한] 전례 없는 일이다'라는 발언도 역시 사실확인이었지요. '정치와 사법[의 관계]이라고 하는 것은 크게 바뀌는 게 없구나'라는 발언은 물론 회한 내지 개탄이었고요.

10월 말에 민주당은 이른바 '5·18왜곡처벌특별법'을 당론으로 발의하기도 했습니다. 문재인 정부의 지역기반인 호남의 의견과 다른 의견은 범죄로 처단하겠다는 것인데, 심지어 학문·예술·언론도 예외일 수는 없다는 것이지요. 사상의 자유, 즉 양심과 표현의 자유를 부정하는 인민주의가 프로토파시즘이라는 사실이 적나라하게 드러난 순간이었는데, 『조선일보』와 달리 『한겨레신문』은 아예 보도조차 하지 않았어요.

바이든 후보의 당선과 트럼프 대통령의 퇴진

불행 중 다행인 것은 미국대선에서 바이든 후보가 승리하여 트럼프 대통령을 퇴진시켰다는 사실입니다. 코로나19의 대유행을 계기로 트럼프 대통령의 지지율이 하락하는 상황에서 자유주의적 대안을 상징하는 오바마 대통령이 '상대를 적으로 간주하는' '이기주의, 부족주의, 분열주의'로서 인민주의를 퇴치하자고 역설한 바 있지요. 또 코로나19에 대한 트럼프 대통령의 정책대응을 '완전하고 무질서한 대실패'(an absolute chaotic disaster)라고 규정한 바 있고요.

오바마 대통령의 발언은 5월 초에 열렸던 '오바마 동창회'(Obama Alumni Association)와의 화상회의(conference call)에서 나온 것이었는데, 자신의 정부에 참여했던 3000여명의 참모들에게 바이든 후보의 지지를 독려하는 취지였습니다. 그리고 이 발언은 즉각 주요 언론에 보도되어 만천하에 공개되면서 바이든 후보가 당선되는 데 크게 기여했고요.

바이든 후보의 당선에는 흑인과 인도인의 혼혈인 '여성 오바마' 카멀라 해리스 부통령 후보도 크게 기여했습니다. 카멀라의 부친은 자메이카 출신의 마르크스주의 경제학자였던 도널드인데,『자본축적과 소득분배』(1978)라는 그의 주저는 큰 딸 카멀라와 작은 딸 마야에게 헌정되었지요. 부모의 이혼으로 편모 슬하에서 사춘기를 보낸 두 딸에 대한 애틋한 부정을 표현한 것이었어요. 생의학자인 카멀라 모친은 남인도 브라만 출신의 힌두교도였는데, 이데올로기적 갈등이 이혼의 사유였는지는 잘 모르겠어요.

그런데 바이든 후보의 낙승을 예상한 여론조사와 달리 투표결과는 신승이었다고 할 수밖에 없습니다. 74명의 선거인을 더 확보하여 승리하기는 했지만, 그 내용을 보면, 선거인이 도합 57명이나 되는 대표적 경합주인 펜실베이니아(선거인 수 20), 위스콘신(10), 애리조나(11), 조지아(16)에서 표차가 1.2%포인트, 0.6%포인트, 0.3%포인트, 0.2%포인트밖에 안 되었거든요.

그러나 주목할 만한 사실은 애리조나와 조지아에서의 승리가 민주당과 공화당의 연대를 의미한다는 것이었습니다. 『재론 위기와 비판』에서 지적한 것처럼, 2018년 8월 애리조나 상원의원 매케인에 대한 조사에서 오바마 대통령이 강조한 '정치를 초월하는 원칙'과 '정파를 초월하는 가치'에 공화당 지지자들이 호응한 셈이었지요.

바이든 당선인은 트럼프 대통령이 승복연설(concession speech)을 거부하는 가운데 승리연설(victory speech)을 할 수밖에 없었습니다. 연설에서 그는 '상대를 적으로 취급하고', '악마화하던 잔혹한(grim) 시대'를 종식시키자고 제안했지요. 발리바르처럼 말해서 트럼프 대통령의 인민주의는 '시빌리티'(civility)가 없는 '잔혹(cruelty)의 정치'였거든요. 바이든 당선인에게 화답하듯이 부시 대통령은 '이번 선거는 본질적으로 공정했는데, 앞으로 그 완전무결성(integrity, 부정이 전혀 없음)이 확인될 것이다'라는 성명을 발표했고요.

바이든 당선인은 트럼프 정부와 구별되는 차기 정부의 최우선 국내정책으로 코로나19의 통제를 약속했습니다. 또 국제적으로도 '힘의 본때(example of power)가 아닌 본보기의 힘(power of example)으로 이끄는' '세계의 등대'(a beacon of the globe)가 되겠다고 약속했는데, 트럼프 대통령과 시진핑 주석이 파괴했던 글로벌 스탠더드를 재건하겠다는 의미였지요.

한국과 관련해서는 시진핑 주석이 아르셉(RCEP, 역내포괄적경제파트너십)으로 대체를 시도한 범태평양파트너십(TPP)과 김정은 위원장이 무효화를 시도한 'CVID'(완전하고 검증가능하며 복구불가능한 핵폐기)에 주목해야 할 것입니다. 바이든 정부가 범태평양파트너십에 복귀하고, 'CVID'도 부활시키리라는 것은 쉽게 예상할 수 있지요. 또 트럼프 대통령이 탈퇴한 이란 핵협정이 오히려 바이든 정부가 추진할 북한 핵협상의 모델로 부활할 것이라는 예상도 있고요.

문재인 정부는 바이든 후보의 당선을 희망하지 않은 것은 물론이고 예상하지도 못한 것 같습니다. 7월에 박지원 의원을 국가정보원장으로 발탁하고 이인영 의원을 통일부장관으로 발탁하여 김여정

당중앙의 10월 방미와 종전선언이라는 이른바 '옥토버 서프라이즈'를 준비했다는 설이 있거든요. 물론 6월에 있었던 김여정 당중앙의 비난과 위협에 대해 성의를 표시한 인사조치였을 수도 있고요.

9월 말 연평도 해역에서 해양수산부 공무원이 북한군에 의해 사살된 사건에 대해 김정은 위원장이 즉각 유감을 표명한 것도 옥토버 서프라이즈에 대한 방증이었다고 할 수 있습니다. 다만 문재인 대통령은 유감을 사과로 오해한 것 같아요. 그러나 유감(遺憾, regret)은 미안하다/슬프다는 뜻이고 사과(謝過, apology)는 잘못을 인정하고 용서를 빈다는 뜻이에요. 예를 들면, 일본의 정부수반인 총리는 사과하되 국가원수인 천황은 유감만 표명한 것처럼요.

물론 김여정 당중앙의 방미와 종전선언이라는 옥토버 서프라이즈는 실현되지 않았습니다. 10월 초에 트럼프 대통령 자신이 코로나19에 감염되었다는 사실이 확인되었기 때문이지요. 9월 말 첫 번째 텔레비전 토론에서 늘 마스크를 쓰던 바이든 후보를 조롱한 트럼프 대통령의 자업자득이었고, 미국을 코로나19 최대피해국으로 전락시킨 죄과에 대한 업보이기도 하겠지요.

문재인 정부가 바이든 후보의 당선을 기피한 것은 사실 당연한 일이었습니다. 그는 김정은 위원장을 'thug'라고 불렀는데, 국내언론에서는 '깡패/불량배'라고 번역했어요. 그러나 'thug'는 '악당/범죄자', 좀 더 정확하게 말해서 '살인·강도짓도 서슴치 않는 도적'이라는 의미이지요. 『후기』에서 지적했듯이, 북한은 '클렙테스'(kleptes, 도적)가 지배하는 '클렙토크라시'(kleptocracy)라고 할 수 있거든요.

바이든 정부 이후에도 한국에서 상황 개선은 어려울 것 같습니다. 우선 미국과 달리 인민주의자에 대항할 자유주의자와 보수주의자의 연합이 난망하기 때문이지요. 또 국감 이후 윤석열 총장이 대선주자 선두그룹에 합류하자마자 추미애 장관을 내세워 그를 낙마시키려는 정치공작이 개시되었거든요. 게다가 트럼프 대통령과 달리 문재인 대통령을 지지하는 인민주의자는 운동권 출신 386세대를 중심으로 호남인과 X-Y세대가 결집되어 있다는 사실도 중요하고요.

프랑스혁명과 자코뱅적 인민주의

남한 운동권의 쇠망

2007-09년 금융위기를 계기로 세계적 차원에서 일체의 사회운동, 특히 노동자운동이 쇠망했습니다. 『일반화된 마르크스주의 세미나』에서 이탈리아 공산주의재건당(PRC), 프랑스 혁명적공산주의자동맹(LCR)-새로운반자본주의정당(NPA), 영국 사회주의노동자당(SWP)의 위기에 주목한 데 이어 『한국자본주의의 역사』에서 남한 노동자의힘 그룹, 다함께 그룹, 사회진보연대의 위기에 주목한 것처럼요.

남한 운동권의 위기를 상징하는 것이 바로 인민주의인데, 김대중-노무현 정부에서 출현한 인민주의가 민주노총을 거쳐 운동권 전반을 '감염'시켰던 것입니다. 인민주의는 보편적 이익 대신 특수한 이익의 추구, 달리 말해서 공익(公益) 대신 사익(私益)의 추구를 의미하는데, '노동자주의'가 대표적 사례이고 '여성주의'는 그 아류이지요. 또 사익의 '평화공존'을 모색하는 코퍼러티즘도 있고요. 어쨌든 인민주의화의 귀결이 바로 촛불혁명과 문재인 정부이므로, 촛불혁명에 동참한 운동권이 문재인 대통령을 제대로 비판할 수는 없어요.

먼저 민주노총의 비판을 보면, 수적으로 소수파인 자본가의 사익에 수적으로 다수파인 노동자의 사익을 대립시키는 노동자주의의 입장으로 일관할 따름입니다. 촛불혁명의 결실인 문재인 정부의 수호에는 무관심한 채 자신의 이익만을 고집하는 민주노총은 문성현 노사정위원장이 코퍼러티즘의 관점에서 책망한 것처럼 'rotten kid'(저밖에 모르는 응석받이)일 수밖에 없어요.

민주노총은 노동자의 사익이 자본가의 사익에 미달한다는 사실에 대해 무지합니다. 『민부론』에서 스미스는 '푸줏간·맥줏집·빵가게 주인'의 인애(仁愛(타인에 대한 사랑), benevolence)가 아니라 자기애(self-love) 덕분에 '우리', 즉 민족공동체가 식사를 할 수 있다는 사실을 갈파한 바 있어요. 이렇게 자본가의 사익은 공익이기도 하다는 사실을 증명한 것이 바로 '이론적 역사로서 경제학'이고 그것에 근거한 정치이념이 바로 자유주의인 것이지요.

물론 모두가 동의한 것은 아닙니다. 마르크스는 '역사과학으로서 경제학 비판'과 함께 자유주의 비판으로서 공산주의를 추구했거든요. 그러나 레닌 사후 그 후예들은 마르크스와 레닌을 계승하는 데 실패했는데, 소련과 중국, 나아가 북한에서 현실사회주의의 역사적 경험이 그 증거이지요. 민주노총을 지지하는 지식인이 유가적 경세사학까지는 아니어도 경제학과 자유주의, 나아가 경제학 비판과 공산주의에 대해 무지한 것은 변명의 여지가 없어요.

민주노총은 판검사에 필적하는 고액임금에 대한 비판을 모면하기 위해 비정규직의 정규직화와 최저임금의 인상을 요구하면서 오히려 노동자주의를 강화했습니다. '노동자 내부의 모순'을 노동자 전체의 고액임금화로 해결하려고 한 셈이었고, 그 결과 노동자와 자영업자·소상공인의 모순, 즉 '인민 내부의 모순'(모택동)이 심화되었으므로, 노동자주의를 강화했다는 것이에요.

민주노총의 카운터파트였던 민주노동당을 계승한 셈인 정의당은 우여곡절 끝에 '민주당 2중대'로 타락했습니다. 정의당은 민주당의 정치이념이 자유주의라고 주장하는데, 그래야만 자신이 진보주의를 표방할 수 있기 때문이지요. 다만 영국에서는 진보주의가 현대화한 자유주의인 사회민주주의이고, 미국에서는 진보주의가 자유주의에 미달한 인민주의라는 사실에 대해 무지한 것 같아요. 그래서 사민주의와 인민주의 사이에서 갈팡질팡하다가 결국 민주당의 '시다바리'(下張り, 하인)로 전락한 것이겠지요.

그렇다고 해서 노동자의힘과 다함께 같은 구좌파나 사회진보연대 같은 신좌파가 대안일 수도 없습니다. 그들은 민주당이나 민주노동당/정의당에 의해 배제당한 셈인데, 양당에 참여할 만한 기질, 즉 능력과 성격이 아니었거든요. 그럴 만한 기질이었다면 이미 민주노동당/정의당을 거쳐 민주당에 참여했겠고요. 민중민주파 학생운동권 출신인 박용진 의원의 경우가 그런 사례라고 할 수 있지요.

마지막으로 진보학계의 부실도 언급해두겠습니다. 한 마디로 말해서 제대로 된 경제학자가 없기 때문인데, 김수행 교수 등등의 역할이 컸지요. 소득주도성장론 등등을 주장하는 돌팔이·사기꾼 경제학자를 양산했거든요. 요즘 법조계나 의료계에도 돌팔이·사기꾼이 출몰하여 그나마 위안 아닌 위안이 되지만요. 해방정국의 '잘난 사람들'인 '주출망량'(晝出魍魎, 낮도깨비)이 문재인 정부에서도 장난질을 치고 있는데, 백릉이 고발한 그들은 『위기와 비판』에서 설명한 무치(無恥)·무료(無聊)·무지(無智)의 삼무자(三無者)이지요.

요컨대 코로나19 시대의 남한은 원조(aid)나 구제(relief)를 넘어서 경제안보(economic security), 달리 말해서 경제적 현상의 유지조차 불가능할 것 같습니다. 그 결과 정지상태(stationary state)를 지나 쇠퇴상태(declining state), 즉 탈성장(degrowth, 역성장)이 임박한 것 같고요. 그러나 변혁은 난망한데, 1930년대 대불황기에 유비하면, 공산주의가 부재하고 자유주의·보수주의가 취약한 상황에서 프로토파시즘으로서 인민주의만 건재하기 때문이에요.

일본의 '잃어버린 30년'을 경제안보를 통한 정지상태의 유지로 해석하고 그럴 수 있었던 조건에 주목할 수 있을 것입니다. 신자유주의적 금융세계화로의 포섭 과정에서도 민족경제의 상대적 자율성을 확보했던 일본은 범태평양파트너십과 아르셉 사이에서 갈팡질팡하지 않았지요. 나아가 민주당 등의 인민주의적 도전을 극복하고 자민당의 포괄정당제를 유지했고요. 반면 노동자민족으로 전락한 남한에서는 김대중-노무현 정부에서 출현한 인민주의가 문재인 정부에 와서 주류화되었어요.

여섯 가지 세계(道, 풍속과 세태)를 구분하는 불교는 천신도·인간도와 지옥도 사이에 사익 추구로 인한 분노와 복수의 세계인 수라도(修羅道), 무지와 수욕(獸慾)의 세계인 축생도(畜生道), 시기와 질투의 세계인 아귀도(餓鬼道)를 설정합니다. 이 세 가지 세계가 복합적으로 존재하는 것이 현재의 남한사회라고 한다면, 그 미래는 70년 전에 경험했던 한국전쟁 같은 아비규환(阿鼻叫喚, 간단없는 고통으로 크게 울부짖음)의 지옥도가 될지도 모르겠어요.

디킨즈론

이미 언급한 것처럼 디킨즈를 읽게 된 계기는 4·15총선의 충격이었습니다. 먼저『어려운 시절』을 읽었고, 결국『두 도시 이야기』(*A Tale of Two Cities*, 1859; 국역: 창비, 2014)까지 읽었지요. 전자와 달리 후자에 대한 마르크스주의적 비평은 별로 없는데, 그러나 디킨즈 자신은 '내가 쓴 가장 훌륭한 소설'이라고 자부했어요. 게다가 대중적 인기도 아주 높아서 위키피디아에 따르면 2억부 이상 팔린 최고의 베스트셀러 중 하나였다고 하지요.

두 작품 모두 1848년 혁명과 1851년 쿠데타('루이 보나파르트의 브뤼메르 18일') 이후에 집필된 것인데,『어려운 시절』은 공리주의를 비판했고『두 도시 이야기』는 프랑스혁명 자체를 비판했습니다. 두 작품 모두 칼라일의 영향 아래 집필되었는데, 특히 7년전쟁기부터 공포정치기까지 한 세대 남짓한 시기를 배경으로 한『두 도시 이야기』는 칼라일의『프랑스혁명사』를 문학적으로 형상화했지요.

1837년에 출판된 칼라일의『프랑스혁명사』는 모두 3권으로, 그의 친구 존 스튜어트 밀의 제안으로 집필된 것이었습니다. 제가 배운 초등학교 교과서에는『프랑스혁명사』에 대한 유명한 일화가 실려 있었는데, 밀에게 검토를 부탁한 1권의 원고를 그의 하녀가 불쏘시개로 없애버려 새로 쓸 수밖에 없었다는 것이지요.

여기서 마르크스와 엥겔스의『공산주의자 선언』이 예상하지 못했던 한 가지 사실에 주목할 수 있습니다. 칼라일의 '봉건적 내지 보수적 사회주의'와 밀의 '부르주아적 내지 진보적 사회주의' 사이에 컨센서스가 형성될 수 있었다는 사실 말이에요. 하기야 그들은 부르주아적 사회주의자로 프루동을 지목했는데, 사실 밀의『경제학원리』는『공산주의자 선언』보다 두 달 늦은 1848년 4월에야 출판되었거든요. 물론『자본』에서 마르크스는『경제학원리』에 주목했고, 특히 국제가치나 이윤율 하락에 대한 반작용요인 등을 설명할 때는 밀에게 크게 의지하기도 했어요.

밀과 칼라일의 '런던 컨센서스'에 충실했던 디킨즈는 영국의 행복과 프랑스의 불행을 비교했습니다. 사업가 로리와 '정직한 일꾼' 크런처의 분업과 협업으로 상징되는 런던을 서울로 하는 영국은 귀족정을 중심으로 군주정과 민주정을 결합한 혼합정체였던 반면 귀족 에브레몽드 형제와 하층민 드파르주 부부의 적대로 상징되는 파리를 서울로 하는 프랑스는 군주정이 타락한 참주정과 민주정이 타락한 인민정의 악순환에 빠졌지요. 그래서 의사 마네트, 딸 루시, 사위 다네이(에브레몽드 후작의 상속인)가 파리에서 런던으로 망명·도주했던 것이고요.

디킨즈는 '늘 싸우기만 한'(always at it) 프랑스인은 민족으로서 '실패였다'(no go)고 주장했습니다. 혁명과 반혁명의 동요 속에서 산업자본주의는 물론이고 부르주아 헌정질서조차 안정적으로 존재할 수 없었기 때문이지요. 디킨즈는 '무법의 법정'(lawless court)/'불의의 법정'(unjust tribunal)으로서 혁명재판소와 '국민면도칼'(National Razor)로서 기요틴으로 상징되는 '공포정치'(Reign of Terror, 불어로는 la Terreur)로 귀결되었던 프랑스혁명을 가차없이 비판했어요.

디킨즈가 창조한 '분노와 복수의 여신들'(Furies)의 우두머리가 바로 드파르주 부인이었습니다. 그녀의 목적은 가해자뿐만 아니라 그 연고자들의 '몰살'(annihilation/extermination)이었지요. 피해자의 연고자로서 드파르주 부인은 '가슴 아픈 피해의식과 뿌리 깊은 계급적 증오' 때문에 인간이기를 포기하고 '맹수'(tigress, 암호랑이)로 타락했던 것이에요.

프랑스를 부르주아 혁명의 모델로 간주해온 마르크스주의자에게 『두 도시 이야기』는 난해한 작품이었습니다. 따라서 참고할 만한 비평도 거의 없고요. 루카치의 『역사소설』(1937)도 예외가 아니었는데, 프랑스혁명을 인간주의적 주제를 위한 '낭만적 배경'(romantischer Hintergrund)으로 삼았을 따름이라고 오해했거든요.

아울러 「초판 서문」에서 디킨즈가 리얼리즘 소설의 창작원리를 천명한 바 있다는 사실도 지적해두겠습니다.

칼라일 씨의 경탄스런 책에 나온 이론(philosophy)에 무언가 추가하기를 바랄 수는 없어도 그 가공할 시대에 대한 대중의 이해를 돕는 [연극을 보는 것처럼] 생생한(picturesque) 수단에는 무언가 추가하기를 바라는 바이다.

당황조의 사학자 유지기가 강조했던 재(才, 문장력), 학(學, 현실에 대한 지식), 식(識, 이론에 대한 지식)이라는 개념을 원용하여 설명해보자면, 역사가에게 중요한 것은 재 < 학 < 식의 순서인 반면 소설가에게 중요한 것은 재 > 학 > 식의 순서라는 것이었습니다. 한국사회성격 논쟁에서 민족문학론에 봉사할 '분단체제론'을 방치한 마르크스주의자의 '직무유기'를 고발했던 백낙청 교수는 리얼리즘의 원리에 대한 자신의 무지를 고백했던 셈이에요. 아니면 반(反)마르크스주의자임을 고백했던 셈이거나요.

디킨즈는 발자크의 후예였습니다. 발자크는 1815년 나폴레옹 패망 이후 한 세대를 특징지은 천민부르주아지의 성장과 하층민의 '질투의 권리선언'(déclaration des droits de l'Envie)이라는 세태에 관심을 가졌지요. 그런데 그런 세태의 귀결인 1848년 혁명에 대해서는 의도적으로 무관심했고, 게다가 1851년 쿠데타 직전에 사망했어요. 반면 디킨즈는 1848년 혁명과 1851년 쿠데타의 원인을 찾아 1756-63년 7년전쟁 직후의 한 세대로 거슬러 올라갔던 셈이고요.

마르크스주의자가 디킨즈의 리얼리즘이 아니라 위고의 낭만적 인간주의를 수용한다면 기이한 일입니다. 1815년 나폴레옹 패망부터 1832년 공화파 폭동까지가 배경인 『레 미제라블』(Les Misérables (불행한 사람들), 1862)과 1793년 왕당파의 방데 폭동이 배경인 『93년』(Quatrevingt-treize, 1874)을 디킨즈의 리얼리즘에 대한 위고의 낭만적·인간주의적 대응으로 해석할 수 있겠지요.

발자크와 달리 위고는 1848년 혁명을 지지했습니다. 그러나 발자크와 비교할 때 위고의 장점은 소설이 아니라 시였어요. 만년의 엥겔스가 '리얼리즘의 승리'의 사례로 든 작가도 발자크였지 위고가 아니었고요. 루카치와 리프쉬츠의 역사소설론에 영감을 준 작가도 역시 발자크였지 위고가 아니었고요.

프랑스혁명을 둘러싼 논쟁

물론 디킨즈의『두 도시 이야기』나 칼라일의『프랑스혁명사』만으로 프랑스혁명의 전모를 인식할 수는 없습니다. 프랑스혁명 입문서로는 마르크스주의 경제사학자 다카하시 고하치로의 후예인 지즈카 다다미의『프랑스혁명: 역사의 변혁을 이룬 극약』(1997; 국역: 에이케이커뮤니케이션즈, 2017)이 좋은데, 다니엘 리비에르의『프랑스의 역사』(1986; 국역: 까치, 1995)와 함께 읽어보기를 권하겠어요. 촛불혁명을 프랑스혁명의 계승으로 미화한 '대가'로『한겨레신문』에 '프랑스 역사산책'을 연재중인 주명철 교수의『오늘 만나는 프랑스혁명』(소나무, 2013)은 별로 추천하고 싶지 않고요.

프랑스혁명사에 대한 마르크스주의자의 관심은 부르주아 혁명의 모델로서 프랑스혁명이라는 마르크스의 주장에서 비롯된 것입니다. 이런 주장은 러시아혁명과 중국혁명에서 광범위하게 수용되었는데, 다만 선발자본주의와 구별되는 후발자본주의 내지 반식민지에서 부르주아 혁명의 특수성이라는 문제가 제기되었지요.

먼저 레닌은 1905년혁명을 '프롤레타리아와 농민의 혁명민주주의(RD)적 독재'라는 특수한 형태의 부르주아 혁명으로 인식했습니다. 그러나 프랑스혁명이 모델이라는 사실에는 변함이 없었는데, 당시 레닌이 총파업과 무장봉기 → 임시혁명정부 수립 → 제헌의회(CA) 소집과 절대군주정을 대체하는 민주공화정 수립이라는 혁명도식에 집착한 것이 그 증거였지요.

그러나 레닌은 1917년혁명에서 부르주아 혁명의 특수한 형태로서 혁명민주주의적 독재라는 개념을 폐기했습니다. '모든 권력을 소비에트(평의회)로'라는 구호로 집약된「4월 테제」이후 더 이상 제헌의회 소집과 민주공화정 수립을 목표로 설정하지 않았거든요. 한국 사회성격 논쟁에서 제가 레닌의 새로운 혁명론을 사회주의 혁명의 특수한 형태로서 프롤레타리아와 농민의 '인민민주주의(PD)적 독재'라고 불렀던 것은 이 때문이었어요.

물론 레닌 자신이 혁명민주주의론을 인민민주주의론으로 정정한 근거를 밝혔던 것은 아닙니다. 그래서 혁명 직후에 러시아사회성격 논쟁이 전개되면서 레닌이 제시한 군사적·봉건적 제국주의론을 역사적 경향으로서 국가독점자본주의론으로 발전시키려는 시도가 출현했던 것이지요. 동시에 아시아적 생산양식론 내지 국가봉건제론을 둘러싼 러시아사회사 논쟁도 전개되었는데, 논외로 하겠어요.

국독자경향론과 인민민주주의론은 소련에서 스탈린주의의 득세로 인해 중도반단된 대신 중국사회성격 논쟁에서 계승되었습니다. 진백달과 모택동이 코민테른의 반(半)식민지반(半)봉건사회론을 매판적·봉건적 국가독점자본주의론 내지 관료자본주의론으로 발전시키면서 인민민주주의론 내지 신민주주의론을 주장했거든요.

반면 일본사회성격 논쟁에서는 국독자경향론과 인민민주주의론이 수용되지 못한 채 강좌파와 노농파의 불모의 논쟁이 전개되었습니다. 강좌파는 메이지유신으로 부활한 천황제를 절대군주정으로 오해하여 부르주아 혁명을 주장한 반면 입헌군주정으로 인식한 노농파는 민주주의 혁명 없는 사회주의 혁명을 주장했어요.

이런 맥락에서 볼 때 프랑스혁명에 대한 마르크스주의적 해석에 대한 논쟁은 불가피했습니다. 게다가 프랑스혁명에 대한 버크의 자유주의적 비판도 부활했거든요. 1950년대 영국의 코번이 효시였는데, 그는 버크 연구자였어요. 또 1960년대 프랑스에서 아날학파의 성원이면서 마르크스주의자인 퓌레가 코번의 비판을 발전시켰습니다. 버크 대신 퓌레가 주목한 토크빌은 1859년 사망 직전에 프랑스혁명을 '미지의 신종 바이러스에 의한 질병'으로 규정한 바 있지요.

퓌레와 코번의 수정주의적 프랑스혁명론은 1989년 프랑스혁명 200주년을 전후해서 전세계적으로 주목받았습니다. 퓌레와 코번에 대한 간략한 소개로는 Marvin Cox, "François Furet (1927-1997)" (in *French Historians 1900-2000*, Blackwell, 2010); "Furet, [Alfred] Cobban and Marx: The Revision of the 'Orthodoxy' Revisited" (*Historical Reflections*, Spring 2001)를 참고하세요.

프랑스혁명에 대한 수정주의적 비판은 현대화, 즉 봉건제에서 자본주의로의 이행의 실패에 주목한 것이었습니다. 영국과 비교할 때 프랑스에서는 산업자본주의와 부르주아 헌정질서가 안정적으로 착근하지 못했다는 것이지요. 프랑스에는 'Plus ça change, plus c'est la même chose'라는 경구가 있었는데, '갈아봤자 별 수 없다'는 의미였지요. 이것은 1956년 대선에서 민주당 신익희 후보가 내건 '못살겠다 갈아보자'는 구호에 대항해 자유당이 내건 구호이기도 했는데, 19세기 프랑스나 1950년대 남한이나 비슷한 처지였던 것 같아요.

말년의 알튀세르도 수정주의적 프랑스혁명론을 지지했습니다. 자서전 『미래는 오래 지속된다』(L'Avenir dure longtemps, 1985)에서 마르크스주의자는 '거짓말을 하지'(raconter d'histoires) 말아야 한다고 주장하면서 퓌레의 『프랑스혁명에 대해 생각해보자』(Penser la Révolution française, 1978)가 '혁명 당시에 탄생한 전적으로 이데올로기적인 전통[자코뱅적 인민주의라는 '프랑스 이데올로기']에 대해 반대한 것은 아주 정당하다'고 지적했거든요.

따라서 알튀세르가 꼭 20년 전에 『마르크스를 위하여』의 「서문: 오늘」(1965)에서 제시한 프랑스의 불행에 대한 자신의 입장을 정정했다고 해석할 수 있습니다. 프랑스는 마르크스주의의 착근에만 실패한 것이 아니라 부르주아 혁명에도 실패했기 때문이지요. 19세기 '유럽의 병자'(le homme malade de l'Europe)는 터키가 아니라 프랑스였던 것이에요. 하기야 당시의 터키는 기독교 유럽보다는 오히려 이슬람 서아시아에 속한다고 해야 하거든요.

알튀세르의 제자인 발리바르도 같은 입장이었습니다. 「조우커 마르크스」(1981; 국역: 『에티엔 발리바르의 '정치경제(학) 비판': '비판의 비판'을 위하여』, 한울, 1987)에서 영국이라는 산업혁명의 표준과 프랑스라는 부르주아 혁명의 표준 사이의 '괴리'(décalage)를 인식하는 데서 마르크스가 당면했던 곤란을 지적한 바 있기 때문이에요. 그런데 이런 곤란을 해결하려면 결국 『두 도시 이야기』에서 묘사된 영국의 행복과 대비된 프랑스의 불행을 설명해야 하지요.

'인권의 정치'와 '시빌리티의 정치'

프랑스혁명 200주년 전후로 발리바르 자신이 이 과제를 천착한 바 있습니다. 먼저 「마르크스라는 이름의 자코뱅?」(1989; 국역: 『루이 알튀세르, 1918-1990』, 민맥, 1991)에서 마르크스주의와 자코뱅주의의 혼동에 대해 지적했는데, 이런 혼동은 마르크스와 로베스피에르의 혼동으로 소급되는 것이요. 로베스피에르는 부자가 아니라 인민의 개별이익(intérêt particulier)이 전체이익(intérêt général)이라고 주장했는데, 루소의 전체의지(volonté générale, 일반의지)를 응용한 이런 주장은 경제학적 근거가 없는 인민주의였지요.

발리바르가 주장한 것처럼, 경제학 비판을 통해 도출된 부르주아 소유권에 대한 마르크스의 대안은 '개인적 소유권으로서 자기소유권'(로크), 한 마디로 말해서 노동권이었던 반면 로베스피에르의 반(反)경제학적 대안은 생존권이었습니다. 또 노동권은 개인의 능력 차이를 인정하는 능력주의('능력에 따른 노동과 노동에 따른 분배')였던 반면 생존권은 개인의 능력 차이를 부정하는 평등주의('능력-노동과 무관한 분배')였고요.

나아가 「지식인들의 폭력: 반역과 지성」(1995; 『마르크스의 철학, 마르크스의 정치』, 문화과학사, 1995)에서 발리바르는 전체의지와 전체이익을 위해 공포정치도 불사했던 자코뱅주의를 비판하기도 했습니다. 루소-로베스피에르의 '철학적 계몽주의'는 베카리아-마라의 '사법적 계몽주의'와 결합되었는데, 공포정치의 유력한 수단이 바로 혁명재판을 통한 법치의 확립이었기 때문이지요.

여기서 말하는 법치는 물론 자유주의적 'rule of law'가 아니라 인민주의적 'rule by law'였습니다. 쉽게 말해서 '만인은 법 앞에서 평등하다'는 법치가 아니라 '만 명만 법 앞에서 더 평등하다'는 법치였다는 것이에요. 이른바 '조국 사태'에서 회자된 '조로남불'은 'rule by law'에 대한 풍자와 야유라고 할 수 있겠지요. 정확한 비판은 역시 윤석열 검찰총장이 영어로 인용한 'rule of law'이고요.

조국 사태의 일부인 입시 비리는 사실 1970-80년대 운동권에 대한 모독이었습니다. 운동권에서 즐겨 불렸던 노래 중에는 김민기 선배가 작사·작곡한 양희은 씨 원곡의 포크 「늙은 군인의 노래」가 있었는데, 다만 '군인'을 '투사'로 바꿔 불렀지요.

> 아들아 내 딸들아 서러워 마라
> 너희들은 자랑스런 투사의 [자식]이다
> 좋은 옷 입고프냐 맛난 것 먹고프냐
> 아서라 말아라 투사 [자식] 너희로다

하기야 운동권에 대한 금전적 보상에 더해 자식에 대한 입시 특혜까지 있다는 보도가 있었지요. 조국 교수는 몰라도 윤미향 의원의 자녀조차 미국으로 유학을 갔다니 더 이상 할 말이 없지만요. 윤 의원은 명색이 주사민족해방파 출신이거든요.

백기완 선생과 황석영 작가가 작사하고 전남대 학생 김종률 씨가 작곡한 노무현 대통령의 애창곡 「님을 위한 행진곡」이 역설적으로 이런 상황을 예고했다는 생각이 들기도 합니다.

> 사랑도 명예도 이름도 남김없이
> 한평생 나가자던 뜨거운 맹세
> 동지는 간데없고 깃발만 나부껴
> (…)
> 앞서서 나가니 산 자여 따르라

조국 교수나 윤미향 의원을 비롯해서 그 많던 386세대 운동권은 모두 전향하여 학계나 정계의 주류가 되었으니까요. 이전 세대의 운동권이 이른바 '사상 문제'로 보장된 지위를 포기했던 엘리트였던 반면 386세대의 운동권이 대중화되었던 것은 하향평준화 세대에 걸맞는 '출세의 지름길'(終南捷徑)이었기 때문이라는 생각이 들어요.

공포정치의 또 다른 유력한 수단은 물론 기요틴(斷頭臺)이었습니다. 영국의 런던탑처럼 국사범감옥(state prison)이기도 했던 바스티유요새를 철거하고 대신 기요틴으로 공개처형했던 것인데, 역시 베카리아-마라의 사법적 계몽주의에 의해 정당화되었지요. 기요틴에 의한 공개처형이야말로 '범죄의 억지(deterrence)'라는 형벌의 목적에 적합했는데, 이것이 나치 독일은 물론이고 소련·중국, 특히 북한에서 자행되는 국가테러의 기원이라고 할 수도 있겠지요. 반면 박원순 변호사와 조국 교수가 폐지를 주장했던 국가보안법은 처형 대신 전향을 유도했다는 측면에서 좀 더 문명적이었고요.

조국 교수의 전향의 길잡이였던 마라는 마라노(marrano, 기독교로 개종한 유다인) 출신으로 로베스피에르나 당통보다 훨씬 더 잔혹한 인물이었습니다. 처녀의 몸으로 그를 암살한 코르데는 비극작가 코르네유의 후손이자 지롱드 동조자였는데, 『르 몽드』의 온라인 인용사전에 따르면, 혁명재판에서 이렇게 진술했어요.

> 마라는 프랑스를 사악한 길[공포정치]로 이끌었다(pervertir). 나는 조국의 안녕을 위해 하나의 악당/범죄자(scélérat)이자 맹수(bête féroce)를 죽여 십만의 무고한 생명을 살렸던 것이다.

이 말은 '가학한 정치는 호랑이보다 사납다'(苛政猛於虎, 『예기』)라는 공자의 말씀과도 일치하는 것입니다. 가학(苛虐, 가혹과 잔학)은 잔혹(殘酷, 잔인과 가혹)과 같은 말이고, 영어로는 'cruelty'이지요. 마르크스의 노동권을 핵심으로 하는 발리바르의 '인권의 정치'는 결국 폭력 비판으로 발전했는데, 공포정치로서 가정(苛政)/혹정(酷政)에 대한 대안이 바로 '시빌리티(civility)의 정치', 즉 인애(仁愛)에 기반한 예치(禮治)였지요.

지난 25년 동안 과천연구실이 추구해온 마르크스주의의 일반화에서 역사과학으로서 경제학 비판과 짝이 되는 것이 이데올로기 비판이었는데, 그 핵심이 바로 인권의 정치와 시빌리티의 정치였습니다. 『알튀세르를 위한 강의: '마르크스주의의 일반화'를 위하여』(1996), 『일반화된 마르크스주의 개론』(2006; 개정판, 2008), 『일반화된 마르크스주의 세미나』(2014)를 참고하세요. 여유가 있다면 『역사적 마르크스주의: 이념과 운동』(2004), 『마르크스의 '자본'』(2009), 『한국사회성격 논쟁 세미나』(2020)도 참고하면 좋겠고요.

볼테르론

25년에 걸친 이즈리얼의 급진계몽주의 작업이 2019년 말에 전6권으로 완결되었습니다. 그는 프랑스의 급진계몽주의와 영국의 온건계몽주의를 대비하고 있지요. 또 급진계몽주의의 정점을 자코뱅이 아니라 지롱드로 설정하고 있고요. 디드로와 브리소에게 주목하면서 루소와 로베스피에르는 계몽주의가 아니라 오히려 계몽주의에 반대한 낭만주의, 나아가 '현대 파시즘의 원형인(prefigure) 권위주의적 인민주의'를 대표했다고 주장하는 것이에요.

이즈리얼의 급진계몽주의에 대한 비판은 자코뱅적 '마르크스주의자'와 반(反)자코뱅적 '수정주의자'를 망라했는데, 주요 서평논문 50여편을 분석한 John Eigenauer, "A Meta-Analysis of Critiques of Jonathan Israel's Radical Enlightenment" (*The Historian*, 2019 No. 3)를 참고할 수 있습니다. 『위기와 비판』에서 제시된 바 있는 이즈리얼에 대한 제 입장은 경제학적 계몽주의로 귀결된 영국의 온건계몽주의가 철학적 계몽주의로 귀결된 프랑스의 급진계몽주의보다 우월하다는 것이 핵심이지요.

프랑스에서 계몽주의적 공공지식인을 상징하는 'philosophe'는 문필가(homme de lettres) 내지 인문학자(litterateur)였습니다. 주로 철학자(드브레의 '교사')나 문학자('작가')였던 'philosophe'는 경제학자 같은 경세가나 전문가가 아니라 여론의 '중재자'(arbitre, 심판자)이자 '운전자'(dirigeant, 지휘·통제자)를 자임했는데, 그런 의미에서 '명망가'(célébrité, 드브레)의 선조였다고 할 수 있지요. 물론 경세가나 전문가를 흉내낸 사기꾼이나 돌팔이가 없지는 않았지만요.

포스트모더니즘을 추종하면서 계몽주의가 표방한 보편적 이성·진리·과학·지식을 기각한 새로운 공공지식인도 여전히 'philosophe'라고 할 수 있습니다. 미국의 포스트모더니스트는 주로 문예비평가인 반면 프랑스의 포스트모더니스트는 주로 철학자라는 차이가 있지만요. 그러나 문예비평가와 철학자 사이에는 친화성이 있으므로 결합이 가능하지요. 또 중개자/중매자로서 사회학자도 있는데, 알다시피 프랑크푸르트학파가 그 선례였어요.

이즈리얼은 특히 볼테르를 폄하했는데, 뉴튼-로크의 온건계몽주의와 케네-튀르고의 중농주의를 매개했다는 것이 그 이유였습니다. 볼테르에 대해서는 옥스퍼드대학 볼테르재단(Voltaire Foundation) 이사장이면서 『볼테르 전집』 편찬위원장인 니컬러스 크롱크의 『인간 볼테르』(2017; 국역: 후마니타스, 2020)를 참고하세요.

사상의 자유를 천명한 것으로 유명한 볼테르는 1760년에 'Ecrasez l'Infâme'(약어 'Ecrlinf')이라는 구호를 제기했는데, 비루/야비를 분쇄하자는 의미였습니다. 비루/야비란 무지/미신 내지 광신(fanatisme, 열광)/독단(intolérance, 불관용)을 의미했고요. 『재론 위기와 비판』에서 지적한 것처럼, 밀은 로베스피에르를 독단적이고 무모하다고 비판했는데, 쉽게 말해서 '무지하면 용감하다'(Ignorance is bold, 투키디데스)는 것이었지요.

『근대문화사』(1927-31; 국역: 한국문화사, 2015)를 집필한 오스트리아의 유다계 지식인 프리델(Egon Friedell)은 '오늘 우리가 사는 세상에 불량배(Schurke)가 2/5, 멍청이(Idiot)가 3/8밖에 되지 않는 것은 대개 볼테르 덕택이다'라면서 사상의 자유를 강조한 바 있습니다. 파시즘을 '머슴(Hausknecht)에 의한 양반(Noblesse), 인애(仁愛), 교양, 이성의 박해'로 규정한 그는 1938년 나치돌격대(SA)에게 체포되기 직전에 아파트 4층의 자택에서 투신자살했는데, 한밤중이어서 혹시 밑에 있을지 모를 행인에게 조심하라고 외쳤다고 하지요.

프리델을 따라 『재론 위기와 비판』에서 소개한 치폴라의 지도를 수정·보완할 수 있을 것입니다. 불량배와 멍청이가 사는 지역의 인구밀도가 16/5(×1/8=2/5)과 3/2(×1/4=3/8)이라고 할 수 있거든요. 반면 영웅과 지식인이 사는 지역과 보통사람이 사는 지역의 밀도는 평균 9/25(×(1-1/8-1/4)=(1-2/5-3/8))인데, 아무래도 전자보다는 후자의 밀도가 훨씬 더 높겠지요. 이렇게 수정된 지도를 보면서 한국현대정치의 지형을 연상할 수도 있을 것 같아요.

사상의 자유를 천명하기 직전 볼테르는 중편 『캉디드』(*Candide*, 1759; 국역: 열린책들, 2009)를 출판했는데, 프랑스를 쇠망케 한 결정적 계기였던 7년전쟁이 배경이었습니다. 전쟁의 와중에 루이15세는 '나 죽은 다음에 대홍수가 나든 말든'(Après moi, le Déluge)이라는 망언을 했는데, 손자인 루이16세가 기요틴에서 처형될 것을 알았어도 그랬을지 궁금해지는 대목이에요.

1726-28년 런던 망명기에 『걸리버 여행기』(*Gulliver's Travels*, 1726)의 작가 스위프트와도 교류했던 볼테르의 작의(作意, 창작의도)는 주인공 캉디드의 스승인 팡글로스 교수의 낙관주의에 대한 풍자였습니다. 팡글로스가 옹호한 라이프니츠의 '변신론'(théodicée)에 대해 볼테르는 '비관케 하는'(désespérant) '잔혹한 철학'(philosophie cruelle)이라고 비판했어요.

그런데 루소의 전체의지론만큼이나 라이프니츠의 변신론도 로베스피에르의 공포정치를 예고하는 것이었습니다. '개별적 불행(maux particuliers, 사적 손해)이 전체적 행복(bien général, 공적 이익)을 낳는다', 따라서 '개별적 불행이 더 많아질수록 전체적 행복이 더 많아진다'는 것이 팡글로스의 지론이었거든요.

『캉디드』에서 볼테르는 프랑스의 민족성으로 질투를 지적하기도 했습니다. '비방'(médisance)과 '욕설'(sottises)을 좋아한다는 것이었어요. 또 경세가가 없다는 결함도 지적했는데, 파리의 상류층은 '가짜뉴스'(fausses nouvelles)와 '개똥철학'(mauvais raisonnements, 사이비 토론)을 좋아하기 때문이었지요.

구세계를 떠나 신세계를 거쳐 또다시 구세계로 돌아오면서 온갖 불행을 경험한 다음 캉디드는 '여전히 이것이 [가능한 세계 중에서] 최선의 세계라고 생각하세요'라고 질문했습니다. 팡글로스는 '내 생각은 아직도 예전과 같다네. 여하튼 나는 철학자이므로, 라이프니츠가 틀릴 수 없다(…)는 내 말을 고쳐서는 안 되는 것일세'라고 대답했고요. 다만 이제는 그 자신도 '이런 생각을 전혀 믿지 않는다'고 덧붙였는데, 역시 비(非)전향이 능사는 아닌 것 같아요.

질의와 응답

문화혁명론

— 386세대 운동권은 문화혁명에서도 영향을 받은 것이 아닐까요?

— 질문에 대답하기 전에 386세대의 문화혁명에 대한 이해에 많은 문제가 있다는 사실을 지적해두겠습니다. 민두기 교수에 대한 대안으로 이영희 교수를 존숭하는 중국학자가 많은 탓인데,『위기와 비판』에서 개혁·개방 이후 중국지식인에 대해 소개하면서 참고했던 조경란 교수도 그런 경우라고 할 수 있지요.

신좌파에 경도된 조 교수는 막상 자유주의자에 대해서는 잘 모르는 것 같습니다. 그래서 리쩌허우에게 주목할 필요가 있다는 생각이 드는 것이기도 하고요. 그는『고별혁명』(1995; 국역: 북로드, 2003)과『중국철학이 등장할 때가 되었는가?』(2011; 국역: 글항아리, 2013)에서 '혁명에 이별을 고하면서도' 자신은 자유주의자는 물론이고 신좌파도 아니라고 주장한 바 있어요.

그러나 리쩌허우의 입장은 베른슈타인의 사민주의와 대동소이한 것입니다. 베른슈타인은 자유주의의 확장으로서 사회주의라는 수정주의와 개량의 축적으로서 혁명이라는 개량주의를 주창하면서 현대화된 자유주의인 페이비언주의를 수용했지요. 그러나 리쩌허우는 베른슈타인을 통해 문화혁명 내지 중국마르크스주의 일반에 대한 자기비판을 수행한다고 생각한 것 같아요.

그런 생각에도 일리가 없는 것은 아닙니다. 그의 주저 중 하나인『중국현대사상사론』(1987; 국역: 한길사, 2005)을 보면, 군사적·봉건적 제국주의였던 러시아와 매판적·봉건적 국가독점자본주의였던 중국에서 마르크스주의의 발전에 차이가 있었다는 사실을 알 수 있는데, 가장 중요한 차이는 인민주의의 지양 여부였지요.

러시아에서는 인민주의자가 논파된 다음에 마르크스주의자 내부에서 '사회민주주의자'와 '합법마르크스주의자'가 수정주의와 개량주의를 둘러싸고 논쟁을 전개했습니다. 반면 합법마르크스주의가 취약한 중국에서는 그런 논쟁이 없었고, 나아가 인민주의도 지양되지 못했지요. 그러나 그럼에도 불구하고 리쩌허우처럼 베른슈타인을 매개로 마르크스주의에 대해 자기비판할 수는 없어요.

리쩌허우의 입장이 자유주의적 경향이라는 사실은 그가 설정하는 현대화의 논리적·역사적 순서에서 단적으로 드러나는 것입니다. 그는 현대화의 순서가 경제적 성장 → 개인적 자유 → 사회적 정의 → 정치적 민주일 수밖에 없다고 주장하는데, 이것은 로스토우 이래 현대경제학의 지론이에요. 아무리 철학자라고 해도 경제학을 너무 모른다는 생각이 드는 대목이지요.

문화혁명 자체에 대한 증언으로는 『집』(家, 1931; 국역: 해누리, 1994)과 『차가운 밤』(寒夜, 1946; 국역: 시공사, 2010)의 작가인 파금의 『수상록』에 주목할 수 있는데, 1979년부터 1986년까지 다섯 권이 출판되었고, 이어서 1987년에 합정본(合訂本), 2003년에 선집이 출판되었습니다. 국역본으로는 선집 중에서 선별한 『매의 노래』(황소자리, 2006)가 있고, 합정본에서 선별한 『파금 수상록』(학고방, 2005)이 있고요. 원문을 인터넷으로 찾아볼 수 있으니 한문을 읽을 줄 아는 사람은 대조해보면 좋겠지요.

파금의 목적은 4인방이 주도한 문화혁명이 '대사기극'(大騙局)이었음을 폭로하는 것입니다. 그러면서 '참말을 하자'(講眞話)를 화두로 삼았는데, 생각과 말이 일치하고, 나아가 말과 행동이 일치해야 한다는 의미였지요. 그 역시 말년의 알튀세르처럼 '거짓말을 하면'(講假話) 안 된다고 강조했던 것이에요.

발리바르처럼 말하자면 문화혁명에 대한 '항변과 고발'(protest and denunciation)일 따름이었지만, 그로서는 어쩔 수 없는 일이었습니다. 문화혁명에 대한 '비판'(critique)은 인문학자가 아니라 경제학자나 역사학자의 과제인데, 『역사학 비판』(공감, 2012)에서 설명한 것처럼, 일단 대약진운동의 부단혁명론과 문화혁명의 계속혁명론을 구별하는 데서 출발할 필요가 있겠지요.

게다가 '혁명적 폭력'이 지배한 문화혁명기 중국은 지옥도(地獄道)

였습니다. 『신곡』(국역: 열린책들, 2007)에서 단테가 '지옥문으로 들어오는 자는 모든 희망을 버려야 한다'고 썼던 것처럼, 홍오류(紅五類, 혁명세력인 노동자·농민·열사·간부·병사)가 아닌 흑구류(黑九類), 기존의 오류(반혁명세력인 지주·부농·반동분자·파괴분자·우파)와 추가된 사류(난동분자·첩자·주자파·지식인)에게는 희망이 없었거든요. 인간도(人間道)가 축생도(畜生道)를 거쳐 지옥도로 타락한다고 했는데, 고대중국에는 '태평시절의 개가 될지언정 난리통의 사람은 되지 말라'(寧爲太平犬, 莫作亂離人)는 시구까지 있었다고 하지요.

당연한 일이겠지만 파금은 특히 '아홉 번째 반혁명분자인 구린내 나는 늙은이'(臭老九)라고 불리던 지식인의 운명에 주목했습니다. 그 자신이 '소귀신'(牛鬼)으로 취급되어 '소외양간'(牛棚)에 수용되어 '사상개조'(세뇌)를 강요당했던 학술·문예계의 '반동권위'였거든요. 사상개조의 결과가 바로 '문화의 쇠망'(斯文掃地)이었는데, 지식을 무용하다고 경시한 것을 넘어 죄악시하기에 이르렀기 때문이에요.

청년 고리키의 「매의 노래」(Song of the Falcon, 1894)는 하늘을 사랑하는 매와 달리 땅을 사랑하는 뱀을 풍자한 단편/산문시였습니다. 파금은 '매의 노래'를 자신의 수상의 제목으로 차용하면서 생존이 아닌 자유의 추구를 망상/미망(delusion)으로 간주하던 세태를 야유했던 것이지요.

고리키의 「매의 노래」를 읽어보면 사이먼과 가펑클의 「독수리는 날아가고」(El Cóndor Pasa, 1970) 1절 첫 소절이 생각나는데, 이것이 「험한 세상[거친 강물]의 다리가 되어」(Bridge over Troubled Water, 1970)와 함께 그들의 마지막 듀오 포크였습니다.

달팽이가 되느니 차라리 참새가 되고 싶네.

I'd rather be a sparrow than a snail.

막상 제목과 달리 가사에는 (매보다 큰) 독수리, 그것도 (대왕독수리인) 콘도르가 아니라 참새가 나오고 또 뱀 대신 달팽이가 나오는데, 이렇게 자고자대(自高自大)하지 않는 것이 바로 포크의 정신이었지요. 그런데 「독수리는 날아가고」가 소련에서는 금지곡이었다니 중국이나 매일반이었던 것 같아요.

'참말을 하자'는 것은 '문혁박물관'을 건립하기 위한 전제조건이었습니다. '과거를 잊지 않아야만 비로소 미래의 주인이 될 수 있다'는 것인데, 1961년생 이후인 개혁·개방세대가 성년에 진입하던 문화혁명 20주년에 즈음하여 대사기극과 지옥도의 재연을 예상하고 그것을 예방하기 위한 파금의 복안이었던 셈이지요. 그러나 후진타오에서 시진핑으로 권력이 이양될 즈음에 이르러 결국 문화혁명이 부활되는 조짐이 분명해진 것 같아요.

노신 재론

— 문화혁명 중에도 노신은 존숭받지 않았나요?

— 그렇습니다. 지식인으로서 유일한 예외가 바로 노신이었는데, 그는 모택동과 함께 거의 신격화되었지요. 당시 홍위병의 교과서는 1966년에 편찬된 『모택동어록』이었는데, 이듬해 『노신어록』이 추가되었거든요. 그러나 파금은 모택동이나 노신을 비판하지는 않았어요. 문제는 4인방이었다고 생각한 것 같아요.

개혁·개방 이후 노신이 4인방에게 이용당했다는 주장이 제기되기도 했습니다. 심지어 노신이 모택동에 대한 대안이라는 엉뚱한 주장까지 제기되었는데, 『위기와 비판』에서 언급한 것처럼, 제가 노신에게 별로 관심을 갖지 않은 것은 이 때문이었지요. 물론 노신에게도 이용당할 여지가 없었는지 검토해볼 필요가 있었고요.

알튀세르의 절친이자 노신 연구자인 루아(Michelle Loi)가 1977년에 알튀세르의 '이론'(Théorie)총서로 출판한 『노신의 평론문과 풍자문, 1925-1936』(*Luxun: Pamphlets et libelles, 1925-1936*)에서 선별한 '마르크스주의자를 위한 노신 잡문 30선'을 참고할 수 있을 것입니다. 국역은 루쉰전집번역위원회의 『루쉰 전집』(그린비, 2010-17)을 참고할 수 있는데, 30편 중 † 표한 8편은 루쉰전집번역위원회가 『루쉰 잡문선』(엑스북스, 2018)으로 선별한 것이지요.

『루쉰 전집』 1권
　　춘말(春末, 늦봄) 한담
　　'페어플레이'는 아직 이르다 †

『루쉰 전집』 4권
　　자그마한 비유

『루쉰 전집』 5권
　　소리(聲, 말과 글) 없는 중국 †
　　혁명시대의 문학 †
　　상하이와 난징 수복 경축 저편 (『루쉰 전집』 10권)
　　문학과 땀 흘림
　　문예와 혁명 (1927년 집필 판본)
　　혁명 커피숍

『루쉰 전집』 6권
　　'경역'(硬譯, 직역)과 '문학의 계급성'
　　좌익작가연맹에 대한 의견 †
　　암흑 중국의 문예계의 현상
　　'지식노동자' 만세
　　우리는 더 이상 속지 않는다
　　'제3종인'[중간파]을 논함
　　욕설과 공갈은 결코 전투가 아니다
　　다시 '제3종인'을 논함
　　여성해방에 관하여

『루쉰 전집』 7권
　　「사람을 잘못 죽였다」에 대한 이의
　　글과 화제(題目) †
　　기어가기와 부딪히기 †
　　예(禮)
　　야수(野獸) 훈련법
　　수성(水性)

『루쉰 전집』 8권
　　가져오기(拿來)주의 †
　　아이 사진을 보며 떠오르는 이야기 †
　　고기맛을 모르다와 물맛을 모르다
　　현대중국의 공자
　　타이엔(章炳麟) 선생에 관한 두어 가지 일
　　현재 우리의 문학운동을 논함

일단 저로서는 노신의 잡문을 높이 평가하는 데 찬성할 수 없습니다. 평론 자체가 아니라 평론과 풍자를 결합함으로써 정사(正邪) 내지 시비(是非)와 애증(愛憎) 내지 호오(好惡)가 혼재되어 있기 때문이지요. 게다가 노신 자신이 경고한 것처럼 풍자가 견책이나 흑막 폭로로 변질되는 경우도 있었고요. 풍자를 특징짓는 선의적인 해학(humor)이나 지적인 기지(wit)가 아니라 악의적인 비방(invective)과 조소(sardonic)가 출현하기도 했거든요.

어쨌든 1927년 장개석의 쿠데타 이후에, 특히 장개석이 만주국을 사실상 승인한 1933년 이후에 노신은 잡문에 전념했습니다. 소설은 물론이고 중편이나 단편을 쓸 여유가 없었기 때문이지요. 시인이 아니었던 그로서는 별 다른 길이 없었다고 할 수 있는데, 급변하는 정세에 즉각적으로 개입할 수 있는 유력한 수단이 바로 시와 잡문이었거든요. 노신을 롤 모델로 하는 운동권 출신 386세대에게는 물론 소셜미디어가 있지만요.

잡문가로서 노신이 필명을 떨친 것은 1925년 말의 「'페어플레이'는 아직 이르다」 때문이었는데, 루아와 루쉰전집번역위원회가 공통으로 선별한 가장 중요한 글이기도 했습니다. 이 글은 임어당이 주장한 '페어플레이'에 대한 반론으로, 임어당은 비판의 대상은 사상이지 인간이 아니라고 주장하면서 한유를 원용하여 '우물에 빠진 사람에게 돌을 던지는 것'(落井下石)은 안 될 일이라고 주장했지요.

그러나 노신은 우물에 빠진 것은 사람이 아니라 개, 그것도 나쁜 개라고 주장하면서 '물에 빠진 개를 힘껏 두둘겨패자'(痛打落水狗)고 주장했습니다. 노신이 말한 나쁜 개는 야수성이 남아 늑대와 닮은 사냥개가 아니라 야수성이 없어져 고양이를 닮은 발바리였는데, 양다리를 걸치느냐 여부에 차이가 있기도 했지요.

윤치호도 자신의 일기에서 몇 차례나 언급한 바 있듯이, 상하이 조계의 공원에는 '중국인과 개는 출입 금지'(華人與狗不准入內)라는 팻말이 있었다고 합니다. 그러나 언제나 그렇듯이 예외가 있었는데, 창녀와 그녀의 발바리는 출입을 허락했다는 것이지요. 게다가 발바리는 '개가 주인을 믿고 사람을 문다'(狗仗人勢)는 말처럼 아주 사납기도 했는데, 그래서 노신이 발바리라는 '완장 찬 졸개'를 더 미워했던 것 같아요.

어쨌든 노신은 페어플레이의 대안으로 '당동벌이'(黨同伐異, 옳고 그름을 떠나서 같은 패거리는 돕고 다른 패거리는 친다)를 주장했습니다. 상대방을 적으로 간주하면서 '너 죽고 나 살자'(你死我活), 심지어 '너 죽고 나도 죽자'(予及汝偕亡)라고 선언했던 셈인데, 1925년 초 손문이 사망하자 국공합작이 와해되면서 1927년 초 장개석 쿠데타로 귀결되는 과정에서 국공 쌍방의 적대적 태도를 짐작할 수 있는 대목이었지요.

당동벌이는 노무현 정부 2년차이자 정치의 사법화 원년인 2004년을 마무리하면서 『교수신문』이 올해의 사자성어로 선정하여 유명해졌습니다. 대통령 탄핵, 수도 이전, 국가보안법 대체법안을 비롯한 4대 개혁법안으로 1년 내내 혼란스러웠던 당시의 세태를 반영한 것이었지요. 그런데 운동권 출신 386세대가 채택한 적폐청산의 원칙은 여전히 당동벌이인 것 같아요. 하기야 조국 교수도 「'페어플레이'는 아직 이르다」의 애독자라고 하거든요.

— 운동권 출신 386세대는 결국 노신을 추종했다는 말씀인가요?
— 물론 노신은 그들처럼 독단적이고 무모하지 않았습니다. 「폭군의 신민」(1919)에서는 폭군(暴君)보다 폭민(暴民)이 '더 폭력적'(更暴)이라고 주장했고, 「문득 생각나는 것 5」(1925)에서는 참주정에서 사람들은 냉소적인 반면 인민정에서는 '죽어가는 모습'(死相)이라고 주장했거든요. 달리 말해서 아Q가 지배자가 되는 상황을 경계했던 것인데, 아Q는 머슴(雇農)만도 못했던 날품팔이(日雇)여서 불량배 기질이 있었기 때문이에요.

이 대목에서 왕후이의 『아Q 생명의 여섯 순간』(2012; 국역: 너머북스, 2015)에 주목해야 하는데, 2011년 신해혁명 100주년에 즈음하여 '대국굴기'(大國崛起), 즉 패권국으로의 흥성(rise and advance)에 부응한 『아Q정전』 새로 읽기라고 할 수 있습니다. 왕후이가 일당국가의 명을 받드는 '준명(遵命)지식인', 쉽게 말해서 어용지식인임을 고백하는 책이라는 것이에요.

신좌파를 대표하는 문학비평가로서 그는 서양의 다양한 이론을 원용합니다. 본래 노신이 추종했던 니체에 이어 프로이트에게도 관심을 갖거든요. 그러나 그가 특히 주목한 것은 '베이징 컨센서스'를 정당화할 수 있는 오리엔탈리즘 비판, 그 중에서도 특히 포스트식민주의적 하층민(subaltern) 개념인 것 같아요.

왕후이처럼 '주인이 된 노예' 아Q를 정당화하려면 '정신승리법'을 논외로 하더라도 그의 혁명관을 긍정해야만 합니다.

내가 갖고 싶은 재물은 모두 내 것이고, 내가 갖고 싶은 여자도 모두 내 것이다.

我要什麽就是什麽, 我歡喜誰就是誰.

그런데 『후기』에서 지적한 것처럼, 이런 혁명관은 북경에 입성한 다음 '재물과 여자를 탐하지 않는다'(不愛財, 不姦淫)는 군율을 위반한 이자성과 동일한 것이고, 모택동은 '우리는 결코 이자성처럼 되면 안 된다'(我們決不當李自成)고 다짐한 바 있어요.

물론 불량배 기질이 있는 운동권 출신 386세대에게는 구미가 당기는 혁명관일 것입니다. 『아Q 생명의 여섯 순간』이 번역된 시점이 2014년 세월호 침몰사고와 2016년 최순실 국정농단사건의 와중이었다는 것은 의미심장한 일인데, 촛불혁명의 기원이 일국사적으로는 동학농민전쟁이고 세계사적으로는 프랑스혁명이라는 엉터리 주장을 남발하는 그들로서는 반가운 일이었을지도 모르겠어요.

하기야 황현이 동학농민전쟁을 동학도와 난민(亂民)의 결합, 일반화해서 말하자면 사이비 지식인과 폭민(暴民)의 결합으로 규정한 것처럼, 프랑스혁명도 자코뱅이라는 사이비 지식인과 상퀼로트라는 폭민의 결합으로 규정할 수 있습니다. 촛불혁명 역시 전향한 386세대 운동권과 호남인 및 X-Y세대 같은 깨시민의 결합이었으니 동학농민혁명과 프랑스혁명을 계승했다고 할 수도 있겠네요.

문화혁명기에 4인방은 홍위병의 혁명적 반란(造反)과 우파의 반혁명적 난동(翻天)을 구별했습니다. 그러나 마르크스주의적 의미에서 혁명이란 발리바르가 강조한 것처럼 해방(émancipation)과 변혁(transformation)의 결합이지요. 또 대항폭력(contre-violence)이 아니라 폭력에 대한 비판이고요. 따라서 해방과 변혁의 결합이 아니었고 폭력 비판도 아니었던 홍위병의 반란은 우파의 난동과 마찬가지로 반혁명적이었다고 할 수 있겠지요.

『고별혁명』에서 리쩌허우의 대담진행자(interviewer)였던 류짜이푸는 중국혁명이 일탈한 이유를 특히 '노예였던 아Q가 주인이 되었다'는 사실에서 발견했습니다. 그는 『얼굴을 찌푸리게 하는 25가지 인간유형』(1992; 국역: 예문서원, 2004)과 『인간농장』(2010; 국역: 글항아리, 2014)에서 아Q를 중심으로 다양한 인간유형에 대해 고발한 바 있는데, 아주 흥미진진한 잡문집이지요. 시간을 내서 꼭 한번 읽어볼 만한 가치가 있는 책이에요.

류짜이푸의 가장 주목할 만한 주장은 개혁·개방을 전후로 지배적인 인간유형이 변화했다는 것이었습니다. 개혁·개방 이전의 '독재'에서는 불량배가 주변화되면서 '비굴한 자'(奴人, 노예처럼 주인에게 종속된 자)가 주류화되었지요. 아Q로 상징되는 비굴한 자는 '멍청한 자'(愚人)나 '개돼지 같은 자'(肉人, 짐승처럼 육체적 욕망에 충실한 자)이기도 했고요. 반면 개혁·개방 이후 '민주화'가 진전되자 불량배가 주류화되면서 비굴한 자도 합세하게 되었다는 것인데, 신해혁명에 참여하고 싶어 경거망동했던 아Q 역시 그런 경우였지요.

아Q의 혁명관이 마르크스주의적이 아니라 프루동주의적이라는 사실도 지적해두겠습니다. 『소유란 무엇인가』(1840)에서 프루동은 '일체의 소유는 도적질이다'(La propréte, c'est le vol)라는 테제를 제출한 바 있지요. 반면 마르크스에게 부르주아적 소유란 '잉여가치 형태로의 잉여노동의 축적'이었고요. 따라서 프루동주의적 혁명은 장물(贓物)의 환수일 뿐인 반면 마르크스주의적 혁명은 '노동자연합

(평의회)에 의한 잉여노동의 사회적 영유'일 수밖에 없는 것이지요. 자세한 설명은 『마르크스의 '자본'』을 참고하세요.

중국에서 불량배의 역사

— 불량배란 도대체 누구인가요?

— 한 마디로 말해서 '행동규범이 없는 자'입니다. 중국에서 불량배 연구를 개시한 사람이 바로 노신이었는데, 그의 연구를 계승한 성과가 바로 진보량의 『중국유맹사』(1993; 국역: 아카넷, 2001)라고 할 수 있지요. 유맹(流氓)이란 상하이 조계에서 사용되던 단어로 불량배라는 의미였어요.

유맹에는 깡패와 사기꾼이 있었는데, 깡패는 때리기(打)와 빼앗기(搶) 같은 수단을 사용한 반면 사기꾼의 수단은 거짓말(詐)과 속임수(欺=騙)였습니다. 깡패가 유가 급진파였던 묵가의 후예였다면, 사기꾼은 궤변을 일삼던 명가와 종횡가의 후예였다고 할 수 있지요. 한고조 유방과 명태조 주원장은 유맹 출신의 황제였고요.

『자본』에서 마르크스는 빈민을 상대적 과잉인구의 '최저의 침전물(Niederschlag)'이라고 불렀습니다. 빈민이 타락하면 남자와 여자는 각각 불량배(Vagabund)와 창녀가 되고, 거기서 더 타락하면 악당/범죄자(Verbrecher)가 되는데, 마르크스는 불량배·창녀와 악당/범죄자를 좁은 의미의 룸펜프롤레타리아라고 불렀지요.

그러나 유맹과 룸펜프롤레타리아는 동일한 것이 아닙니다. 유맹에는 예를 들어 권세가·재력가의 타락한 후손인 파락호(破落戶)가 있었거든요. 하기야 미국의 트로츠키주의자 드레이퍼(Hal Draper)가 강조한 것처럼, 마르크스도 빈민 출신으로 환원되지 않는 넓은 의미의 룸펜프롤레타리아, 즉 프롤레타리아와 부르주아지를 망라한 '모든 계급의 인간쓰레기'(Auswurf, Abfall, Abhub aller Klassen)로서 라보엠(la bohème, 보헤미안)의 존재를 인정했지만요.

명황조 말기에 여곤은 '난리가 나기를 바라는 백성'(幸亂之民)의

네 유형으로 빈민(無聊=無恥之民), 불량배(無行=無道之民), 사교도(邪說之民), 모반가(不軌之民)를 지적했습니다. 처음의 두 개가 난민이라면 나중의 두 개는 사이비 지식인이었지요. 방금 황현이 동학농민전쟁을 동학도라는 사이비 지식인과 난민의 결합으로 인식했다고 했는데, 대단한 장서가였던 그가 여곤을 읽었을지도 모르겠어요.

동림당과 가까웠던 여곤에 대해 보충해두겠습니다. 방금 인용한 것은 임진왜란 중에 올린 「천하의 위기를 걱정하는 상소」(憂危疏, 1597)에 나오는 구절이었는데, 이 상소 때문에 모함을 받아 결국 사직하고 낙향하게 되었어요. 후외로에 따르면, 그의 자찬 묘비명(1618)에는 다음과 같은 구절이 있었다고 하지요.

> 이제 다 끝났다. 말하고자 하는 바 있었으나 도리어 끝내 입을 다물었고, 행하고자 하는 바 있었으나 도리어 끝내 뜻을 못이뤘다. 홀로 알게 된 일은 구멍에 묻어버렸고, 홀로 깨달은 글은 횃불에 태워버렸다.

> 今已矣. 欲有所言竟成結舌, 欲有所爲竟成奮志. 卷獨知之契于一腔, 付獨見之言于一炬.

낙향한 이후에 저술한 글의 원고를 모두 없앴다는 말인데, 그래서 낙향 이전의 글인 『신음어』(呻吟語, 세상을 걱정하는 앓는 소리)를 제외하면 거의 전하는 것이 없게 된 것이에요.

상하이에 존재했던 유맹의 비밀결사(幫會)가 청방과 홍방이었습니다. 그들은 '패거리를 지어'(成群作黨) 당동벌이와 비슷한 '배공사당'(背公死黨, 공익을 버리고 죽기로 사익을 지킨다)을 추구했는데, 이런 것이 바로 '불량배의 의리'(不義之義, 정의롭지 않은 의리)였지요. 그래서 페어플레이 대신 당동벌이를 주장한 노신이 '문단의 불량배'(文氓)라고 불리기도 했던 것인데, 그를 존숭하는 운동권 출신 386세대도 역시 기질적으로 불량배인 것 같아요.

이은자 교수의 「중국비밀결사의 역사와 현재」(『중국학보』, 53집, 2006)에 따르면, 현대중국의 유맹은 상업을 비롯해서 정치·군사와 교육을 거쳐 심지어 혁명운동에도 개입했다고 합니다. 손문에 이어 장개석이 청방과 홍방을 활용했기 때문이지요. 장개석을 롤 모델로 삼았던 김구 주석에 이어 이승만 대통령이 해방정국에서 불량배를 활용했던 것도 마찬가지였고요.

― 한국사에서도 불량배에 대한 연구가 있나요?

― 아쉽게도 없는 것 같습니다. 전현대는 물론이고 현대에서 불량배의 역사를 정리한 논저를 발견하지 못했어요. 현대에 국한해서 말하자면 그 기원은 '장군의 아들'이라고 불렸던 김두한으로 소급하는데, 그는 이식자본주의의 불량배, 달리 말해서 이식야쿠자 출신이었지요. 김두한의 라이벌은 '하야시' 선우영빈이었고, 각자 북촌의 중심인 종로와 남촌의 중심인 명동을 지배했어요.

『한국의 불행』에서 정리한 것처럼, 1953년에 대한청년단이 해체된 이후 청년단체의 성원들은 조직폭력배로 변모했습니다. 먼저 선우영빈이 적산을 기반으로 건설사업가로 변신하자 서북청년회 출신인 이화룡과 그의 후배 '시라소니' 이성순이 명동파를 형성했지요. 또 김두한이 국회로 진출하면서 이정재가 동대문파를 형성했고요. 명동파와 달리 동대문파는 대한청년단을 대신하여 정치깡패로 활동하기도 했는데, 1954년의 이른바 '사사오입개헌'(초대대통령의 중임 제한을 철폐한 2차 개헌)이 그 계기였지요.

이승만 정부와 함께 동대문파가 몰락한 반면 명동파는 이화룡의 수하였던 신상현의 신상사파로 승계되었습니다. 그러나 곧 김태촌의 서방파와 조양은의 양은이파 같은 광주 출신 조폭에 의해 교체되었지요. 또 김대중 정부가 출범하자 광주 출신 조폭이 투기사업이나 도박사업으로 진출하면서 칠성파와 20세기파 같은 부산 출신 조폭이 부상했는데, 양자의 갈등을 소재로 한 것이 청소년관람불가영화 관객수 1위를 기록한 『친구』(2001)였어요.

『내부자들』에 대해서도 언급해두겠습니다. 나무위키에 따르자면, 일반판(2015)과 감독판(2016)을 합산할 때 이 영화가 청불영화 흥행 기록을 경신했는데, 호남 조폭 출신 사업가와 영남 지방대를 나온 경찰 출신 평검사가 합심하여 '적폐를 청산하고 정권을 교체한다'는 줄거리가 촛불혁명을 준비 중이던 깨시민을 감동시킨 덕분이었지요. 물론 깨시민에게 익숙한 『한겨레신문』 '훅'(hook)의 웹툰(2010-12)을 영화화한 덕분이기도 했겠고요.

— 그런데 386세대의 불량배 기질은 어디서 비롯되었을까요?
— 저도 궁금한데, 언젠가 '그것이 알고 싶다' 같은 탐사저널리즘의 취재대상이 될지도 모르겠습니다. 다만 386세대가 무협지를 너무 많이 읽은 탓일지도 모르겠다는 생각이 들어요. 저도 중학생 시절에 무협지를 읽은 적이 있는데, 그러나 고등학생 선배들에게 박정희 정부가 우민화정책의 일환으로 무협지를 보급한 것이니 읽지 말라는 꾸중을 들은 다음에는 가까이하지 않았어요.

천정환 교수와 정종현 교수는 2015년에 '광복[해방] 70년 책읽기 70년'이라는 시리즈를 『한겨레신문』에 연재하고 『대한민국독서사』(서해문집, 2018)로 출판한 바 있습니다. 그들은 2014년 세월호 침몰 사고 1년여 후에도 박근혜 정부가 건재하던 상황에 대한 '분노' 속에서 시리즈를 시작했고 2016-17년 촛불혁명으로 노무현 정부 2기인 문재인 정부가 출범한 1년여 후에 '민주주의 문화의 저력'에 대한 자부 속에서 단행본으로 출판한다고 자화자찬한 바 있지요.

그런데 놀랍게도 그들은 1980년대의 하나의 특징을 '의협의 시대'로 규정하면서 광주항쟁 이후 한국사회를 '무협지적 세계의 형성'으로 특징짓고 있습니다. 하기야 진융의 '사조삼부곡'(射雕三部曲)을 고려원에서 해적출판한 『영웅문』이 공전의 베스트셀러가 되었고 과천연구실의 후배들까지도 열독할 정도였으니까요. 386세대는 역시 '박정희 키즈'라는 사실을 방증한다는 생각이 드는 대목이에요.

여기서도 류짜이푸에게 주목해볼 수 있을 것입니다. 그는 『쌍전』(2010; 국역: 글항아리, 2012)에서 역사소설 『삼국지연의』와 무협소설 『수호전』이라는 양대 고전(雙典)을 '지옥문'이라고 비판했는데, 이 책들의 영향으로 서로 속이고 서로 죽이려는 '나쁜 마음'(黑心)을 갖게 되기 때문이라는 것이었지요. 어른/지식인은 『삼국지연의』에서 모략과 간지를 배우고 아이/대중은 『수호전』에서 잔혹을 배운다는 것이에요. 물론 아이/대중과 달리 어른/지식인은 그런 영향에 저항할 수도 있겠지만요. 어쨌든 386세대가 잔혹의 정치에 익숙한 것은 역시 무협소설을 탐독했기 때문일지도 모르겠어요.

베이징과 상하이·광저우의 세태 비교

— 아까 이호철 작가의 『소시민』을 언급하면서 한국전쟁기 부산이 박정희 정부나 문재인 정부의 남한에 대한 알레고리라고 하셨는데요.

— 당대 중국을 대표하는 인문학자라고 할 수 있는 이중톈의 저서 중 최초로 번역된 것이 『중국도시, 중국사람』(1997; 국역: 풀빛, 2002)이었습니다. 여기서 그는 베이징과 상하이·광저우 같은 중국의 주요 도시와 그 주민에 대한 의견을 개진하고 있지요. 특히 베이징이라는 '都'와 상하이·광저우라는 '市'를 비교하는 것이 흥미로웠는데, 동일한 민족성 내부에서 지역적 세태의 차이가 존재하는 이유를 해명한 셈이기 때문이었지요.

'都'는 도성으로 세 등급이 있는데, 작은 성인 읍(邑, 채(采)의 중심으로 대부의 소재지), 큰 성인 도(都, 국(國)의 중심으로 제후의 소재지), 도 중에서도 으뜸(首)인 서울(京, 천하의 중심으로 천자의 소재지)이 그것입니다. 도성의 반대인 향촌(鄕, 시골)에도 세 등급이 있는데, 도성에서 멀리 떨어진 두메산골/바닷가(鄙), 도성 밖의 논밭인 들판(野), 도성에 가까운 변두리(郊)가 그것이지요. 또 도성과 향촌을 매개하는 시장(市, 상업도시)은 농수산물의 집산지이고요.

이중톈은 상하이 주민의 실용·실리주의를 상징하는 '소락혜'(小樂惠, 작은 즐거움과 이로움)에 주목했습니다. 소락은 맛있는 음식이라는 뜻이며 혜는 값이 싸다는 뜻이므로 소락혜는 결국 값싸고 맛있는 음식인데, '소소한 일상적 행복'(樂感, 리쩌허우)이나 '소소하지만 확실한 행복'(小確幸, 무라카미 하루키)이라고 할 수도 있겠지요. 조계

시절 상하이에는 '가난뱅이는 비웃어도 갈보는 비웃지 않는다'(笑貧不笑娼)는 속담까지 있었어요. 상류층으로 진입하려는 여성이 '몸이라는 밑천'(身上的本錢, 『자야』)을 이용하기도 했고요.

그런데 상하이와 달리 베이징의 주민은 이원화되었습니다. 서울이었으므로 전국의 사대부가 집결했고, 그들을 중심으로 정치와 문화를 지향하는 세태, 특히 우환(憂患, 천하의 환난에 대한 격정)의식을 중시하는 세태가 형성되었지요. 그런데 상인이 아니라 농민 출신이어서 성향도 상인적이 아니라 농민적인 평민도 사대부에게 교화되어 정치나 문화에 대한 관심과 더불어 우환의식까지 있었어요.

한 마디로 말해서 베이징의 세태는 우환의식이었던 반면 상하이의 세태는 소락혜였다는 것입니다. 베이징에서 학력과 체면이 중시되었던 반면 상하이에서 재력과 요령이 중시되었던 것도 이런 세태와 관련되었던 것이고요. 학력과 체면이 능력주의를 상징한 반면 재력과 요령은 자연선택과 적자생존을 상징했지요.

그래서 두 도시 사이에 갈등이 많았는데, 노신(본명 주수인)의 동생 주작인은 상하이를 '매판·불량배·창녀의 도시'라고 부르기도 했습니다. 또 모순의 『자야』는 상하이의 매판과 불량배를 묘사하고 조우의 『일출』은 상하이/톈진의 창녀와 불량배를 묘사했고요. 상하이는 중국의 행동규범은 물론이고 서양의 행동규범도 적용되지 않는 천민부르주아지와 룸펜프롤레타리아의 '해방구'였던 셈이지요.

그런데 이중톈이 강조했듯이 더욱 중요한 것은 상하이의 소락혜가 베이징의 우환의식을 교체하지 못했다는 사실이라고 할 수 있습니다. 중국혁명 이전이든 이후이든 베이징과 상하이의 상이한 세태는 그대로 유지되었던 것인데, '맹모삼천지교'(孟母三遷之敎)를 논외로 하더라도, 거주·이전의 통제 덕분에 주민의 잡거(雜居)가 예방된 덕분이라고 할 수 있겠지요.

이런 관점에서 『소시민』을 새로 읽을 수 있을 것입니다. 박정희 정부 이후의 남한, 그 중에서도 특히 서울은 한국전쟁기 부산의 확대판이라고 할 수 있거든요. 프리넬을 따라 수정한 치폴라의 지도에

서 불량배와 멍청이가 밀집한 지역을 부산·경남과 호남으로 유추할
수도 있을 것인데, 문재인 대통령이 국정과제로 지시한 이른바 '가야
사 복원'을 이런 맥락에서 이해할 수도 있을 것 같아요.

광저우에 대해서도 언급해두겠습니다. 광저우도 상하이처럼 시장
이었는데, 그러나 차이가 있었지요. 광저우는 송황조 이래 해양실크
로드의 기점이었던 반면 상하이는 아편전쟁 이후의 개항장이었거든
요. 또 조계(concession, 불평등조약에 따른 치외법권의 외국인거류
지)가 있었던 상하이와 달리 광저우에는 홍콩이라는 조차지(leased
territory, 한시적 식민지)가 있었고요.

광저우가 속한 광둥성은 광시성과 함께 중국의 영남지방이었는데,
남령(南嶺)산맥 이남의 주강유역(華南)은 황하유역(華北)이나 장강
유역(華中과 華東=江南)과 풍토 자체가 완전히 달랐습니다. 그래서
'말라리아의 땅'(煙瘴之地)이라는 별명이 있었던 것인데, 송황조가
수리사업을 통해 개발하기 시작했던 것이지요.

중학교 국어시간에 당황조의 유종원이 귀양지에서 지은 오언절구
를 배웠는데, 그 기구(起句)와 승구(承句)를 인용해보겠습니다.

산이란 산에는 나는 새도 사라졌고,　　　　　　　　　千山鳥飛絶,
길이란 길에는 사람 자취 끊겼구나.　　　　　　　　　萬徑人蹤滅.

한유의 친구이기도 했던 유종원의 귀양지는 호남성과 영남지방의
접경지인 영주였는데, 남령산맥이 아닌데도 그 험준한 지세가 생생
하게 전해지지요. 여말선초에 조령이 개척되기 이전 영남지방의 관
문이었던 죽령을 넘어본 적이 있는데, 보기 드물게 험준하더군요.
물론 남령산맥과 비교할 수는 없겠지만요.

보통 부산을 상하이와 비교하는데, 부산에는 광저우 내지 홍콩과
비슷한 성격도 있습니다. 상하이의 조계와 달리, 초량의 왜관이 광
복동 일대로 확대된 조계를 중심으로 부산을 형성하면서 진주의 경
남도청을 이전시켰고 급기야 중일전쟁 전후에는 조선인 거주지였던
동래를 흡수·통합하여 온천지구로 전락시켰거든요. 부산에서 친일

과 반일의 갈등이 존속할 뿐만 아니라 그런 갈등이 경남 일원으로 확대재생산된 데는 다 까닭이 있었던 것 같아요.

부산·경남에는 임진왜란 때 축성된 왜성이 아직도 많이 남아 있는데, 해방 70주년인 2015년에 부산·경남에서 활동하는 신동명 씨 등 '지역기자들'을 중심으로『한겨레신문』에 왜성을 복권 내지 복원하자는 기획기사가 연재되기도 했습니다. 김영삼 정부가 왜성의 문화재등급을 하향 조정했던 것에 대한 반발이었지요.

단행본으로 출판된『역사의 블랙박스, 왜성 재발견』(산지니, 2016)에 따르면, 남아 있는 왜성은 부산에 11개, 울산·김해 등 경남 일원에 19개 등 30개라고 합니다. 그밖에 유독 조정래 작가의 고향인 순천에 1개가 남아 있다고 하고요. 물론 왜성만이 아니라 왜군의 후예도 '토왜'(土倭), 즉 토착(naturalized, 귀화) 왜인으로 남아 있을 것입니다. 그래서 마치 광둥어가 보통화(普通話, 표준어)인 베이징어에 동화되지 않는 것처럼, 부산·경남 출신 중에는 표준어인 서울말을 배우지 않고 사투리를 고집하는 사람이 있는 것 같고요.

어쨌든 부산·경남 출신인 조국 교수나 윤미향 의원은 한국현대정치의 지형을 크게 왜곡했습니다. 인민주의자의 입장에서 자유주의자를 친일파로 매도했기 때문이지요. 그러나 그들에게 망국적(亡國賊, 나라를 해치는 자)에는 매국적(賣國賊, 나라를 팔아먹어서 나라를 해치는 자)만 있는 것이 아니라 애국적(愛國賊, 나라 사랑을 핑계로 나라를 해치는 자)도 있다는 사실을 가르쳐주고 싶어요.

양계초는 전통적 애국자와 현대적 애국자를 준별했습니다. 전통적 애국자가 '민족의 장점'(國粹)을 강조한 국수주의자였다면, 현대적 애국자는 '민족의 단점'을 개선하려던 자유주의자였기 때문이지요. 국수주의적 애국자와 달리 자유주의적 애국자는 민족의 기질을 개선하려는 계몽주의자였어요. 그래서 민도(民度, 민족의 능력)를 개선하기 위한 실력양성론(경제발전론)과 민족성(민족의 성격)을 개선하기 위한 민족개조론(문명개화론)이 자유주의적 애국계몽운동의 핵심이었던 것이고요.

— 아까 지방민의 난입이 서울의 난개발로 귀결되었다고 하신 것도 이런 문제와 관련이 있을까요?

— 김윤식 선생은 1939-40년에 발표된 이광수의 후기작 중에서 자전적이면서 불교적이기도 한 3대 단편 「무명」(無明, 멍청함 또는 망상/미망), 「육장기」(鬻庄記, 집을 판 이야기), 「난제오」(亂啼烏)에 주목한 바 있습니다. 그런데 「난제오」의 마지막에 이광수가 경복궁 인근 선학원에서 어느 노스님에게 서산대사의 오언절구 「독남화경」(讀南華經, 『장자』를 읽으며)을 배우는 장면이 나오지요.

아깝군 남화자여,	可惜南華子,
기린이 고양이가 되었으니.	祥麟作孽虎,
천지는 적막한데,	寥寥天地闊,
석양에 까마귀만 울부짖네.	斜日亂啼烏.

사교입선(捨教入禪, 교종을 내버리고 선종을 받아들임)한 불교의 입장에서 도가의 수다를 풍자한 셈이었습니다. 스피노자처럼 말해서 '객설'(bavardage/chatter) 내지 '망상/미망'(délire/delusion)일 따름이라는 것이었지요. 서산대사는 조선 중기의 큰스님으로 그 제자인 사명대사는 임진왜란기의 승병장(僧兵長)이자 전후에는 포로쇄환사(捕虜刷還使)였는데, 두 분의 직계제자가 바로 성철스님이었어요.

이 선시(禪詩)를 배우고 나서 자신이야말로 석양에 울부짖는 까마귀임을 깨달은 이광수가 문득 금화산을 바라보니 겨울 해가 막 지고 있더라는 것이 「난제오」의 마지막 문장입니다. 『재론 위기와 비판』에서 어머니가 갓난 저를 업고 호반재에서 안산을 거쳐 인왕산까지 종주하셨다고 했는데, 북아현동의 호반재에서 연대 뒷산인 안산으로 가는 길목에 이대 뒷산인 금화산이 있지요.

얼마 전 세브란스에 갔던 길에 인왕산 범바위 부근까지 올라가본 적이 있습니다. 호반재에서 금화산을 거쳐 안산으로 가는 길은 서울에서도 유명한 트래킹 코스인데, 능선에 올라가보면 서울이 얼마나 아름다운 곳인지 알 수 있어요. 물론 호반재-금화산-안산 북녘 기슭과 인왕산 남녘 기슭의 판자촌을 재개발한 고층아파트촌은 목불인

견이라고 할 수밖에 없지만요.

이해찬 대표의 '천박한 서울' 발언이야말로 적반하장입니다. 공유지 격인 서울의 약탈은 끝났으니 이제 고향을 '품위와 문화가 있는 새 서울'로 만들자는 도적 심보이거든요. 난개발되기 이전의 서울을 보려면 최완수 선생의 『겸재의 한양진경』(동아일보사, 2004)과 최열 씨의 『옛 그림으로 본 서울』(혜화1117, 2020)을 좋겠지요. 두 화집에 모두 실린 「안현석봉」(鞍峴夕烽)은 양천현 현령 시절 겸재 정선이 관아('양천향교')에서 안산의 저녁 봉홧불을 그리면서 안산-금화산-호반재의 능선도 그린 것이었지요.

이광수와는 반대로 금화산 전망대에서 경복궁을 바라보면 오른쪽이 호반재('호반어린이공원')이고 왼쪽이 안산입니다. 그런데 안산 봉수대 앞에서 길이 갈라져 오른쪽은 무악재('하늘다리')를 거쳐 인왕산으로 올라가고 왼쪽은 봉원사를 지나 이대 뒷길('북아현로')로 해서 호반재 밑 굴레방다리('아현역')로 내려가지요. 이런 지형에서도 왼쪽이 늘 오른쪽보다 나은 것은 아니라는 사실을 알 수 있어요. 하기야 단테가 지옥으로 내려간 길도 줄곧 왼쪽으로 돈다고 했지요. 자유주의가 호반재라고 하면 마르크스주의는 인왕산이고 인민주의는 굴레방다리로 빠지는 봉원사인 셈인데, 봉원사는 조정래 작가의 본가인 순천 선암사와 함께 친일 대처승의 총본산이었어요.

중국에서 사회주의적 리얼리즘

— 『자야』와 『일출』에 대해서도 설명해주세요.

— 중국문단의 사회주의적 리얼리즘을 대표하는 모순의 소설 『자야』(子夜, 1933; 국역: 한울, 1986; 개정판: 중앙일보사, 1989)는 매판적·봉건적 국가독점자본가로서 관료자본가에 대한 민족자본가의 투쟁을 묘사했습니다. 손문-왕조명의 노선을 따른 민족자본가는 산업 건설을 지향한 반면 장개석의 노선을 따른 관료자본가는 금융투기를 지향했거든요. 그러나 민족자본가는 결국 관료자본가 및 일본자

본가와의 경쟁에서 패퇴하고 말았어요.

모순은 상하이의 지배자를 '선곤'(善棍)이라고 불렀는데, '공익을 빙자하여 사익을 추구하는 사기꾼'이라는 의미였습니다. 선곤은 물론 관료자본가였는데, 민족자본가 중에서 투항파도 선곤에 포함되었어요. 따라서 민족자본가 완고파의 대표자인 '오손보의 고독'이『자야』의 주제라고 할 수도 있겠지요.

그러나 마르크스주의자인 모순이 아무리 완고파라고 해도 민족자본가인 오손보에게 공감할 수는 없었습니다. 그는 오손보를 '인색'(心狠)한 동시에 '멍청한'(笨) 인물로 묘사했지요. 마치 몰리에르의 풍자극에 단골로 나오는 벼락부자처럼 말이에요. 물론『천민귀족』(Le Bourgeois gentilhomme, 1670)에서는 멍청한 주르댕이 귀족이 되고 싶은 욕심에 흥청망청 낭비하기도 했지만요.

『자야』를 계승한『일출』(日出, 1936; 국역: 한국문화사, 1996)은 조우의 희곡이었습니다.『자야』의 주인공이 민족자본가와 관료자본가였다면,『일출』의 주인공은 전쟁·기근·질병이라는 환난으로부터 피난온 '인간침전물'(人類的渣滓)인 창녀와 불량배였지요. 또『자야』의 시대적 배경이 만주사변 전야의 '한밤중'(子時, 즉 12시 전후)이었다면,『일출』의 배경은 한밤중보다 더 어두운 '해뜨기 직전'(寅時, 즉 4시 전후)인 중일전쟁 전야였는데, 혁명이라는 '멍청이짓'(傻事)은커녕 '먹으려면 힘써 일해야 한다'(要得吃飯, 可得做工)는 상식도 부재하던 세태 때문이었지요.

『일출』의 창녀가 두 부류였다는 사실도 지적해두겠습니다. 젊은 고급창녀는 사대부집안 출신의 지식인 여성이었고, 늙은 하급창녀는 나이를 먹어 고급창녀에서 전락한 여성이었지요. 그러나 두 여성 모두 '가난뱅이는 비웃어도 갈보는 비웃지 않는다'는 속담에 충실하기는 마찬가지였지요. 하기야 중국에는 난세에 농공상(農工商)과 양천(良賤)의 처지가 역전된다는 의미에서 '농은 공보다 못하고, 공은 상보다 못하며, 상은 창(娼, 문에 기대어 웃음을 파는 갈보)보다 못하다'(農不如工, 工不如商, 商不如依門賣笑)는 속담도 있었거든요.

이야기가 나온 김에 중국현대문학의 여섯 대가인 '노곽모파노조'라고 노신·곽말약에 이어 모순·파금·조우와 함께 거론되는 노사에 대해서도 언급해두겠습니다. 만주사변 전야의 베이징에서 농민 출신의 인력거꾼이 불량배로 전락하는 과정을 묘사한 소설 『낙태[라는 별명의] 샹즈』(駱駝詳子, 1937; 국역: 황소자리, 2008)로 유명한 노사는 혁명 이후에 희곡 『찻집』(茶館, 1957; 국역: 지만지, 2009)을 발표했어요. 혁명 이후 모순·파금·조우의 창작이 부진했던 반면 노사는 현대중국의 대표적 희곡을 창작했던 것이지요.

『찻집』에서 노사의 작의는 변법운동 직후, 신해혁명 직후, 중일전쟁 승전 직후라는 '세 시대를 장사지낸다'(葬送三個時代)는 것이었습니다. 베이징의 어느 찻집에 내걸린 '나랏일은 논하지 마시오'(莫談國事)라는 표어가 이 세 시대를 상징하고 있었지요. 게다가 시대가 변하면서 표어의 글자는 점점 더 커졌어요.

『찻집』에 나오는 주요 인물은 개량을 통해 시태(時態, 그때그때의 세태)에 적응해온 찻집 주인, 찻집의 건물주이자 오손보의 후예이기도 한 민족자본가, 그리고 만주족 기인(旗人, 팔기군(八旗軍)의 후예) 출신인 우국지사였습니다. 그런데 중일전쟁 승전 직후 찻집을 몰수당한 찻집 주인은 자살했고, 민족자본가도 면방직공장을 몰수당하여 몰락했으며, 우국지사는 이미 변법운동 직후에 '대청국을 사랑하여 망할까봐 걱정했던'(愛大淸國, 怕它完了) 말 때문에 기인에서 행상으로 전락했어요. 『찻집』에서 가장 유명한 대사는 우국지사의 것인데, 마치 노사 자신의 유언 같았기 때문이지요.

나는 우리나라를 사랑하오. 그렇지만 나는 누가 사랑해준단 말이오?

我愛咱們的國呀. 可是誰愛我呢?

노사 역시 만주족 기인 출신으로, 부친은 의화단사건에서 전사했습니다. 노사도 물론 애국자였는데, 성(姓)인 '舒'를 파자(破字)하여 '舍予'(나를 버린다)라는 자(字)를 만들 정도였다고 하거든요. 중국혁명 당시 미국에 체류하고 있었던 그가 주은래 총리의 초청으로 귀국한 것만 보아도 그의 애국심을 의심할 수는 없고요. 그러나 4인방은 그를 핍박하여 죽음에 이르게 했는데, 문화혁명의 가장 참혹한 희생자가 바로 작가 노사, 그리고 사학자 전백찬과 유학자 웅십력이었어요.

— 혁명 이후 세대의 주목할 만한 작품은 없나요?
— 물론 있습니다. 왕멍의 『변신인형』(活動變人形, 1987; 국역: 중앙일보사, 1989; 개정판: 문학과지성사, 2004)이 그것이에요. 그의 자전소설이자 전향소설인 『변신인형』의 화두는 '난득호도'(難得糊塗, 시비를 가리지 않고 멍청하게 살아가기는 어렵다)였지요. 청황조 건륭제 시절의 서화가였던 정섭의 경구였는데, 그의 친필 편액을 인터넷으로 찾아볼 수 있어요.

변신인형은 머리와 몸과 다리의 조합을 변화시켜 다양한 인물을 표현할 수 있는 인형이라고 합니다. 머리와 몸, 즉 정신과 육체가 어울리지 않거나 아니면 머리/몸과 다리, 즉 인간과 환경이 어울리지 않으면 우스꽝스럽거나 무시무시한 인물이 표현되는데, 정신과 육체가 어울리지 않는 우스꽝스러운 인물이 아Q라면 인간과 환경이 어울리지 않아 무시무시한 인물은 마르크스주의자라는 것이에요.

변법유신파의 후손이었던 왕멍은 우여곡절 끝에 중국혁명에 참여했다가 곧 우파로 몰려서 자의반타의반 신장위구르로 이주했습니다. 그러나 이것이 전화위복이 되어 문화혁명이라는 환난을 피할 수 있었는데, 그런 경험을 바탕으로 지식인을 특징짓는 '대도리(大道理, 보편원리)주의'와 '우환의식'을 포기하고 '멍청하게 살아가자'고 제안하려는 것이 작의였지요.

그런데 이런 태도는 유가에 대한 도가의 비판과도 상통하는 것입니다. 『재론 위기와 비판』에서 인용한 것처럼, 노자는 공자의 식견·학문·재능, 나아가 도량(실무능력)을 경계했어요. 또는 이런 태도가 계몽주의에 대한 낭만주의 내지 포스트모더니즘의 비판과 공명한다고 할 수도 있는데, 예를 들어 푸코는 '지식'(intelligence)에 반대하면서 '멍청함'(bêtise)의 복권을 요구하기도 했거든요.

에라스무스의 『우신 예찬』(1511; 국역: 열린책들, 2011)에도 주목할 수 있을 것입니다. 이 책은 노신적 의미에서 잡문, 즉 평론문인 동시에 풍자문으로, 종교개혁 전야의 가톨릭이 그 대상이었지요. 우신(愚神), 즉 신격화된 멍청함에 대한 예찬은 '난득호도'와 동일한 의미였는데, 다만 풍자를 위한 아이러니(反語)라는 데 차이가 있었지요. 에라스무스가 주목한 것은 특히 '상식에서 벗어난 이론(소피아)' (praepostera sapientia)과 '상도(常道)에서 벗어난 실천(프로네시스)' (perversa prudentia)이었습니다. 물론 이것도 풍자를 위한 아이러니였지요. 여론을 좇는 이론이나 세태를 좇는 실천이 제대로 된 이론이나 실천일 리 없거든요.

그러나 『변신인형』에서 배운 것도 있습니다. 지식인은 먼 사람을 즐겁게 해주려고 가까운 사람을 괴롭힐 수 있는데, 결국 먼 사람은 (즐겁게 해주지 못했으므로) 고마워하지 않고 가까운 사람은 (괴롭혔으므로) 미워하게 될 수 있다는 것이에요. 물론 '정이 모자라기' (不及情) 때문에 '정을 버린'(忘情) 것이 아니라 '능히 나랏일에 힘을 쓰면서 능히 집안일에 힘을 아낀 것'(克勤於邦, 克儉於家, 『서경』에 나오는 순임금이 우임금에게 선양하면서 한 말)이지만요.

또 한 가지는 문화혁명이라는 '10년동란'을 겪으면서도 중국의 지식인이 유럽의 지식인처럼 자살하거나 광기에 빠지지 않은 이유를 알게 된 것입니다. 그만큼 중국공산당에 대한 믿음이 컸기 때문에 살아남을 수 있었다는 것이지요. 마치 단테가 기독교 신앙으로 지옥을 통과했던 것처럼요. 그렇다면 386세대 운동권, 특히 주사민족해방파가 전향했던 것은 조선노동당에 대한 믿음이 작았기 때문인가라는 의문이 들었어요.

그런데 파금의 『수상록』처럼 『변신인형』에서도 문화혁명 내지 중국혁명에 대한 반사(反思, 반성)의 주체는 지식인이었습니다. 반면 왕샤오보의 자전소설 『혁명시대의 연애』(1994; 국역: 창비, 2018)에서는 노동자가 주인공이었는데, 같은 책에 실려 있는 일종의 축약본인 중편 「황금시대」(1991; 청년시대라는 의미)를 대신 읽을 수도 있지요. 운동권 출신 386세대를 보면 『변신인형』보다는 오히려 「황금시대」나 『혁명시대의 연애』가 더욱 리얼리스틱할 것 같아요.

왕샤오보의 주인공은 『수호전』의 '호걸'을 롤 모델로 생각한 불량청년이었습니다. 그(들)에게 문화혁명의 결함은 식욕과 성욕 같은 동물적 본능, 그 중에서도 식욕보다 성욕을 억압했다는 데 있었지요. 마치 『데카메론』(국역: 민음사, 2012)에서 보카치오가 중세 가톨릭을 풍자했던 것처럼요. 어쨌든 왕멍과 달리 왕샤오보는 도가가 아니라 '생리적 욕구가 인간의 본성'(生之謂性)이라고 주장한 고불해와 친화성이 있었다고 할 수 있어요. 포스트모더니즘을 추종하면서도 수욕주의(animalism) 수용 여부에 차이가 있었다는 것이지요.

『한국사회성격 논쟁 세미나』
교정표

39쪽 22줄 '마누라와 자식만 빼고 다 바꿔라'는 신경영 선언
　　　　　　→ '마누라·자식 빼고는 다 바꾸자'는 신경영 선언

146쪽 2줄 절반 이상 → 절반 정도

154쪽 20줄 후배 → 후예

157쪽 19줄 아직도 → 오랫동안

260쪽 20줄 그 와중에 → 그 직전에

284쪽 15줄 코퍼러티즘 → 인민주의

289쪽 17줄 9등급 천민 → 아홉 번째 반혁명분자

290쪽 7줄 정치철학자 → 역사학자

309쪽 12줄 합격한(⋯)경쟁률이지요. → 합격한 셈이지요.

　　셋째 문단 전체 → 반면 하병체의 『중국과거제도의 사회사적
　　　　연구』(1962; 국역: 동국대학교출판부, 1987)에 따르면,
　　　　명청황조의 문과 합격자는 50,000명이었다고 합니다.
　　　　그런데 명청황조 인구가 조선왕조 인구의 20배 정도였
　　　　으므로, 한국의 경쟁률이 중국의 1/3 정도였다고 할 수
　　　　있겠지요. 그러나 미야지마 히로시의 『한중일 비교통사』
　　　　(너머북스, 2020)처럼, 양반을 '신분화·세습화된 사대부'
　　　　로 규정할 수는 없어요.

314-17쪽 여러 곳 아큐 → 아Q

315쪽 3줄 '퀘이' → '꾸이'

　　　　6줄 이나 벌레(虫豸) → 삭제

318쪽 7줄 '밝아지기 직전의 한밤중' → '한밤중'

319쪽 5줄 깡패 → 불량배

　　　　27줄 애완견, 특히 발바리나 푸들을 → 애완견인 발바리를

327쪽 8줄 14세기 100년전쟁기 → 1340년 100년전쟁 개전 직후

331쪽 15줄 통칭 → 통명

366쪽 5줄 불교계 → 니지렌(日蓮)불교계

418쪽 23줄 인게보르크 바흐만 → 잉에보르크 바흐만

420쪽 28줄 부러울 따름이에요. → 부러울 따름인데, 일본 정론지의
　　　　　　　기원에 대해서는 박훈 교수의 「근대초기 일본의 [공론
　　　　　　　영역]과 공론정치」(『국제지역연구』, 2003년 겨울)를 참
　　　　　　　고하세요.

451쪽 16줄 아주 어렵지요. → 아주 어렵지요. 경상도 사투리에는
　　　　　　　고저음의 구별이 있는 대신 장단음의 구별은 없기 때
　　　　　　　문인데, 이기문, 『국어사 개설』(태학사, 1961; 신정판:
　　　　　　　태학사, 1998)과 한성우, 『방언, 이 땅의 모든 말』(커뮤
　　　　　　　니케이션북스, 2015)을 참고하세요.

455쪽 17줄 '시새움' → '시새움'(시샘)

　　　　18줄 시새움 → 시새움 또는 샘(새암)

478쪽 13줄 이 때문이었지요. → 이 때문이었지요. 일본 지식인의
　　　　　　　기원을 '사무라이의 사대부화'에서 발견하려는 시도는
　　　　　　　박훈 교수의 『메이지유신은 어떻게 가능했는가』(민음
　　　　　　　사, 2014)를 참고하세요.

483쪽 12줄 1969년 → 1968년

514쪽 2줄 후배 → 후예

　　　　28줄 인민주의 내지 코퍼러티즘 → 인민주의

515쪽 14줄 이렇게 → 독단적이고 무모하다고

22-25줄　벤섬은(…)마쳤거든요. → 3세에 라틴어를 배운 벤섬은 역사상 최연소로 12세에 옥스퍼드에 입학하여 15세에 학사학위, 18세에 석사학위를 취득했고, 3세에 그리스어, 8세에 라틴어를 배운 존 스튜어트 밀은 12-13세에 논리학과 경제학을 배우기 시작하여 16-17세에 제임스 밀의 홈스쿨링 천재교육을 마쳤거든요.

524쪽　11줄　1:15 내지 40 → 1:15 내지 1:40

540쪽　18-19줄　원점은 평균인이고, → 삭제

21-22줄　나머지 경우는(…)무시하겠어요. → 나머지 경우는 보통사람이에요.

559쪽　2줄　constitutional assembly → constituent assembly

633쪽　21줄　'등 뒤에 칼이 꽂힌' → '등에 칼이 꽂힌'

635쪽　22줄　아큐 → 아Q

638쪽　24줄　공부대학 → 공부대학교

689쪽　4줄　초래한다 → 자초한다

717쪽　2줄　망언과 망동 → 거짓된 언행

733쪽　16줄　문학평론가 → 문학비평가

736쪽　29줄　본인의(…)있거든요. → 삭제

737쪽　2줄　'趙' → 진시황과 송태조의 성씨인 '趙'

742쪽　2·26줄　자유당 정부 → 이승만 정부

748쪽　12줄　별지의 네 문단 추가

750쪽　8줄　기관총/기관포와 → 기관총/고사총과

20줄　상사범(常事犯) → 상사범(常事犯, criminal)

21줄　국사범(國事犯) → 국사범(國事犯, state prisoner), 즉 정치범(political prisoner) 내지 사상범(prisoner of conscience, 양심수)

22줄　자유당 정부 → 이승만 정부

751쪽 28줄　밀의 톨레랑스 개념 → 밀의 '위해 원칙'(Harm Principle)에 따른 톨레랑스 개념

752쪽 15줄　민주주의를 보호해야 한다 → 민주주의를 수호해야 한다

763쪽 21줄　경세학 → 경세사학

764쪽 6줄　존 스튜어트 밀은 → 존 스튜어트 밀은 부인인 해리엇
　　　　　　의 영향으로

　　　7줄　특히 여성 → 특히 노동자와 여성

770쪽 22줄　다른 것이었어요. → 다른 것이었어요. 물론 구족에다
　　　　　　제자와 붕우 같은 학연을 더하여 십족(十族)이라고 한
　　　　　　경우도 있었지만요.

772쪽 15줄　번드런 → 번들한

793쪽 25줄　constitutional assembly → constituent assembly

806쪽 20줄　독수리 5형제 → 독수리5형제

812쪽 17줄　잘못 → 그릇; 사투리 → 사투리(訛語)

　　　18줄　잘못 → 그릇

861쪽 28줄　미인(…)흐른다는 → 미인(紅顔)은 화근(禍水=禍根)이
　　　　　　라는

별지

그런데 사회학계에서는 프레임을 '음모론', 쉽게 말해서 유언비어
로 구체화하기도 합니다. 한국역사연구회의 『한국역사』(역사비평사,
1992)는 농민의 가장 중요한 투쟁수단으로 유언비어(訛言)를 강조하
기도 했는데, 1970-80년대 재야운동권의 전통을 답습한 것 같아요.
『재론 위기와 비판』에서 언급한 것처럼, 재야운동권이 마타도어와
무고(誣告)로 날이 새고 날이 지는 세상이라는 사실을 깨달은 것은
한신대에서 우여곡절의 세월을 겪은 다음이었지요.

음모론을 체계화하려는 사회심리학적 시도로 전상진 교수의 『음
모론의 시대』(문학과지성사, 2014)에 주목할 수 있습니다. 전 교수는
음모론을 '편집증적 망상/미망'으로 비판하는 호프스태터에게 반
대하면서 사회운동에서 음모론의 현실성과 유용성을 주장하거든요.
음모론이 자유주의자와 인민주의자의 쟁점으로 제기된 셈이지요.

물론 전 교수는 음모론의 비용을 지적하기도 합니다. 정치적 갈등을 경쟁이 아니라 투쟁의 관점에서 인식한다는 결함 말이에요. 경쟁의 관점은 공동의 이익에 대한 합의를 긍정하는 반면 투쟁의 관점은 그런 합의를 부정하지요. 또 비폭력투쟁은 항상 폭력투쟁, 즉 전쟁으로 비화할 수 있는데, 위협과 보복을 통한 '억지'(deterrence)라는 전략이 실패할 수 있기 때문이에요.

자유민주주의가 인민주의로 타락하는 것이 음모론의 비용이라고 할 수 있습니다. 문재인 정부 출범의 결정적 계기였던 동시에 안철수 대표를 중심으로 한 국민의당의 호남 석권이라는 새로운 장애의 돌출이기도 했던 4·13 총선에 대해「호남의 세대정치와 민주주의의 전망」(『한국사회학회 지역순회특별심포지엄 논문집』, 2016. 6.)이라는 분석을 제출하기도 했던 전 교수가 출범 이후에 문재인 정부가 광범위하게 활용하는 중인 프레임 내지 음모론에 대해서는 어떻게 생각하고 있는지 궁금할 따름이에요.

'과천연구실 세미나'

문화과학사 이론신서

01 (1995. 06.) 윤소영, 『마르크스주의의 전화와 '인권의 정치':
알튀세르를 위하여』
02 (1995. 11.) 에티엔 발리바르 (윤소영 옮김), 『마르크스의 철학,
마르크스의 정치』

'공감이론신서'

03 (1996. 06.) 윤소영, 『알튀세르를 위한 강의: '마르크스주의의
일반화'를 위하여』
04 (1996. 08.) 루이 알튀세르 외 (윤소영 옮김), 『알튀세르와 라캉:
'프로이트-마르크스주의'를 넘어서』
05 (1996. 12.) 윤소영, 『알튀세르의 현재성: 마르크스, 프로이트,
스피노자』
00 (1997. 05.) 메이너드 솔로몬 외 (윤소영 옮김), 『베토벤: '윤리적
미' 또는 '승화된 에로스'』 (공감예술신서)

06 (1998. 03.) 윤소영, 『일반화된 마르크스주의와 역사적 자본주의 분석』

07 (1997. 03.) 장 로블랑 외 (김석진·박민수 옮김), 『세계화와 신자유주의 비판을 위하여』

08 (1997. 09.) 뤼스 이리가레 외 (권현정·김수영·송영정·안주리 옮김), 『성적 차이와 페미니즘』

09 (1998. 04.) 조반니 아리기 외 (권현정·이미경·김숙경·이선화 옮김), 『발전주의 비판에서 신자유주의 비판으로: 세계체계론의 시각』

10 (1998. 09.) 다이앤 엘슨 외 (권현정·이미경·김숙경·이선화 옮김), 『발전주의 비판에서 신자유주의 비판으로: 페미니즘의 시각』

11 (1999. 06.) 윤소영, 『신자유주의적 '금융 세계화'와 '워싱턴 콘센서스': 마르크스적 비판의 쟁점들』

12 (1999. 11.) 이미경, 『신자유주의적 '반격'하에서 핵가족과 '가족의 위기': 페미니즘적 비판의 쟁점들』

13 (2001. 02.) 윤소영, 『이윤율의 경제학과 신자유주의 비판』

14 (2001. 04.) 김석진·윤종희·김숙경·박상현, 『자본주의의 위기와 역사적 마르크스주의』

15 (2001. 07.) 윤소영, 『마르크스의 '경제학 비판'』 (개정판, 2005. 02.)

16 (2002. 06.) 윤소영, 『마르크스의 '경제학 비판'과 소련사회주의』

17 (2002. 06.) 권현정·오현미·김숙경·정인경, 『마르크스주의 페미니즘의 현재성』

18 (2003. 02.) 윤소영, 『마르크스의 '경제학 비판'과 평의회 마르크스주의』

19 (2003. 07.) 권현정·오현미·이미경·김숙경·정인경, 『페미니즘 역사의 재구성: 가족과 성욕을 둘러싼 쟁점들』

20 (2003. 06.) 윤소영, 『마르크스의 '경제학 비판'과 대안세계화 운동』

21 (2003. 12.) 에티엔 발리바르 외 (윤소영 옮김), 『'인권의 정치'와 성적 차이』

22 (2004. 12.) 윤소영, 『역사적 마르크스주의: 이념과 운동』

23 (2004. 02.) 윤종희·박상현, 『마르크스주의와 정치철학 및 사회학 비판』

24 (2005. 01.) 윤종희·박상현·정인경·박정미, 『대중교육: 역사·이론· 쟁점』

25 (2006. 04.) 제이슨 무어 외 (윤종희·박상현 옮김), 『역사적 자본주의 분석과 생태론』

26 (2006. 05.) 비센트 나바로 외 (송인주·이태훈·박찬종·이현 옮김), 『보건의료: 사회·생태적 분석을 위하여』

27 (2005. 08.) 윤종희·박상현·정인경·박정미, 『인민주의 비판』

28 (2006. 02.) 윤소영, 『일반화된 마르크스주의 개론』

29 (2007. 02.) 윤소영, 『일반화된 마르크스주의의 쟁점들』

30 (2007. 05.) 윤소영, 『일반화된 마르크스주의의 경계들』

31 (2007. 10.) 윤소영, 『헤겔과 일반화된 마르크스주의』

32 (2007. 09.) 앨리슨 스톤 외 (윤소영 옮김), 『헤겔과 성적 차이의 페미니즘』

33 (2008. 03.) 윤소영, 『일반화된 마르크스주의와 대안좌파』

34 (2008. 06.) 윤소영, 『일반화된 마르크스주의와 대안노조』

35 (2008. 10.) 윤종희·박상현·송인주·정인경·공민석, 『알튀세르의 철학적 유산』

36 (2008. 12.) 윤종희·박상현·송인주·이태훈·정인경·이현, 『화폐· 금융과 전쟁의 세계사』

'공감개론신서'

01 (2008. 07.) 윤소영, 『일반화된 마르크스주의 개론』(개정판)
02 (2008. 11.) 윤소영, 『금융위기와 사회운동노조』
03 (2009. 06.) 윤소영, 『마르크스의 '자본'』
04 (2009. 11.) 윤소영, 『2007-09년 금융위기』
05 (2010. 04.) 윤소영·윤종희·박상현, 『2007-09년 금융위기 논쟁』
06 (2011. 01.) 윤소영, 『현대경제학 비판』
07 (2011. 10.) 윤소영·박상현·이태훈·공민석, 『사회과학 비판』
08 (2012. 04.) 윤소영, 『역사학 비판』
09 (2012. 10.) 윤소영, 『문학 비판』
10 (2013. 03.) 윤소영, 『2010-12년 정세분석』
11 (2013. 10.) 윤소영, 『봉건제론: 역사학 비판』
12 (2015. 10.) 윤소영, 『한국자본주의의 역사: 한국사회성격 논쟁 30주년』
13 (2014. 12.) 윤소영·박상현·송인주·이태훈·공민석·안종석, 『일반화된 마르크스주의 세미나』
14 (2016. 10.) 윤소영, 『'한국의 불행': 한국현대지식인의 역사』
15 (2017. 10.) 윤소영, 『위기와 비판』
16 (2018. 10.) 윤소영, 『재론 위기와 비판』
17 (2020. 02.) 윤소영, 『한국사회성격 논쟁 세미나 (I)』
18 (2020. 02.) 윤소영, 『한국사회성격 논쟁 세미나 (II)』
19 (2020. 12.) 윤소영·박상현·송인주·이태훈·유주형·안종석, 『문재인 정부 비판』